大阪府の教員採用試験過去問シリーズ ❿

JN021680

2025年度版

大阪府・大阪市・堺市・豊能地区の 家庭科

過 去 問

協同教育研究会 編

協同出版

本書には，大阪府・大阪市・堺市・豊能地区の教員採用試験の過去問題を収録しています。各問題ごとに，以下のように5段階表記で，難易度，頻出度を示しています。

難　易　度

非常に難しい　☆☆☆☆☆
やや難しい　☆☆☆☆
普通の難易度　☆☆☆
やや易しい　☆☆
非常に易しい　☆

頻　出　度

◎　　ほとんど出題されない
◎◎　　あまり出題されない
◎◎◎　普通の頻出度
◎◎◎◎　よく出題される
◎◎◎◎◎　非常によく出題される

※本書の過去問題における資料，法令文等の取り扱いについて
　本書の過去問題で使用されている資料や法令文の表記や基準は，出題された当時の内容に準拠しているため，解答・解説も当時のものを使用しています。ご了承ください。

はじめに～「過去問」シリーズ利用に際して～

　教育を取り巻く環境は変化しつつあり，日本の公教育そのものも，教員免許更新制の廃止やGIGAスクール構想の実現などの改革が進められています。また，現行の学習指導要領では「主体的・対話的で深い学び」を実現するため，指導方法や指導体制の工夫改善により，「個に応じた指導」の充実を図るとともに，コンピュータや情報通信ネットワーク等の情報手段を活用するために必要な環境を整えることが示されています。

　一方で，いじめや体罰，不登校，暴力行為など，教育現場の問題もあいかわらず取り沙汰されており，教員に求められるスキルは，今後さらに高いものになっていくことが予想されます。

　本書の基本構成としては，出題傾向と対策，過去5年間の出題傾向分析表，過去問題，解答および解説を掲載しています。各自治体や教科によって掲載年数をはじめ，「チェックテスト」や「問題演習」を掲載するなど，内容が異なります。

　また原則的には一般受験を対象としております。特別選考等については対応していない場合があります。なお，実際に配布された問題の順番や構成を，編集の都合上，変更している場合があります。あらかじめご了承ください。

　最後に，この「過去問」シリーズは，「参考書」シリーズとの併用を前提に編集されております。参考書で要点整理を行い，過去問で実力試しを行う，セットでの活用をおすすめいたします。

　みなさまが，この書籍を徹底的に活用し，教員採用試験の合格を勝ち取って，教壇に立っていただければ，それはわたくしたちにとって最上の喜びです。

協同教育研究会

C O N T E N T S

第1部 大阪府・大阪市・堺市・豊能地区の
家庭科　出題傾向分析 …3

第2部 大阪府・大阪市・堺市・豊能地区の
教員採用試験実施問題 …7

第1部

大阪府・大阪市・堺市・豊能地区の家庭科出題傾向分析

大阪府・大阪市・堺市・豊能地区の 家庭科 傾向と対策

　大阪府の家庭科は，2016年度から中・高併願が可能になり，中高ほぼ同問題で実施されている。2024〜2022年度は，中学・高校とも募集があり，共通問題で実施された。試験時間は90分，問題数は大問4問，解答形式はマークシートによる択一選択と記述式との併用である。問題数については，年度により多少の変動はあるが，大問ごとに小問があり，全体の問題量としては大差ないものと思われる。全体的に詳細部分の出題も散見されることや，法規や国民生活調査等の官公庁の調査資料からの出題も多いため，難易度は高いといえる。

　専門分野については，食生活分野は，広範囲から出題されている。アレルギー特定原材料，遺伝子組み換え食品の内容，文化的・宗教的な禁忌事項対応の変更メニュー，大阪府の子育て世帯に対する食費支援事業の内容，食物の衛生等，掘り下げた出題内容が目立つ。衣生活分野については，繊維や衣服の手入れは出題頻度が高い。また，官公庁の調査からの出題も多くみられる。2024年度は，「繊維産業の現状と2030年に向けた繊維産業の展望(繊維ビジョン)」，環境省「サスティナブルファッション」，繊維製品における「家庭用品品質表示法」の調査などである。他の出題事項では，繊維の種類や繊維の公定水分率・伸び率，洗濯絵表示，防虫剤，伝統文様，和服各部名称，布に適したミシン糸・ミシン針の規格などが出題された。子ども・高齢者と家族分野については，法規や制度，官公庁の基礎調査等からの出題が多く，2024年度は，「子ども基本法」や，内閣府の「少子化社会対策白書」「国民生活に関する世論調査」，「高齢社会白書」，大阪府実施の「子育て支援」等が出題された。他の出題事項では，新生児の原始反射や高齢者の「脱健着患」などが出題された。住生活分野と環境分野については，記述式問題である。住生活については，ヒートアイランドやZEHの説明を求める問題，学校などの採光に必要な開口部面積割合，震災などの自然災害に関連して，「警戒レベル」や免震構造，ローリングストック，災害派遣医療チーム等の内容，日本の

4

住居の変遷である寝殿造り・書院造・数寄屋作りを答える問題，JIS規格による安全色・安全標識に色の問題，環境関連では，パリ協定の内容，世界各国の一次エネルギーの供給構造等，難問である。

　対策について，記述式の出題方法に特徴がある。記述式の問題は大問のうち，一つの分野に限定されており，記述式の分野は年度ごとに異なる。2020年度は消費・環境分野，2021年度は食生活分野，2022年度は衣生活分野，2023年度は子ども・高齢者と家族分野，2024年度は住生活と環境分野である。記述式の分野は問題量が少なくなることから，全体の出題項目の特徴も把握しにくい。まずは，中学校・高等学校の教科書および資料集等の知識を完全なものにしておくことである。加えて，過去問を積極的に活用することで，自分なりに問題の傾向をつかんでほしい。「子ども・高齢者と家族」，「住生活」，「消費生活と環境」の分野は，子育て支援やワークライフバランス，男女共同参画社会基本法，高齢者問題，消費者トラブルなど現代の重要課題でもある。関連する法律や制度について理解を深めること，特に近年改正された制度からの出題も目立つことから，社会の動向を注視したい。さらに，官公庁の統計や，資料からの出題も目立つ。大阪府独自の市政についても，2024年度には，大阪府の食費支援事業や子育て支援の詳細内容について出題されていることから，市報等を細かくチェックしておくことが必要である。学習指導要領については，近年出題されていないが，新学習指導要領改訂内容に沿った出題であることから，学習指導要領・同解説を十分読みこなし，改訂のポイントや重要事項，新たに加わった指導内容など押さえておきたい。筆答試験の出題はもちろんのこと，模擬授業や面接場面でも大いに役立つと思われる。

過去5年間の出題傾向分析

共通＝●　中学＝○　高校＝◎

分　類	主な出題事項	2020年度	2021年度	2022年度	2023年度	2024年度
子ども・高齢者と家族	子どもへの理解	○	○	●	●	●
	子育て支援の法律・制度・理念	○	○		●	●
	児童福祉の法律・制度		○	●		●
	家族と家庭生活	○	○	●	●	●
	高齢者の暮らし	○	○	●	●	●
	高齢者への支援	○	○	●	●	●
	福祉と法律・マーク	○	○		●	
	その他				●	
食生活	栄養と健康	○	○	●	●	
	献立					●
	食品		○	●	●	●
	食品の表示と安全性	○		●	●	●
	調理	○	○	●	●	●
	食生活と環境	○	○			
	生活文化の継承					
	その他				●	●
衣生活	衣服の材料	○	○	●	●	●
	衣服の表示	○		●	●	●
	衣服の手入れ		○	●	●	
	製作	○	○			●
	和服	○		●	●	●
	衣生活と環境			●		
	生活文化の継承					●
	その他				●	●
住生活	住宅政策の歴史・住宅問題	○	○	●		●
	間取り，平面図の書き方	○			●	●
	快適性（衛生と安全）		○	●	●	●
	住まい方（集合住宅など）			●		
	地域社会と住環境	○	○		●	●
	生活文化の継承			●	●	
	その他	○	○	●	●	●
消費生活と環境	消費者トラブル	○				
	消費者保護の法律				●	●
	お金の管理，カード，家計	○		●		
	循環型社会と3R	○		●		●
	環境問題と法律	○		●		●
	消費生活・環境のマーク					
	その他	○				●
学習指導要領に関する問題						
学習指導法に関する問題						

第2部

大阪府・大阪市・堺市・豊能地区の教員採用試験実施問題

2024年度　実施問題

【中高共通】

【1】家族・家庭，消費・家庭経済，子ども・高齢者の生活について次の(1)～(10)の問いに答えよ。

(1)　次のグラフは，「家庭の役割」について，平成8年は20歳以上の男女，令和4年は18歳以上の男女を対象に調査した結果である。　ア　～　ウ　に適する項目の組合せとして最も適切なものはどれか。以下の1～5から一つ選べ。

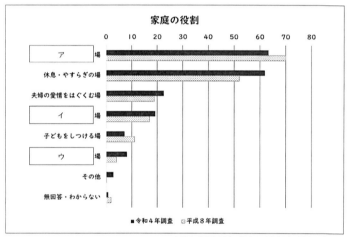

内閣府「国民生活に関する世論調査（令和4年度）」
「国民生活に関する世論調査（平成8年度）」
をもとに作成

	ア	イ	ウ
1	親の世話をする	家族の団らんの	子どもを生み，育てる
2	家族の団らんの	子どもを生み，育てる	親の世話をする
3	子どもを生み，育てる	家族の団らんの	親の世話をする
4	子どもを生み，育てる	親の世話をする	家族の団らんの
5	家族の団らんの	親の世話をする	子どもを生み，育てる

(2) 次の表は、「諸外国における年齢(3区分)別人口の割合」についての調査結果である。(ア)〜(エ)に適する項目の組合せとして最も適切なものはどれか。以下の1〜5から一つ選べ。

諸外国における年齢（3区分）別人口の割合

国名	年齢（3区分）別割合（%）		
	0〜14歳	15〜64歳	65歳以上
世界	25.4	65.2	9.3
（ ア ）	11.9	59.5	28.6
（ イ ）	12.5	71.7	15.8
（ ウ ）	17.6	62.0	20.3
中国	17.7	70.3	12.0
アメリカ合衆国	18.4	65.0	16.6
（ エ ）	26.2	67.3	6.6

内閣府 「少子化社会対策白書（令和4年版）」より
United Nations "World Population Prospects 2019" をもとに作成
ただし、諸外国は2020年の数値、日本は総務省「令和2年国勢調査」の結果による

	ア	イ	ウ	エ
1	韓国	スウェーデン	日本	インド
2	日本	スウェーデン	韓国	インド
3	韓国	日本	インド	スウェーデン
4	日本	韓国	スウェーデン	インド
5	韓国	インド	日本	スウェーデン

(3) 次の文は、乳児期にみられる原始反射の説明である。ルーティング反射の説明として正しいものはどれか。次の1〜5から一つ選べ。
   1 音などの強い刺激を与えると両手両足を動かし抱きつこうとする。
   2 手のひらに触れたものをしっかりと握りしめる。
   3 足の裏を刺激すると扇状に足の指を開く。
   4 頬に触れたものの方へ口を向ける。
   5 唇に触れたものを吸おうとする。

(4) 次の文章は、子どもの言語の発達について説明したものである。空欄(ア)〜(エ)にあてはまる語句の組合せとして最も適切なものはどれか。以下の1〜5から一つ選べ。
   新生児は、出生時に産声をあげる。産声に始まって最初の単語を

9

発するにいたるには，長い月日がかかる。一人ひとりの子どもによって個人差があるが，ほぼ同じ順序で現れる。生後2か月頃に(ア)が現れ，3〜6か月に(イ)が現れる。(イ)はしだいに構造化されたものになってゆき，なにかを表現する語彙が出現する。

　まず12か月頃から(ウ)が出現し，初めて意味のある語を話し始める。(ウ)出現以後から，一語で発話するようになり，一語でいろいろな意味を表現することから一語文とも呼ばれる。

　1歳後半ごろからは語彙が急激に増える。これは(エ)と呼ばれる。そして二語続けて話す二語文がみられる。さらに，2歳頃から二語発話を超えて，三語，四語と多くの語をつなげる多語文がみられるようになる。

	ア	イ	ウ	エ
1	クーイング	初語	なん語	語彙爆発
2	なん語	初語	クーイング	声道の習熟
3	初語	なん語	クーイング	声道の習熟
4	なん語	クーイング	初語	語彙爆発
5	クーイング	なん語	初語	語彙爆発

(5)　令和元年以降に，大阪府で実施している子育て支援に関する記述として，最も適切な組合せはどれか。以下の1〜5から一つ選べ。

　ア　18歳未満の子がいる世帯に対し，「まいど子でもカード」を発行し，子育て世帯が協賛店や施設などで，割引などの特典を受けられる会員制度を実施している。

　イ　大阪府在住の子どもおよび保護者を対象に，大阪市・堺市と共同でLINEを活用した児童虐待防止相談を実施している。

　ウ　幼稚園，保育所，認定こども園などを利用する3歳から5歳児クラスの子ども，住民税非課税世帯の0歳から2歳児クラスまでの子どもの利用料を令和元年10月から無償化している。

　エ　研修を受けた配達員が，毎月おむつなどを自宅に届け，育児の不安や悩みを聴いたり，役立つ情報を伝える0歳児の見守り訪問「おむつ定期便」を2020年10月より実施している。

　　　1　ア　　2　ア，イ　　3　ア，イ，ウ　　4　ウ，エ　　5　エ

(6)　こども基本法(令和5年4月1日施行)について, (ア)〜(エ)に適する語句の組合せとして正しいものはどれか。以下の1〜5から一つ選べ。

　こども基本法は, (ア)および児童の権利に関する条約の精神にのっとり, 全てのこどもが, 将来にわたって幸福な生活を送ることができる社会の実現を目指し, こども政策を総合的に推進することを目的としています。同法は, こども施策の基本理念のほか, こども大綱の策定やこども等の意見の反映などについて定めています。

　策は6つの基本理念をもとに行われます

1　すべてのこどもは大切にされ, 基本的な人権が守られ, (イ)されないこと。

2　すべてのこどもは, 大事に育てられ, 生活が守られ, 愛され, 保護される権利が守られ, 平等に教育を受けられること。

3　年齢や発達の程度により, 自分に直接関係することに意見を言えたり, 社会のさまざまな活動に参加できること。

4　すべてのこどもは年齢や発達の程度に応じて, (ウ)が尊重され, こどもの今とこれからにとって最もよいことが優先して考えられること。

5　子育ては家庭を基本としながら, そのサポートが十分に行われ, 家庭で育つことが難しいこどもも, 家庭と同様の環境が確保されること。

6　家庭や(エ)に夢を持ち, 喜びを感じられる社会をつくること。

	ア	イ	ウ	エ
1	日本国憲法	虐待	個性	将来
2	日本国憲法	差別	意見	子育て
3	日本国憲法	差別	個性	子育て
4	児童憲章	虐待	意見	将来
5	児童憲章	差別	個性	子育て

(7)　1962年3月，アメリカのケネディ大統領によって「消費者の4つの権利」が提示された。「消費者の4つの権利」に関する説明として，誤っているものはどれか。次の1〜5から一つ選べ。

1　健康や命にかかわる危険な商品によって消費者が危害を受けることがないよう保障される権利。

2　自分の意思で自由に商品やサービスが選択できる機会が保障される権利。

3　被害や事故にあわないような消費者センスを身につけるため，事前に学校や家庭で学ぶ権利。

4　商品を選ぶときに，正しい表示やお店の人から適切な情報を知ることができる権利。

5　企業や消費生活センターなどに意見を申し出たときに，意見が反映されて対応策がとられる権利。

(8)　消費者契約法(平成13年4月1日施行)の中で，消費者と事業者との間で締結される「消費者契約」は，事業者の不当な勧誘によって契約をした場合，その契約の「取消し」が可能であり，消費者の権利を不当に害する契約条項は「無効」となる。次の説明のうち「無効」となるものはどれか。次の1〜5から一つ選べ。

1　注文した商品Aが届いたところ，注文していない商品Bが同封されていた。後日，契約をよく見ると，消費者から事業者に「商品Bは不要である」と連絡しない限り継続的に購入する旨の条項が含まれていた場合。

2　事業者が，消費者が社会生活上の経験が乏しいことから勧誘者に好意の感情を抱き，かつ，勧誘者も同様の感情を抱いていると

　　誤信していることを知りながら，契約しなければ関係が破綻すると告げた場合。

3　事業者が，消費者が社会生活上の経験が乏しいことから，願望の実現に過大な不安を抱いていることを知りながら，不安をあおり，契約が必要と告げた場合。

4　消費者の利益となる旨を告げながら，重要事項について不利益となる事実を故意又は重大な過失により告げなかった場合。

5　事業者が，消費者が加齢や心身の故障により判断力が著しく低下していることから，現在の生活の維持に過大な不安を抱いていることを知りながら，不安をあおり，契約が必要と告げた場合。

(9)　衣類着脱の介護について，次の文中の空欄に入る語句の組合せで最も適切なものはどれか。以下の1～5から一つ選べ。

・片麻痺がある場合，衣服の交換は(　ア　)側から脱がせ，(　イ　)側から着せる「脱(　ア　)着(　イ　)」を基本とする。麻痺や痛みに対する十分な配慮，そして(　ウ　)機能を活用することを意識する。

・寝たきりの場合，仰臥位で行うため，衣類の生地は伸縮性に優れたものにするか，(　エ　)タイプでマジックテープやファスナーなどをつける等，着脱しやすい工夫をする。また，長時間同じ姿勢を保持し続けることにより発生する(　オ　)を予防することや，安楽な姿勢の確保に努めることが必要となる。

	ア	イ	ウ	エ	オ
1	健	患	残存	前開き	褥瘡
2	健	患	介護	前開き	麻痺
3	患	健	介護	前開き	麻痺
4	健	患	介護	かぶり	褥瘡
5	患	健	残存	かぶり	麻痺

(10)　令和4年度版高齢社会白書(内閣府)による高齢化の現状について，誤っているものはどれか。次の1～5から一つ選べ。

1　我が国の65歳以上人口は，昭和25年には総人口の5％に満たなかったが，昭和45年に7％を超え，さらに，平成6年には14％を超

えた。

2　我が国の平均寿命は，平成27(2015)年で，男性80.75年，女性86.99歳と，男女とも80歳を上回った。

3　65歳以上人口と15～64歳(現役世代)人口の比率を見ると，昭和25年には65歳以上の者1人に対して現役世代12.1人がいたのに対し，令和2年には65歳以上の者1人に対して現役世代2.1人になっている。

4　令和3年では，65歳以上人口のうち，「65～74歳人口」の総人口に占める割合は14.0％となっている。また，「75歳以上人口」の総人口に占める割合は14.9％であり，65～74歳人口を上回っている。

5　65歳以上人口を男女別に見ると，男性対女性の比は令和3年には約1対2となっている。

(☆☆☆☆◎◎◎◎)

【2】次の衣生活に関する文章を読み，次の(1)～(9)の問いに答えよ。

(1)　繊維の名称とその繊維の取扱いについて次のア・イの問いに答えよ。

ア　次のA・Bは繊維の断面の顕微鏡写真である。それぞれの繊維の名称の組合せとして最も適切なものはどれか。以下の1～5から一つ選べ。

A
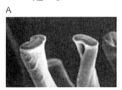

B

日本化学繊維協会「繊維のかたち」より作成

	A	B
1	アセテート	毛
2	毛	アセテート
3	毛	綿
4	綿	毛
5	綿	絹

イ　上記アで答えたA・Bそれぞれの繊維100％で作られた日本産業規格による繊維製品の取扱いについて，最も適切な取扱い表示の組合せはどれか。以下の1〜5から一つ選べ。

	A	B
1	④	②
2	①	④
3	③	⑤
4	②	③
5	⑤	①

(2)　次の表は繊維の種類ごとの公定水分率と伸び率を示したものである。（　ア　）〜（　オ　）の繊維の名称の組合せで最も適切なものはどれか。以下の1〜5から一つ選べ。

繊維	公定水分率（%）	伸び率　標準時（%）
（　ア　）	0.4	20〜32
（　イ　）	1	450〜800
ナイロン	4.5	28〜45
（　ウ　）	8.5	3〜7
（　エ　）	11	15〜25
レーヨン	11	18〜24
（　オ　）	15	25〜35

日本化学繊維協会「わが国化学繊維性能表」より作成

	ア	イ	ウ	エ	オ
1	ポリエステル	ポリウレタン	綿	絹	毛
2	ポリエステル	ビニロン	ポリウレタン	綿	絹
3	綿	ポリウレタン	絹	ポリエステル	ビニロン
4	絹	ビニロン	綿	毛	ポリウレタン
5	綿	ポリウレタン	絹	ビニロン	ポリエステル

(3)　繊維製品における「家庭用品品質表示法」(令和5年1月1日施行)に関する記述として最も適切な組合せはどれか。以下の1〜5から一つ選べ。

ア　原産国に関する表示について規定されている。

イ　レース生地の表示すべき事項は繊維の組成，家庭洗濯等取扱方法，はっ水性の3項目である。

ウ　繊維の名称を示す用語には，カタカナや英語は認められていないため，「コットン」や「COTTON」などは「綿」と表示される。

エ　混用率を表示する際の許容範囲は表示が100％の場合，特例を除き，毛はマイナス3％以内，毛以外はマイナス1％以内である。

オ　繊維製品にはカーテンやベッドスプレッドも含まれる。

　1　ア　　2　ア，イ　　3　イ，ウ　　4　エ，オ
　5　ウ，エ，オ

(4)　次の防虫剤の説明について，誤っているものの組合せとして最も適切なものはどれか。以下の1〜5から選べ。

ア　昇華性防虫剤である樟脳，ナフタリン，パラジクロルベンゼン

16

（パラジクロロベンゼン）のうち，殺虫力はパラジクロルベンゼン（パラジクロロベンゼン）が最も高い。

イ　昇華性防虫剤のガスは空気より軽いので衣類の下部において使用する。

ウ　ピレスロイド系の防虫剤は，他の防虫剤と併用できる。

エ　樟脳はパラジクロルベンゼンやナフタリンと併用できる。

オ　ナフタリンは効き目がゆっくりと持続していく特徴がある。

　　1　ア，ウ　　2　ア，オ　　3　イ，エ　　4　イ，オ

　　5　エ，オ

(5)　伝統文様の種類について，名称の組合せとして正しいものはどれか。以下の1〜5から選べ。

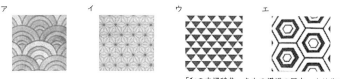

「和の文様辞典　きもの模様の歴史」より作成

	ア	イ	ウ	エ
1	檜垣	七宝	檜垣	麻の葉
2	鱗	麻の葉	青海波	亀甲
3	青海波	七宝	亀甲	鱗
4	檜垣	亀甲	青海波	麻の葉
5	青海波	麻の葉	鱗	亀甲

(6)　和服について次の空欄に適する言葉の組合せとして最も適切なものはどれか。あとの1〜5から一つ選べ。

和服は（　ア　）構成である。次のひとえ長着の図中のAの部分の名称は（　イ　），Bの部分の名称は（　ウ　）である。

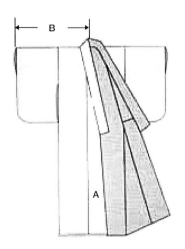

	ア	イ	ウ
1	平面	衽下り	衿
2	平面	袂	衿
3	平面	衽	裄
4	立体	衽	袂
5	立体	衽下り	裄

(7) 次の表は布，糸，ミシン針の関係を示したものである。(ア)
〜(エ)にあてはまる数字の組合せとして最も適切なものを以下
の1〜5から一つ選べ。

布地の種類	糸	ミシン針
ブロード	カタン糸（ ア ）番	（ ウ ）番
デニム	カタン糸（ イ ）番	（ エ ）番

	ア	イ	ウ	エ
1	60〜80	50	11	14
2	60〜80	50	14	11
3	50	60〜80	11	14
4	50	60〜80	14	11
5	100	50	11	9

(8) 次の表は「繊維産業の現状と2030年に向けた繊維産業の展望(繊維ビジョン)」(2022年経済産業省)にある日本からの生地の輸出先である。(A)・(B)の国の組合せとして最も適切なものはどれか。以下の1〜5から一つ選べ。

(輸出額：百万円)

	生地		
	輸出先	輸出額	割合
1	(A)	76,652	33.6%
2	(B)	57,493	25.2%
3	UAE	9,062	4.0%
4	サウジアラビア	8,677	3.8%
5	香港	7,983	3.5%
6	(C)	7,690	3.4%
7	ミャンマー	6,543	2.9%
8	(D)	6,410	2.8%
9	イタリア	6,306	2.8%
10	バングラデシュ	5,024	2.2%
	輸出総額	227,896	

「2020年の生地・衣料品に関する輸出状況」より抜粋
※国・地域の区分は、貿易統計における区分に沿ったもの
資料：Global Trade Atlas

	A	B
1	アメリカ	中国
2	インドネシア	アメリカ
3	中国	ベトナム
4	韓国	インドネシア
5	ベトナム	韓国

(9) 環境省は2020年12月〜2021年3月に、日本で消費される衣服と環境負荷に関する調査を実施した。国内における供給数は増加する一方で、衣服一枚あたりの価格は年々安くなり、市場規模は下がっている。また、手放す枚数よりも購入枚数の方が多く、一年間一回も着られていない服が一人あたり25着あるといわれている。次のグラフをみて、服を手放す手段のうちAにあてはまるものはどれか。以下の1〜5から一つ選べ。

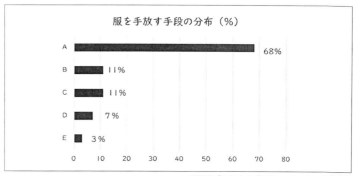

服を手放す手段の分布（％）

環境省「サステナブルファッション」より作成

1　古着として販売　　2　譲渡・寄付　　3　地域・店頭での回収
4　資源回収　　　　　5　可燃ごみ・不燃ごみとして廃棄

(☆☆☆☆◎◎◎)

【3】食生活について，次の(1)～(3)の問いに答えよ。

(1)　次の文章は「大阪府子ども(子育て世帯)に対する食費支援事業(令和5年2月22日施行)」に関するものである。次のア～ウの問いに答えよ。

ア　(A)～(D)にあてはまる語句の組合せとして最も適切なものはどれか。以下の1～5から一つ選べ。

本事業における対象者は，次のいずれにも該当する者とする。

・申請日において，大阪府内の市町村に居所を有する者。ただし，令和(A)年4月1日以後に転入した者を除く。

・次のいずれかに該当する者

① 平成(B)年4月2日以後に生まれた者

② 令和5年3月31日までに妊娠しており，かつ，申請日においても妊娠している者

ただし，令和5年3月31日までに妊娠している証明として(C)等が必要

給付物品は，米又はその他の食料品

給付物品は，対象者1人につき，(D)給付する。

	A	B	C	D
1	4	14	マイナンバーカード	3回に分けて
2	4	16	マイナンバーカード	1回限り
3	5	16	母子健康手帳	1回限り
4	5	16	マイナンバーカード	3回に分けて
5	5	14	母子健康手帳	1回限り

イ　給付物品は20カテゴリー(139品目)あり，その中にはアレルギー対応食品も含まれている。アレルギーの原因となる特定原材料(食品表示基準別表第14)7種類の食材の組合せとして最も適切なものはどれか。次の1〜5から一つ選べ。

	特定原材料
1	卵・乳・大豆・ごま・アーモンド・バナナ・ゼラチン
2	卵・乳・小麦・そば・アーモンド・バナナ・ゼラチン
3	卵・乳・小麦・ごま・落花生・バナナ・ゼラチン
4	卵・乳・大豆・そば・落花生・えび・かに
5	卵・乳・小麦・そば・落花生・えび・かに

ウ　アレルギー症例数の増加等を踏まえ，令和5年3月9日に食品表示基準の一部が改正された。特定原材料として新たに追加された品目は何か。次の1〜5から一つ選べ。

1　カシューナッツ　　2　くるみ　　3　りんご　　4　キウイ
5　やまいも

(2) 遺伝子組換え食品の表示の説明として，誤っているものはどれか。次の1〜5から一つ選べ。

1　義務表示制度について，遺伝子組換え農作物を原材料とする場合は，「遺伝子組換え」であるまたは，「遺伝子組換えのものを不分別」と表示する義務がある。

2　義務表示の対象となるのは大豆，菜種，綿実，アルファルファ，てん菜，パパイヤ及び，からしなの7種類の農産物である。

3　任意表示制度について，油やしょうゆなどの加工食品で，組み換えられたDNA及びこれによって生じたたんぱく質が加工工程で除去・分解され，最新の検出技術によって検出が不可能とされて

いる加工食品について表示義務はない。

4　分別生産流通管理が適切に行われていれば，一定の「意図せざる混入」がある場合でも分別生産流通管理を行っている旨の表示ができる。

5　遺伝子組換え農産物が主な原材料(原材料の上位3位以内で，かつ，全体重量の5％以上を占める)でない場合は表示義務はない。

(3)　次の表は献立「米飯，ハンバーグ，みそ汁」の材料を示したものである。以下のア～オの問いに答えよ。

＜米飯＞	＜ハンバーグ＞	＜つけあわせ＞
精白米	合い挽き肉	じゃがいも
水	卵	にんじん
＜みそ汁＞	玉ねぎ	さやいんげん
出汁	牛乳	塩・こしょう
かつお、こんぶ	パン粉	＜ソース＞
だいこん	塩・こしょう	ホールトマト
油あげ、ねぎ	香辛料（ナツメグ）	水
みそ	油・バター	赤ワイン

ア　米飯について，精白米2合に適した水量(mL・cc)はどれか。次の1～5から一つ選べ。

　　1　396　　　2　400　　　3　432　　　4　540　　　5　684

イ　米に関する説明文のうち正しいものはどれか。次の1～5から一つ選べ。

　1　日本型の稲は長粒種であり，インド(インディア)型の短粒種はでんぷんのアミロースの割合が日本型と異なる。そのため日本型の米は炊飯したものに粘り気があり，インド(インディア)型はパサつきがある。

　2　米の成分は，炭水化物が主成分であるが，たんぱく質も含んでおり，特にリジンの割合が高く，アミノ酸価も高い。また，ビタミンAやCは含まない。玄米や胚芽米はビタミンB群を多く含むが，精白米は少ない。

　3　うるち米の加工品として，糊化でんぷん型には団子などに使用される上新粉，生でんぷん型には和菓子に使用されるみじん粉などがある。

4　米を使用した発酵食品は，清酒，みりん，米酢，米みそ，なれずしなどがある。

5　生の米は水と熱を加えると生でんぷん(βでんぷん)から糊化(α化)され，消化性の良いαでんぷんとなるが，低温で放置するとミセル構造が崩壊し，消化性が低下し老化する。

ウ　じゃがいもの芽を取り除くために，包丁のどの部分を使用するか。次の1～5から一つ選べ。

　　1　あご　　2　切っ先　　3　刃先　　4　腹　　5　みね

エ　かつおとこんぶの合わせ出汁の取り方の説明のうち，最も適切なものはどれか。次の1～5から一つ選べ。

　　1　こんぶは水から浸し，火にかけ，沸騰直前にこんぶを取り出し，かつお節を入れ，ひと煮立ちしたら火を止めこす。

　　2　こんぶは水から浸し，火にかけ，沸騰直前にこんぶを取り出し，かつお節を入れ，弱火で10分以上煮込み，火を止めこす。

　　3　こんぶは水から浸し，火にかけ，沸騰直前にこんぶを取り出し，一度水を加え，温度を下げてからかつお節を入れ，すぐに火を止めこす。

　　4　こんぶは水から浸し，火にかけ，沸騰直後にこんぶを取り出し，かつお節を入れ，ひと煮立ちしたら火を止めこす。

　　5　こんぶは水から浸し，火にかけ，沸騰直後にこんぶを取り出し，一度水を加え，温度を下げてからかつお節を入れ，すぐに火を止めこす。

オ　献立について，文化的・宗教的に禁忌事項となる場合の対応として，豚肉とアルコールを用いない食材(加工品やアルコール発酵が製造過程にある食品も含む)に変更する場合について，次のA・Bの問いに答えよ。

　　A　ハンバーグとソースの材料を変更する場合，正しい対応を組合せたものはどれか。以下の1～5から一つ選べ。

　　　①　合い挽き肉を遺伝子組換えでない大豆加工品に変更する

　　　②　合い挽き肉をベーコンに変更する

③　赤ワインをトマトケチャップに変更する

④　赤ワインをみりんに変更する

⑤　パン粉を米粉に変更する

1　①と④　　2　②と③　　3　②と④　　4　①と④と⑤

5　①と③と⑤

B　デザートを加える場合，最も適切なものはどれか。次の1〜5から一つ選べ。

1　フルーツのゼラチン寄せ

2　生クリームのババロア

3　牛乳寒天

4　オレンジキュラソーのフルーツコンポート

5　ラムレーズンアイス

(☆☆☆☆◎◎◎◎)

【4】住生活と環境について，(1)〜(10)の問いに答えよ。

(1)　改正建築基準法(令和5年4月1日施行)は，居室に採光上必要な開口部の割合を定めている。採光に有効な部分の面積は，居室の種類に応じその居室の床面積に対して，政令で定める割合以上としなければならない。次の(　ア　)・(　イ　)にあてはまる割合を分数で答えよ。

ただし，次の表に掲げる居室は国土交通大臣が定める基準に従い，照明設備の設置，有効な採光方法の確保その他これらに準ずる措置が講じられていないものとする。

居室の種類	割合
幼稚園、小学校、中学校、義務教育学校、高等学校、中等教育学校又は幼保連携型認定こども園の教室	(　ア　)
住宅の居住のための居室	(　イ　)

(2)　次のJIS安全色に関する文章を読み，空欄(　ア　)〜(　ウ　)にあてはまる語句を答えよ。

平成30年4月20日，安全色及び安全標識の規格であるJIS Z 9103が

24

改正された。2020年東京オリンピック・パラリンピック開催を控え，多様な色覚を持つ人に考慮し，だれもが識別できるような色度座標の範囲の安全色に改正したものである。

　この規格は，人への危害および財物への損害を与える事故・災害を防止し，事故・災害の発生などの緊急時に，救急救護，避難誘導，防火活動などの速やかな対応ができるように，安全に関する注意警告，指示，情報等を視覚的に伝達表示するために，安全標識及び安全マーキング並びにその他の対象物に一般材料，蛍光材料，再帰性反射材，蓄光材料，内照式安全標識及び信号灯の安全色を使用する場合の一般的事項について規定している。今回の改正では，改めて安全色の見分けに関する系統的な実験を行い，特に一般材料における安全色に重点をおいて，より多様な色覚の人に識別しやすい参考色および色度座標の範囲を策定した。

　JIS Z 9103に規定されている一般材料による安全色6色とは，赤，黄赤，黄，緑，（　ア　），赤紫である。また，安全色を更に目立たせる対比色として（　イ　）及び（　ウ　）の2色がある。

(3)　次の各文は，日本の古代，中世，近世の住まいについて説明したものである。各文の貴族・武家の住まいの名称を漢字で答えよ。

ア　平安時代の貴族の住まい。内部には塗籠が設けられ，几帳などで空間を仕切り，床には，円座などの調度類を使用していた。外部には蔀戸を用いた。

イ　大名の住宅では，接客・対面の機能を重視し，中心となる客間の座敷飾りとして，床の間，違い棚などが必要に応じて設けられた。角柱が用いられ，外部には明り障子などの建具が用いられ，畳が敷かれた。

ウ　茶室のもつ様式を取り入れた建築。内部は角柱ではなく面皮柱（丸太の四面を垂直に切り落とし，四隅に丸い部分が残った柱）の使用などに特色がみられる。

(4)　次のア～ウの平面表示記号(JIS A 0150)はそれぞれ何を表しているか答えよ。

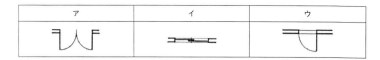

ア	イ	ウ

(5) 次の文は，戸建住宅のZEHの定義(資源エネルギー庁　平成31年2月改定)である。空欄(　ア　)～(　エ　)にあてはまる最も適切な語句を答えよ。

> ZEH(ゼッチ)(ネット・ゼロ・エネルギー・ハウス)とは外皮の(　ア　)性能等を大幅に向上させるとともに，高効率な設備システムの導入により，室内環境の質を維持しつつ大幅な(　イ　)を実現した上で，(　ウ　)エネルギー等を導入することにより，年間の一次エネルギー(　エ　)の収支がゼロとすることをめざした住宅である。

　　注：外皮とは，建物の外部と内部を隔てる境界をさし，窓・壁・屋根・床等をいう。

(6) ヒートアイランド現象とはどのような現象か。環境省が策定した「ヒートアイランド対策大綱」(平成25年5月8日改定)に示されている内容に即して説明せよ。

(7) 気候変動問題は，国際社会が一体となって取り組むべき重要な課題である。

　　次の文章の(　A　)～(　E　)に当てはまる語句の組合せとして最も適切なものはどれか。以下の1～5から一つ選び，その記号を答えよ。

　　2015年12月，第21回国連気候変動枠組条約締約国会議において，2020年以降の温室効果ガス排出削減等のための新たな国際枠組みとして，(　A　)が採択された。この(　A　)の概要は，世界の努力目標として，世界全体の平均気温の上昇を工業化以前よりも摂氏(　B　)高い水準を十分に下回るものに抑えること及び世界全体の平均気温の上昇を工業化以前よりも摂氏(　C　)高い水準までのものに制限するための努力を継続すること，各締約国は5年ごとに削

減目標を提出・更新すること等である。

　日本では，2020年10月26日，菅内閣総理大臣所信表明演説において(D)年までに温室効果ガスの排出を全体としてゼロにする(E)，脱炭素社会の実現を目指すことを宣言した。

	A	B	C	D	E
1	パリ協定	3℃	1.5℃	2040	カーボンニュートラル
2	パリ協定	2℃	1.5℃	2050	カーボンニュートラル
3	京都議定書	2℃	1℃	2040	カーボンニュートラル
4	京都議定書	2℃	1℃	2050	カーボンプライシング
5	京都議定書	3℃	2℃	2030	カーボンプライシング

(8)　次図は，日本，ロシア，中国，ドイツ，フランス，アメリカの一次エネルギーについてのグラフである。図1と図2を読み取り，日本のグラフをア〜カの記号で答えよ。

図1

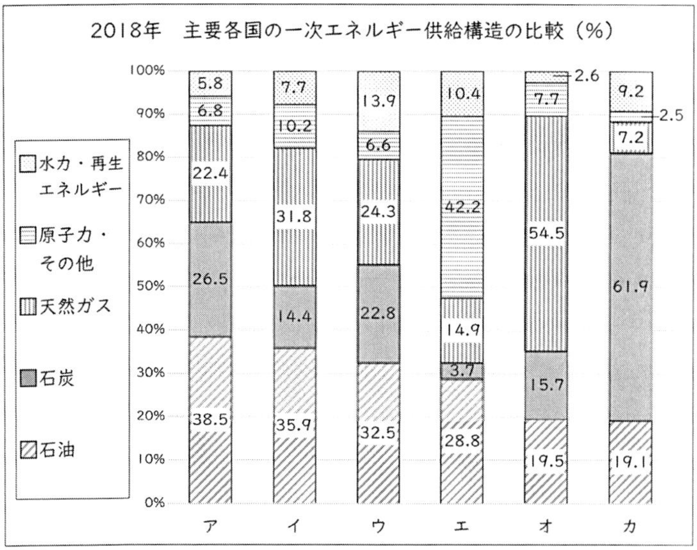

2018年　主要各国の一次エネルギー供給構造の比較（%）

27

図2

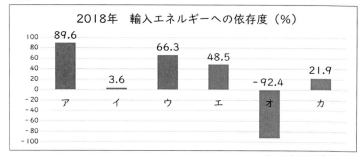

2018年　輸入エネルギーへの依存度（%）

※　マイナスは輸出を表す

図1・図2　経済産業省　資源エネルギー庁編　「電気事業便覧2020年版」を基に作成

(9)　次の文章は防災や災害，安全な住まい方に関する文章である。正しい文章を全て選び，ア～オの記号で答えよ。

ア　今年(2023年)は，関東大震災から100年の節目にあたる。その発生日である9月1日は「防災の日」と定められている。

イ　内閣府の避難情報に関するガイドライン(令和3年5月改定)では，「避難勧告」は廃止され，居住者等がとるべき行動として，警戒レベル4で「危険な場所にいる全員が避難する」と明記された。

ウ　免震構造は，免震層で集中的に地震動のエネルギーを吸収し，建物への地震動の入力を著しく低減できる構造のことである。

エ　阪神・淡路大震災で災害医療について多くの課題が浮き彫りになり，日本DMATが発足した。災害派遣医療チーム(DMAT)とは，災害の急性期に活動できる機動性を持った，トレーニングを受けた医療チームである。

オ　「指定緊急避難場所」は，津波，洪水等による危険が切迫した状況において，住民等の生命の安全の確保を目的として住民等が緊急に避難する施設又は場所である。

(10)　災害時に備えた食品ストックガイド(農林水産省　平成31年3月発行)には，普段の暮らしを少し工夫するだけで，無理なく災害時に備える方法が紹介されている。次の文章が説明している言葉をカタカナで答えよ。

> 普段の食品を少し多めに買い置きしておき，賞味期限を考えて
> 古いものから消費し，消費した分を買い足すことで，常に一定
> 量の食品が家庭で備蓄されている状況を保つための方法。

(☆☆☆☆◎◎◎◎)

解答・解説

【中高共通】

【1】(1) 2 (2) 4 (3) 4 (4) 5 (5) 3 (6) 2
(7) 3 (8) 1 (9) 1 (10) 5

〈解説〉(1) 家庭の役割について，さまざまな調査結果のグラフを確認
しておくこと。旧民法の時代には，「家を守る，子どもを産み育てる，
親の面倒を見る」などが，当然の役目と考えられていたが，現在では，
家庭は，精神的な充実感，安らぎを求める場としている割合が多い。
(2) 世界各国の高齢化率のグラフを理解しておけば解答できる問題で
ある。高齢化率の推移について，詳細を調査のグラフで確認しておく
こと。 (3) 正答以外の選択肢1はモロー反射，2は把握反射，3はバ
ビンスキー反射，5は吸てつ反射である。 (4) 喃語以前のクーイン
グは「クークー」などと喉を鳴らして音を出す。一語文は「ブーブー」，
「マンマ」など一語のみで表す。 (5) 誤りのあった選択肢エについ
て，2020年ではなく，令和6年(2024年)1月施行の大阪府富田林市での
制度である。 (6) こども基本法は，日本国憲法および児童の権利に
関する条約の精神にのっとり作成されている。こども基本法の概要を
確認し覚えておくこと。 (7) 選択肢3の「消費者教育を受ける権利」
はフォード大統領が唱えた内容である。これらをもとに，CI(国際消費
者機構)は「8つの権利と5つの責任」として示した。全て覚えておきた
い。日本ではこれをベースに2004年に消費者基本法を成立させ，消費

者の権利と消費者の自立支援を基本理念とした。　(8)　選択肢1は，ネガティブオプション(送り付け商法)である。「特定商取引法」により，お金を払う必要もないし，商品を直ちに処分してもよい。選択肢2(デート商法)，選択肢3(社会生活上の経験不足や利用した勧誘行為)，選択肢4（不利益事実の不告知），選択肢5(判断力の低下にある生活の維持への過大な不安をあおる勧誘行為)は，いずれも消費者契約法における契約の取消しができる内容である。　(9)　オの選択肢にある褥瘡(じょくそう)は，皮膚の一部が赤い色味をおびたり，ただれたり，傷ができてしまうこと。皮膚の表面だけでなく，皮膚の中にある骨に近い組織が傷ついている場合もある。一般的に床ずれという。衣類の着脱だけでなく，食事，車椅子，歩行などの介助についても詳しく学習しておくこと。ボディメカニズムについても確認しておきたい。(10)　令和5(2023)年の高齢化率は29.1％である。選択肢5の65歳以上の男女比について，正しくは男性：女性＝3：4である。

【2】(1)　ア　4　　イ　2　　(2)　1　　(3)　4　　(4)　3　　(5)　5
(6)　3　　(7)　1　　(8)　3　　(9)　5

〈解説〉(1)　ア　Aは，よじれがあるので綿，Bは，表面に鱗片があることから毛である。繊維の断面図と側面図は確認しておくこと。
イ　綿は洗濯機で洗え，漂白可，つり干しがよく，アイロン温度は高温である。毛については，手洗い，漂白は不可，日陰での平干し，アイロン温度は中温である。洗濯表示は，洗濯，漂白，アイロン，クリーニング，乾燥の5つの基本表示をもとに覚えておくこと。　(2)　伸び率が高いのはポリウレタン，公定水分率が最も高いのは，選択肢の中では毛である。繊維の種類ごとに特徴と手入れ方法を整理して覚えておくこと。　(3)　誤りのある選択肢アについて，原産国表示はアパレル協会による取り決めである。原産国は縫製した国を表示する。イについて，レース生地の場合，繊維の組成と表示者の「氏名又は名称」及び「住所又は電話番号」である。ウについてカタカナ表示は一般的にされている。　(4)　選択肢イについて，空気よりも重いので，衣類

の一番上に置く。エの樟脳が併用できるのはピレスロイド系のみである。防虫剤の特徴に関する問題は頻出なので覚えておくこと。

(5) アは未来永劫へと続く幸せへの願い，イは健やかな成長，邪気を祓う，ウは魚や蛇の鱗に見立てて名づけられ，脱皮するイメージから再生や厄除け，エは長寿を願う意味を持つ。 (6) 和服は平面構成，洋服は立体構成である。衽下りは 肩山から剣先までの間の寸法，袂(たもと)は袖の部分全体のことである。 (7) ブロードは普通の厚みの生地，デニムは厚地の生地。針は号数が大きくなるほど太い針である。糸は番手が大きくなるほど細くなる。それぞれの生地にあった針と糸を理解しておくこと。 (8) 日本の衣料品の大部分は海外からの輸入に頼っている。その輸入先は中国やベトナム，インドネシア，バングラデシュなどの国々からである。日本は，これらの国々に，糸や生機，染品や後加工生地を輸出して縫製工場を構え，完成した衣料品を輸入する仕組みである。 (9) 世代別にみると，若い世代の方が服の購入量は多い。ファストファッションの弊害について記述できるように学習しておきたい。

【3】(1) ア 3　イ 5　ウ 2　(2) 2　(3) ア 3　イ 4
ウ 1　エ 1　オ A 5　B 3
〈解説〉(1) ア 子育て世帯に対する食費支援事業第1弾の対象は18歳以下の子どもである。米またはその他食料品を給付する(1人5000円程度)第2弾も実施されており，平成17年以降に生まれた者を対象にしている。妊娠の証明には母子健康手帳を使用する。 イ バナナ，ゼラチン，大豆は特定原材料ではない。特定原材料に準ずるものである。
ウ 令和5年3月に新たに追加されたのはくるみである。特定原材料と特定原材料に準ずるもの(推奨表示食品)を合わせた28品目を覚えておくこと。 (2) 誤りのある選択肢2について，遺伝子組み換え食品は9種類で，とうもろこし，ばれいしょが抜けている。 (3) ア 1合は180ccである。水加減は米の体積の1.2倍なので，2×180×1.2＝432ccである。 イ 誤りのある選択肢について，1は日本型の米は短粒種で，

アミロースの含有量は17〜20％，インド(インディア)型の米は長粒種でアミロース含有量は20〜30％である。2は，米に含まれるたんぱく質はリジンが少ない。3は，みじん粉の原料はもち米で落雁などの原料になる。4について，生の米はアミロースとアミロペクチンが規則正しく並んだミセル構造になっている。水と熱を加えることによってミセル構造が崩壊し，糊化され消化の良いαでんぷんになる。

ウ　包丁の腹は，にんにくやしょうがをつぶしたりするときに使用する。あごは，刃元部のハンドル側の刃の終点の部分である。包丁の各部の名称は覚えること。　　エ　混合出汁の取り方は必ず覚えておくこと。かつお節を10分以上煮出すと，魚臭さが出るし，汁が濁る。昆布の出汁の取り方は，出汁がよく出るように切れ目を入れるが，細かく切り過ぎると昆布の切れ端から出るアルギン酸という雑味の元となるヌメリが溶け出す。沸騰後に取り出すと雑味が出るので，沸騰直前に取り出す。　　オ　A　誤りのある対応の選択肢②のベーコンは，豚肉の加工品のため使用不可，④のみりんは，米を発酵させたもので使用不可である。　　B　適切でない選択肢1，2のゼラチンの原料は動物の骨や皮であるため使用不可，4，5は酒を含むので使用不可である。

【4】(1)　ア　$\frac{1}{5}$(五分の一)　　イ　$\frac{1}{7}$(七分の一)　　(2)　ア　青　イ　白(黒)　ウ　黒(白)　　(3)　ア　寝殿造り　　イ　書院造り　ウ　数寄屋造り(数奇屋造り)　　(4)　ア　両開きとびら(両開き戸)　イ　引違い窓　　ウ　片開き窓　　(5)　ア　断熱　　イ　省エネルギー(省エネ)　　ウ　再生可能　　エ　消費量　　(6)　都市の中心部の気温が郊外に比べて島状に高くなる現象。　　(7)　2　　(8)　ア　(9)　ア，イ，ウ，エ，オ　　(10)　ローリングストック

〈解説〉(1)　採光基準についての問題は頻出なので必ず覚えること。保育所等については，「一定の照明設備の設置をして照度を確保した場合には，床面積の$\frac{1}{7}$以上に緩和することができる」となっている。待機児童を解消するには，保育所の整備が重要だが，都市部の住居系地域等においては，敷地境界線との間に十分な距離を確保できず，保

育所を設置できない事例がある。既存建築物を保育所に用途変更する際の建築基準法等の緩和として変更された。　(2)　改正JIS安全色 (JIS Z 9103：2018) は、世界に先駆けてユニバーサルデザインカラーが採用され、一般の人だけでなく明度で色を識別している1型、2型色覚の人やロービジョン(社会的弱視)の人など、色覚多様性に配慮して改正を行った。現在は、障害を意味する「色覚異常」といわず「色覚多様性」と呼ぶ。　(3)　日本の伝統的な建築について学習しておくこと。和式の建築の各部の名称も覚えておくこと。　(4)　アの「両開き戸(扉)」とウの「片開き窓」における戸と窓の表示の違いを理解しておこう。イとウは共に窓で、窓の下には壁などがある。平面表示記号について、特に窓と戸について学習しておくこと。　(5)　外皮を断熱構造にする、省エネの活用、創出エネルギー(太陽光発電などの再生エネルギー)で、エネルギー消費量の収支をゼロにする。頻出問題なので説明できる程度に理解しておくこと。　(6)　屋上緑化、壁面緑化等の推進や省エネルギー性能の優れた建築物の普及促進により、人工排熱の低減を図るなどしてヒートアイランド現象の低減について対策が講じられている。　(7)　平均気温の上昇について、最初は「工業化以前＋2℃」を目標としたが、実現不可能であることが予測され、「1.5℃」に変更された。カーボンニュートラルの「ニュートラル」は中立の意味で、温室効果ガス排出量と吸収量を均衡させるための政策である。二酸化炭素の排出削減として、LED照明の採用やエネルギー効率の良い製品の利用、再生エネルギーの利用、火力発電の使用割合の削減などを推進している。　(8)　エネルギーの輸入割合が90％と各国の中で突出しているのは日本である。天然ガス、石炭、石油の3つの資源でエネルギーの大部分を賄っている。原子力によるエネルギー率は2022年度には5.9％と減少、再生エネルギーには太陽光、風力、地熱、水力、バイオマスがあり、このうち最も割合が高いのは、太陽光発電である。世界の一次エネルギー率のグラフを確認しておくこと。　(9)　避難情報について、警戒レベル3は、危険な場所から高齢者は避難する、警戒レベル4は全員避難、警戒レベル5はすでに災害が発生している状況

を示す。建物の耐震構造，制振構造，免震構造を説明できるようにしておくこと。災害派遣医療チームは，医師，看護婦，業務調整員の3職種で構成される。　(10)　ローリングストックの良さは，災害用食品が賞味期限切れで廃棄することもない，普段使用している物なので，調理法もわかり，緊急時での対応も楽であり，好みの味のため，精神的な安心感をもたらす。頻出問題なので良い点を記述できるようにしておきたい。

2023年度　実施問題

【中高共通】

【1】食生活について，次の(1)～(7)の問いに答えよ。

(1)　次の表は，「カスタードプリン」の材料を示したものである。以下のア～エの問いに答えよ。

```
＜カスタードプリン＞
　卵
　牛乳
　砂糖
　バター
　バニラエッセンス
◆カラメルソース
　砂糖
　水
```

ア　砂糖に関する説明文のうち，誤っているものはどれか。次の1～5から一つ選べ。

1　一般に食品の砂糖濃度が高くなると，食品中の自由水(分子が動き回ることができる水)が少なくなるので，保存性が高まる。

2　砂糖に水を加えて加熱すると，次第に水が蒸発して濃度が高くなり，沸点が上昇する。

3　上白糖と三温糖はどちらも車糖である。

4　フォンダンとは，煮つめた砂糖液を再結晶化させたもので，クッキーやケーキなどの菓子類のコーティングに使われる。

5　砂糖は親水性物質であるから，水分子をひきつけておく性質がある。糊化したでんぷんに砂糖を加えると，砂糖が水分と結合し，β－でんぷんは老化しにくくなる。

イ　カスタードプリンを蒸し加熱で調理する。口当たりが滑らかで
すだちのないプリンを調理する方法の説明文のうち，誤っている
ものはどれか。次の1〜5から一つ選べ。

1　卵液をこす。

2　蒸し器内の温度を85〜90℃に保つ。

3　卵液を冷やしておく。

4　滑らかなゲルにするため砂糖を添加する。

5　沸騰した蒸し器内で数分加熱した後，消火し余熱で中心部ま
で加熱する。

ウ　食品添加物の甘味料のうち，天然由来の甘味料はどれか。次の
1〜5から一つ選べ。

1　アスパルテーム　　　2　グリチルリチン酸二ナトリウム

3　サッカリン　　　　　4　D−ソルビトール

5　ステビア抽出物

エ　卵白が凝固し始める温度，完全凝固する温度及び卵黄が凝固し
始める温度の組合せとして最も適切なものはどれか。次の1〜5か
ら一つ選べ。

	卵白		卵黄
	凝固し始める温度	完全凝固する温度	凝固し始める温度
1	約60℃	約80℃	約65℃
2	約55℃	約75℃	約60℃
3	約65℃	約75℃	約60℃
4	約70℃	約80℃	約75℃
5	約60℃	約75℃	約80℃

(2)　次の調理や食材に関する説明文のうち，誤っているものはどれか。
次の1〜5から一つ選べ。

1　パンやめんを作る際には水のほかに食塩を加えることがある。
この際の食塩はグリアジンの粘性を増し，グルテンの網目状組織
が緻密になり，伸展性を良くする目的で加えられる。

2　煮豆を調理する際には，砂糖を数回に分けて加えるとしわがで
きるのを防ぐことができる。

36

　3　卵殻の表面には非常に小さい穴である気孔が無数に開いている。気孔は特に先のとがった先端部に多く局在している。

　4　果物の甘味の成分であるフルクトースは温度が低いほど，甘味度が強くなる。

　5　じゃがいもを牛乳中で加熱すると，水煮に比べて硬くなる。これはじゃがいもに含まれるペクチンが牛乳のカルシウムと結合して，不溶化するためである。

(3)　平成30年に食品衛生法が改正され令和3年6月1日に完全施行された。食品衛生法に規定されている項目はどれか。次の1〜5から最も適切な組合せを一つ選べ。

　ア　HACCPに沿った衛生管理を制度化した。一般的衛生管理に加え，HACCPに沿った衛生管理の実施を，原則として全ての食品等事業者に求める。

　イ　輸入品を除く全ての加工食品に1番多く用いられている原材料の産地を表示する。表示方法は「国別重量順表示」，「製造地表示」，「又は表示」又は「大括り表示」となる。

　ウ　営業者が食品等の自主回収(リコール)を行う場合に，自治体を通じて国へ報告する仕組みを作り，リコール情報の報告を義務化した。

　エ　食品用器具と容器包装について，安全性を評価した物質のみを使用可能とするポジティブリスト制度を導入した。

　オ　内閣府に，食品安全委員会を置く。

　1　ア，イ，エ　　　2　イ，ウ，エ　　　3　ア，ウ，オ
　4　ア，ウ，エ　　　5　ウ，エ，オ

(4)　次のア〜オの調味料を食塩相当量が多いものから並べたものはどれか。次の1〜5から一つ選べ。なお，食塩相当量値は100g当たりの数値であり，日本食品標準成分表2020年版(八訂)に記載されている数値とする。

　ア　うすくちしょうゆ　　　イ　こいくちしょうゆ　　　ウ　米酢
　エ　料理酒　　　　　　　　オ　固形ブイヨン

1　ア→イ→オ→エ→ウ　　2　オ→ア→イ→エ→ウ
3　イ→ア→オ→ウ→エ　　4　オ→ア→イ→ウ→エ
5　ア→オ→イ→エ→ウ

(5)　次の文章は野菜に含まれる色素について説明したものである。
(ア)～(エ)にあてはまる語句の組合せとして最も適切なも
のはどれか。次の1～5から一つ選べ。

カリフラワー，玉ねぎなどに含まれる(ア)は，水溶性で，酸
性で白色，アルカリ性で(イ)を呈する。

また，なすや赤じそなどに含まれる(ウ)は，酸性で赤色，ア
ルカリ性で青色を呈する。アルミニウムイオン，鉄イオンがあると
安定した紫色になる。なすの色素ナスニンは，揚げる，炒めるなど
の高温処理では変色を抑えることができる。(ウ)は(エ)性
色素である。

	ア	イ	ウ	エ
1	フラボノイド	黄色	アントシアニン	水溶
2	クロロフィル	緑色	アントシアニン	脂溶
3	カロテノイド	赤色	フラボノイド	脂溶
4	クロロフィル	黄色	フラボノイド	水溶
5	フラボノイド	赤色	アントシアニン	水溶

(6)　次の食品による健康被害等に関する説明文のうち，誤っているも
のはどれか。次の1～5から一つ選べ。

1　昭和30年に調製粉乳にひ素を含む有毒物質が混入したことに起
因して，近畿，中国地方を中心に乳幼児に数多くのひ素中毒患者
が発生した。現在でも数多くの方々が支援を必要とする状態にあ
る。

2　昭和43年10月に，西日本を中心に，ライスオイル(米ぬか油)によ
る食中毒事件が広域にわたって発生した。症状は，色素沈着など
の皮膚症状のほか，全身倦怠感，しびれ感，食欲不振など多様で
あり，現在も症状が続いている方々がいる。

3　平成8年7月，学校給食に起因する腸管出血性大腸菌O157による
学童集団下痢症が発生した。この腸管出血性大腸菌は血便や腹痛

を引き起こす。O157は熱に弱く，75℃1分以上の加熱で死滅する。

4　平成12年に加工乳が黄色ブドウ球菌エンテロトキシンA型に汚染されて，患者数1万人以上の大規模食中毒事件が近畿地方を中心に発生した。このエンテロトキシンは熱に弱く，100℃で3分の加熱で毒性を失う。

5　平成25年12月に，関東地方の事業者において製造した冷凍食品の一部から，本来含まれていない農薬(マラチオン)が検出したため事業者が自主回収を行った。中毒症状として，吐き気・嘔吐，下痢，腹痛，唾液分泌過多，発汗過多，軽い縮瞳などがある。

(7)　平成30年7月豪雨により，西日本を中心に，広域的かつ同時多発的に河川の氾濫，がけ崩れ等が発生し，多くの人が長期間の避難所生活を余儀なくされた。

　　次の表1・2は同年8月1日に厚生労働省が発出した事務連絡「避難所における食事の提供に係る適切な栄養管理の実施について」に記されている，避難所における食事の提供の評価・計画のための栄養参照量である。これは，避難所生活が長期化する中で，栄養素の摂取不足を防ぎ，かつ生活習慣病を予防するため，栄養バランスのとれた適正量を安定的に確保する観点から，食事提供の評価を踏まえた計画の決定のための目安となる量として厚生労働省が提示したものである。

　　空欄ア～エにあてはまる語句の組合せとして最も適切なものはどれか。あとの1～5から一つ選べ。

<表1　避難所における食事提供の評価・計画のための栄養の参照量>
～エネルギー及び主な栄養素について～

目的	エネルギー・栄養素	1歳以上、1人1日当たり
エネルギー摂取の過不足の回避	エネルギー	1,800～2,200kcal
栄養素の摂取不足の回避	たんぱく質	55g以上
	ビタミンB₁	0.9mg以上
	ビタミンB₂	1.0mg以上
	（　ア　）	80mg以上

＊日本人の食事摂取基準(2015年版)で示されているエネルギー及び各栄養素の値を基に，平成27年国勢調査結果(岡山県)で得られた性・年齢階級別の人口構成を用いて加重平均により算出

＜表2　避難所における食事提供の評価・計画のための栄養の参照量＞
～対象特性に応じて配慮が必要な栄養素について～

目的	栄養素	配慮事項
栄養素の摂取不足の回避	カルシウム	骨量が最も蓄積される思春期に十分な摂取量を確保する観点から，特に6～14歳においては，600mg/日を目安とし，牛乳・乳製品，豆類，緑黄色野菜，小魚など多様な食品の摂取に留意すること
	（　イ　）	欠乏による成長障害や骨及び神経系の発達抑制を回避する観点から，主菜や副菜の摂取に留意すること
	（　ウ　）	月経がある場合には，十分な摂取に留意するとともに，特に貧血の既往があるなど個別の配慮を要する場合は，医師・管理栄養士等による専門的評価を受けること
生活習慣病の予防	（　エ　）	成人においては，目標量を参考に過剰摂取を避けること

	ア	イ	ウ	エ
1	鉄	脂質	ビタミンA	食物繊維
2	ビタミンE	ビタミンD	鉄	食物繊維
3	鉄	ビタミンD	ビタミンE	ナトリウム（食塩）
4	ビタミンC	ビタミンA	鉄	ナトリウム（食塩）
5	ビタミンD	ビタミンE	鉄	脂質

(☆☆☆☆◎◎◎◎)

【2】衣生活について，次の(1)～(9)の問いに答えよ。

(1)　各種繊維の公定水分率(JIS　L1013より抜粋)について，次の1～5の繊維の中で，最も水分率の低いものを一つ選べ。

1　ナイロン　　2　綿　　3　麻　　4　レーヨン

5　ポリエステル

(2)　しみ抜きの方法として，誤っているものはどれか，次の1～5から一つ選べ。

1　マヨネーズのしみには，ベンジンで脂肪分を除去し，洗剤液で処理する。

2　ボールペンのしみには，濃い洗剤液やベンジン，またはシンナーを用いる。

3　血液のしみには，付着直後にはお湯で処理し，その後洗剤液を用いる。

4　果汁のしみには，付着直後には水で処理し，その後洗剤液を用いる。

5　口紅のしみには，ベンジンで処理した後，洗剤液を用いる。

(3)　次の表の成人女子の体型区分において，表中の(　ア　)と(　イ　)にあてはまる記号として，最も適切な組合せを以下の1～5から一つ選べ。

体型	意味
A体型	身長とバストの組合せにおいて、出現率が最も高くなるヒップのサイズで示される人の体型
(　ア　)体型	A体型よりヒップが4cm小さい人の体型
(　イ　)体型	A体型よりヒップが8cm大きい人の体型

	ア	イ
1	S	AB
2	S	B
3	Y	B
4	AB	Y
5	Y	AB

(4)　衣類などの繊維製品の洗濯表示記号(日本産業規格JIS L0001より抜粋)の意味について，次のアとイに答えよ。

ア　次のアイロン仕上げ処理記号の底面温度は何℃を限度とするか。以下の1～5から一つ選べ。

1　140　　　2　150　　　3　160　　　4　170　　　5　180

イ　次のA～Cの洗濯処理記号が意味するものとして最も適切な組合せを，以下の1～5から選べ。

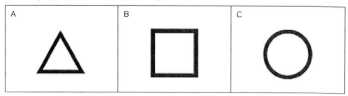

	A	B	C
1	漂白	乾燥	商業クリーニング
2	漂白	商業クリーニング	乾燥
3	商業クリーニング	漂白	乾燥
4	乾燥	漂白	商業クリーニング
5	商業クリーニング	乾燥	漂白

(5)　次の表は，化学繊維の名称の分類について示したものである。（　ア　）～（　ウ　）にあてはまる語句として，最も適切な組合せを以下の1～5から選べ。

化学繊維	再生繊維	ビスコース繊維 銅アンモニア繊維
	（　ア　）繊維	アセテート繊維
	（　イ　）繊維	ナイロン繊維 ビニロン繊維 ポリ乳酸繊維
	（　ウ　）繊維	ガラス繊維 金属繊維 炭素繊維

	ア	イ	ウ
1	半合成	無機	合成
2	合成	半合成	無機
3	無機	合成	半合成
4	半合成	合成	無機
5	合成	無機	半合成

(6)　次の染料の分類について，(　ア　)～(　ウ　)にあてはまる語句の組合せとして最も適切なものはどれか。以下の1～5から一つ選べ。

部属	特徴
直接染料	綿などに直接、染着する
酸性染料	陰イオンとなり、酸性浴から毛などに染着する
(　ア　)染料	陽イオンになり、アクリル、毛を染着する
媒染染料	アルミニウムや鉄などの金属塩を媒染剤にして染着する
(　イ　)染料	水に溶けないが、還元するとアルカリ性水溶液に溶解して染着する 藍や貝紫もこの部属である
(　ウ　)染料	化学結合を形成して染着する セルロース繊維などに用いられる

※染料の分類法のうち、染着性や染色法に基づく分類を部属とよぶ

	ア	イ	ウ
1	反応	建染	塩基性
2	建染	塩基性	反応
3	塩基性	建染	反応
4	塩基性	反応	中性
5	建染	中性	反応

(7)　ドライクリーニングの特徴の長所として誤っているものはどれか。次の1～5から一つ選べ。
1　油性汚れの除去に優れている。
2　繊維を膨潤させないため収縮や型くずれが起こりにくい。
3　布の風合いや光沢，染色への影響が少ない。
4　乾燥が早く，仕上げが容易である。
5　水溶性汚れが除去しやすい。

(8)　和服に関する用語の説明のうち，誤っているものはどれか。次の1～5から一つ選べ。
1　馬乗りとは，肌じゅばん，じんべえなどのすその脇あきのことである。
2　半衿とは，長じゅばんや半じゅばんなどの衿にかけるものである。
3　付け下げとは，模様がすべて上向きになるように配置されたきものである。
4　打ち掛けとは，長着の上にはおり着るすそ長のきもので，主に

婚礼用衣裳である。

5　被布とは，あわせのきもののそで口・すそで，裏布が表布より
ふき出ている部分である。

(9)　和服の帯の説明のうち，「名古屋帯」の説明はどれか。次の1～5
から一つ選べ。

1　礼装用の最上の帯である。重く結びにくいのであまり使用され
なくなった。

2　胴回りの部分を半幅に仕立てた帯である。

3　仕立てられていない布帯でしごいて使う。

4　丸帯の代わりに礼装用，おしゃれ用に用いられる。

5　お太鼓の部分と胴帯の部分が別々に仕立てられている。

(☆☆☆☆◎◎◎)

【3】住生活について次の(1)～(6)の問いに答えよ。

(1)　賃貸住宅の退去の際に，損耗等の補修や修繕の費用の負担といっ
た原状回復をめぐるトラブルが問題となっている。国土交通省住宅
局が公表した「原状回復をめぐるトラブルとガイドライン(再改定
版)(平成23年8月)」はトラブルの未然防止を図るためのルールを示
している。次のアとイに答えよ。

ア　次の文章は「原状回復にかかるトラブルの未然防止」の内容で
ある。(A)～(E)に当てはまる語句の組合せとして最も適
切なものはどれか。以下の1～5から一つ選べ。

賃貸契約の(A)の問題として捉えられがちである現状の回
復を(B)の問題として捉えることを念頭に置き，入退去時の
物件の確認等のあり方，契約締結時の(C)の開示をまず具体
的に示すこととした。

こうした対応策を的確に採り入れ，(D)が(E)に対して
原状回復に関する内容の説明を十分行うとともに，(D)と
(E)の双方が原状回復に対する正しい認識を共有することに
よりトラブルの未然防止が効果的になされることが示されている。

	A	B	C	D	E
1	退去時	入居時	敷金	賃貸人	賃借人
2	敷金	退去時	管理費	賃貸人	賃借人
3	退去時	入居時	契約条件	賃借人	賃貸人
4	敷金	退去時	保証金	賃借人	賃貸人
5	退去時	入居時	契約条件	賃貸人	賃借人

イ　賃貸住宅の契約の終了に伴う原状回復の条件について，賃貸人，賃借人の修繕義務分担の最も適切な組合せを1～5から一つ選べ。

	賃貸人	賃借人
1	テレビ、冷蔵庫等の後部壁面の黒ずみ（電気ヤケ）	クロスが変色したタバコ等のヤニ・臭い
2	引っ越し作業で生じたひっかきキズ	飼育ペットによる柱等のキズ・臭い
3	畳の裏返し、表替え	家具の設置による床、カーペットのへこみ
4	カーペットに飲み物等をこぼし、手入れ不足等によるシミ、カビ	地震で破損したガラス
5	落書き等の故意による毀損	下地ボードの張替え不要な壁面の画鋲、ピン等の穴

(2)　居住面積水準について次のアとイに答えよ。

ア　次の表は居住面積水準をまとめたものである。（　A　）～（　D　）に適する数値で最も適切な組合せを以下の1～5から一つ選べ。

名称		単身者	2人以上の世帯
最低居住面積水準		（ A ）m²	（ B ）m² × 世帯人数 + （ B ）m²
誘導居住面積水準	一般型	（ C ）m²	25 m² × 世帯人数 + 25 m²
	都市型	（ D ）m²	20 m² × 世帯人数 + 15 m²

国土交通省「住生活基本計画　全国計画（令和3年3月）」より

	A	B	C	D
1	20	10	50	35
2	20	15	40	25
3	25	10	55	40
4	25	15	45	30
5	35	15	55	40

イ　次のグラフは家族構成別の居住面積水準の現状である。A〜Eに入る家族構成の組合せについて最も適切なものはどれか。以下の1〜5から一つ選べ。

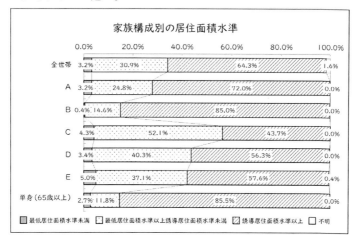

国土交通省住宅局「平成30年住生活合同調査結果（R2.8月発表）」より

	A	B	C	D	E
1	親と子 （長子18歳以上）	親と子 （長子17歳以下）	単身64歳以下	夫婦64歳以下	夫婦65歳以上
2	親と子 （長子17歳以下）	親と子 （長子18歳以上）	単身64歳以下	夫婦64歳以下	夫婦65歳以上
3	夫婦64歳以下	夫婦65歳以上	親と子 （長子18歳以上）	親と子 （長子17歳以下）	単身64歳以下
4	夫婦64歳以下	夫婦65歳以上	親と子 （長子17歳以下）	親と子 （長子18歳以上）	単身64歳以下
5	夫婦65歳以上	夫婦64歳以下	親と子 （長子17歳以下）	親と子 （長子18歳以上）	単身64歳以下

(3) 次のグラフは，子育て世代(親と子で長子が17歳以下)の「住宅及び居住環境の個別要素の重要度・評価」である。アとイの組合せとして最も適切なものはどれか。以下の1～5から一つ選べ。

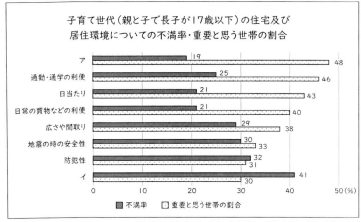

国土交通省「平成30年住生活総合調査の調査結果(速報)」を基に作成

	ア	イ
1	収納の多さ・使い勝手	遮音性
2	親・子・親戚との距離	収納の多さ・使い勝手
3	治安	収納の多さ・使い勝手
4	治安	遮音性
5	遮音性	親・子・親戚との距離

(4) 世界の伝統的な住居に関する記述ア～オのうち，正しいものを選んだ組合せとして最も適切なものはどれか。以下の1～5から選べ。

ア　イヌイットのイグルーは氷や雪のブロックで作られ，寒風を防ぐが内部で火を炊くことができない。

イ　遊牧民のパオ(ゲル)は動物の皮や布，木などで作られ，組立て・解体でき，移動式の生活に便利である。

ウ　カッパドキアの住居は動物の糞を固め乾燥させて作られ，強烈な太陽光を遮り室内温度を安定させる。

エ　チチカカ湖に浮かぶ住まいは葦で作られ，少ない土地を有効活用するための農業民族の知恵が形となっている。

オ　日本の合掌造りはかやぶきの切妻屋根で作られ，屋根裏を養蚕空間とすることによって成立した。

1　ア，ウ　　2　ア，エ　　3　イ，ウ　　4　イ，オ　　5　エ，オ

(5)　次に示す平面表示記号(JIS　A0150)のうち，ア「両開き窓」，イ「出入口一般」はどれか。1〜5から選べ。

1	2	3	4	5

(6)　敷地面積120m²の敷地内に延べ面積180m²，建築面積60m²の建築物が1つのみ建っている場合，次のアとイに答えよ。

ア　容積率(小数第1位を四捨五入した数)として適切なものはどれか。次の1〜5から選べ。

1　33%　　2　50%　　3　67%　　4　150%　　5　200%

イ　建ぺい率(小数第1位を四捨五入した数)として適切なものはどれか。次の1〜5から一つ選べ。

1　33%　　2　50%　　3　67%　　4　150%　　5　200%

(☆☆☆☆◎◎◎◎)

【4】人の一生と家族・家庭及び福祉，持続可能な消費生活・環境について，次の(1)〜(10)の問いに答えよ。

(1) 次のグラフは1950年から2020年の日本の出生数の推移を示したものである。以下のアとイに答えよ。

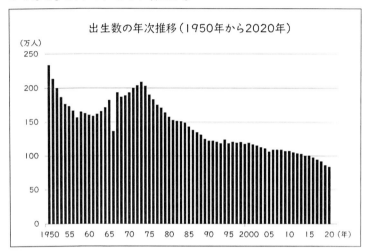

総務省統計局「日本の統計2022」
厚生労働省「令和2年度版　厚生労働白書」を基に作成

ア　日本の人口動態の中で1989年に合計特殊出生率が1.57となったことを「1.57ショック」という。この「1.57ショック」について，干支(えと)に触れ説明せよ。

イ　1989年以降の合計特殊出生率の推移を増減に触れ，「最小値」という語句を用いて説明せよ。

(2) 次の表は介護保険事業に関して，第1号被保険者数と要支援・要介護認定者数をまとめたものである。高齢者の自立についてこの表から読み取れることを説明せよ。

	第１号被保険者数	認定者数	
		要支援１・２	要介護１から５
65歳以上	35,548	1,846	4,712

要支援・要介護認定者数等

（単位：千人）

厚生労働省「令和元年度　介護保険事業状況報告(年報)」を基に作成

(3)　次のグラフは，「令和2年国勢調査」の結果をもとに，一般世帯の家族類型別の割合を示したものである。以下のアとイに答えよ。

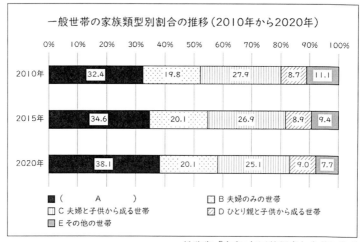

総務省「令和2年国勢調査」を基に作成

ア　（　Ａ　）に当てはまる世帯を国勢調査結果概要に用いられている4文字の語句で答えよ。

イ　世帯B・C・Dを総称して，何世帯というか，答えよ。

(4)　育児休業，介護休業等育児又は家族介護を行う労働者の福祉に関する法律(令和4年4月1日施行)について次の文章の（　ア　）～（　オ　）に当てはまる語句を答えよ。

　　育児休業，介護休業等育児又は家族介護を行う労働者の福祉に関する法律，第1条では法の目的が記されている。

　　その内容は，子育てや家族介護を行う労働者の（　ア　）生活と

（　イ　）生活を（　ウ　）させるために，「（　ウ　）させるための障がいを取り除くこと」，「雇用の継続を図ること」，「再就職の促進を図ること」などが述べられている。あわせて，これらを通じて福祉の増進を図るとともに，副次的に（　エ　）及び（　オ　）の発展に資するとされている。

(5)　子どもの遊びには発達と大きな関連がある。次のA～Dは発達に関連した遊びの型に関する説明である。以下のアとイに答えよ。

A　他の子どもと一緒に遊び，そこで行われている活動に関して会話のやりとりがある。オモチャを貸したり借りたりする。時には，だれと一緒に遊ぶかについてえりごのみをすることもある。一緒に遊んでいる子どもの間にはほぼ同じような活動がみられ，分業はみられない。全体のために自分の欲求を抑えたりすることもみられない。

B　何かを作るとか，ある一定の目的のために一緒に遊ぶ。全体の動きが少数の子どもの指示，命令によって決められる。分業がみられ，それぞれの子どもがちがった役割をとる。

C　他の子どもたちとは別のオモチャでひとりで遊ぶ。他の子どもたちと関係をもとうとせず，他の子どものすることにはかかわりなく自分だけの遊びに熱中している。

D　自分だけで遊んではいるが，まわりの子どもと同じようなオモチャを使い，同じようなことをしている。しかし，他の子どものしていることに干渉したりはしない。そばで遊んでいるのがどのような子どもでも気にしないし，まただれかがそばに来て同じようなことをしだしても気にしない。

ア　連合遊びに当てはまるものを記号で答えよ。

イ　Dの遊びの名称を答えよ。

(6)　子どもは遊びのなかで，よく絵を描くが，子どもの描く人物画から発達水準を把握する方法もある。

幼児の人物画に見られる特有の形態で，3～4歳頃に比較的よく見られ，胴体その他の体の部分を描くようになる前の，抽象的な表現

の絵がある。この人物画を描け。

(7) 頭蓋骨は複数の骨がつなぎ合わさってできている。新生児期には それらの骨のつなぎ目が不完全であり，骨の隙間ができる。

次の図は乳児期の頭蓋骨を示したものであるが，アとイの隙間の名 称を答えよ。

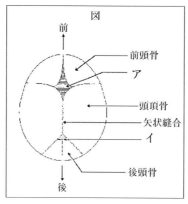

図

前頭骨
ア
頭頂骨
矢状縫合
イ
後頭骨

前

後

丸尾良浩・竹内義博 編著「新版 よくわかる子どもの保健」

(8) 母子健康法(令和3年4月1日施行)についての次の文章の(ア)～ (エ)に当てはまる語句や数字を答えよ。

母子健康法では乳児を(ア)歳に満たない者と定義している。 また乳児の中でも新生児については，出生後(イ)日を経過しな い者としている。

また(ウ)については，市町村が妊娠の届け出をした者に対し て，交付しなければならないと定められている。

他には，保護者に対して，体重が(エ)未満の乳児が出生した ときは，その乳児の現在地の市町村に届け出ることが義務付けられ ている。

(9) 民法(令和4年4月1日施行)について次の文章の(ア)～(カ) に当てはまる語句や数字を答えよ。

民法では親族の範囲を，(ア)内の血族，配偶者，(イ)内 の姻族と定めている。また夫婦について，(ウ)，(エ)，

(オ)の義務が定められている。

また, 子の(カ)について, 親権を行う者の許可を得なければ, 営むことができないと定められている。

(10)　令和4年4月1日より成年年齢が18歳となり, 18歳や19歳の者が, 親権者の同意が無くても, 様々な契約ができるようになった。次のアとイに答えよ。

ア　民法の成年年齢は民法以外の法律において基準年齢とされている。成年年齢が18歳となったことに関連して, 次のA～Gから正しいものをすべて選べ。

A　18歳から養子をとることができる。

B　18歳から女性は婚姻することができる。

C　18歳から男性は婚姻することができる。

D　20歳から喫煙することができる。

E　18歳から飲酒することができる。

F　18歳から10年用一般旅券を取得することができる。

G　家庭裁判所が性別の取り扱い変更の審判をするには, 請求者が性同一性障害者であって18歳以上の者である必要がある。

イ　特定商取引に関する法律(令和3年7月6日施行)では特定の取引について消費者をトラブルから守っている。この法律で規制されている取引を, 次のA～Eから, すべて選べ。

A　連鎖販売取引　　　　　B　訪問購入

C　特定継続的役務提供取引　　D　割賦販売

E　前払式特定取引

(☆☆☆☆○○○○)

解答・解説

【中高共通】

【1】(1) ア 5　イ 3　ウ 5　エ 1　(2) 3　(3) 4
(4) 2　(5) 1　(6) 4　(7) 4

〈解説〉(1)　ア　3　結晶の大きいものの総称は「ザラメ」であり，白ザ
ラメ・中ザラメ・グラニュー糖がある。一方，結晶が小さい糖の総称
は「車糖」であり，上白糖，中白糖，三温糖がある。　5　「β－でん
ぷん」ではなく，「α－でんぷん」が正しい。でんぷんが糊化するこ
とを「α化」という。　イ　卵液を冷やすと，加熱に時間がかかり，
すだちの原因になる。　ウ　ステビアはパラグアイとブラジルの国境
地帯に自生するキク科の植物。葉に甘みを有する。なお，「アスパル
テーム」は飲料やカロリーオフのお菓子，「グリチルリチン酸二ナト
リウム」はみそやしょうゆに使われる。　エ　なお，温泉卵は卵白と
卵黄が凝固する温度の差を利用したものであり，70℃のお湯に20〜30
分間つけるとできる。　(2)　気孔は卵殻全体に無数にあるが，特に丸
いほうに多くある。卵の丸い部分には「気室」があり，卵の水分が蒸
発するにしたがって気室は大きくなる。　(3)　イは「製造地」ではな
く「製造者」が正しい。オは正しいが，食品衛生法ではなく食品安全
基本法に定められている。　(4)　固形ブイヨンは，濃縮された状態に
なっているため，塩分濃度は一番高い。また，うすくちしょうゆはこ
いくちしょうゆより塩分濃度が高いことにも注意しよう。　(5)　クロ
ロフィルは緑色の色素，カロテノイドは赤い色素，なすや赤じそなど
に含まれる色素はアントシアニンである。　(6)　エンテロトキシンは
100℃・20分の加熱でも死滅しない。なお，肢1は森永ヒ素ミルク事件，
2はカネミ油症事件，4は雪印乳業食中毒事件である。　(7)　栄養素に
おける欠乏症は頻出なので，症状などはおさえておくこと。例えば，
ビタミンCが欠乏すると疲労や筋力低下がみられ，重度の場合は壊血
病，あざができたり，歯ぐきや歯のトラブル，毛髪や皮膚の乾燥，貧

血が起こる。

【2】(1) 5　　(2) 3　　(3) 3　　(4) ア　2　　イ　1　　(5) 4

(6) 3　　(7) 5　　(8) 5　　(9) 2

〈解説〉(1)　公定水分率の低さは，吸水率が低いことを意味する。綿や麻の天然繊維，天然繊維を一度溶かして再生させた再生繊維であるレーヨンの公定水分率は高い。ナイロンとポリエステルでは，ポリエステルのほうが低い。　　(2)　血液に含まれるたんぱく質は熱で凝固するため，水で処理するのが一般的である。　　(3)　選択肢のAB体型はA体型より4cm大きく，B体型は8cm大きい。　　(4)　ア　丸1つは110℃，丸2つは150℃，丸3つは200℃をあらわす。　　(5)　ウのガラス繊維は「グラスファイバー」ともいう。熱や電気の絶縁性に優れ，ヘルメットや釣り竿，スキー板，断熱材，床材などに使用される。金属繊維は「金属フェルト」，「金属ウール」ともいわれ，服に利用される。細い針金が繊維に含まれているため，クリーニング回数が増えると着用する際，チクチクするようになる。炭素繊維は軽量性・剛性に優れているため，テニスラケットやゴルフクラブ，医療機器，レーシングカーなどに利用されている。　　(6)　なお，中性染料は高い耐光堅牢度を有するという特徴があり，ナイロン，絹，毛などの染色に適する。　　(7)　ドライクリーニングは，有機溶剤を使用する洗濯手法であり，有機溶剤は水溶性の汚れを落としにくく，油溶性のある汚れを落としやすい。

(8)　被布(ヒフ)は，七五三で三歳になる女の子が着物の上に着用する袖なしのベストのような羽織物である。　　(9)　名古屋帯は，帯の端が半分になっているので，締めやすいという特徴がある。

【3】(1) ア　5　　イ　1　　(2) ア　3　　イ　4　　(3) 3　　(4) 4

(5) ア　1　　イ　5　　(6) ア　4　　イ　2

〈解説〉(1)　本資料では原状回復の定義について「賃借人の居住，使用により発生した建物価値の減少のうち，賃借人の故意・過失，善管注意義務違反，その他通常の使用を超えるような使用による損耗・毀損

を復旧すること」としている。つまり，普通に居住した場合に生じる劣化について，賃借人は原状回復を行う義務はない。賃貸住宅に入居する際，先住者による汚れや損傷が残っている可能性があり，退去時に先住者の汚れや損傷の回復まで求められ，トラブルになるケースが多い。そのため，入居時に先住者の汚れや損傷を確認する必要がある。イについて，本資料ではタバコ等のヤニ・匂い，ペットによるキズ・匂いは，損傷が大きいことから賃借人の負担と判断されていることに注意したい。　(2)　ア　誘導居住面積水準とは，豊かな住生活の実現のため，多様なライフスタイルを想定した場合に必要と考えられる居住面積で，住生活基本計画に定められている。　イ　単身(65歳以上)の誘導居住面積が85.5％であることから，「誘導居住面積水準以上」の割合がが最も高いBは「夫婦65歳以上」と推察できる。また，CとDを比較するとDのほうが「誘導居住面積水準以上」の割合が高いことから，18歳以上の長子が家を出て独立することで，誘導居住面積水準が上昇した「親と子(長子18歳以上)」が該当すると考えられる。

(3)　子育て世代の住宅で最も重要と考えているのは「治安」であり，最も不満を感じているのは「収納の多さ・使い勝手」とおさえておくとよい。　(4)　ア　イグルーの中で火を炊くことも可能である。アザラシの脂肪で火をともす。　ウ　カッパドキアの地域は凝灰岩で覆われており，その岩の中，つまり洞窟を家としている。　エ　チチカカ湖の住まいは葦で作られているが，「農業民族」ではなく漁業が中心として生活している。　(5)　なお，2は両開き戸，3は自由戸，4は引違い戸である。　(6)　容積率は180÷120×100＝150〔％〕，建ぺい率は60÷120×100＝50〔％〕である。

【4】(1)　ア　1989年に(戦後)最低記録であった丙午(ひのえうま)の年の合計特殊出生率を下回ったこと。　イ　1989年以降減少傾向で，これまでの最小値を記録した。その後いったん増加し再び減少を続けている。　(2)　65歳以上の介護保険1号被保険者に占める割合は要支援1・2認定者は5.2％，要介護1から5認定者で13.3％であり，多くの高齢者

は自立した生活を送っている。　　(3)　ア　単独世帯　　イ　核家族
世帯　　(4)　ア　職業　　イ　家庭　　ウ　両立　　エ　経済
オ　社会　　(5)　ア　A　　イ　平行(並行)遊び
(6)

(7)　ア　大泉門　　イ　小泉門　　(8)　ア　1　　イ　28　　ウ　母
子健康手帳　　エ　2,500〔g〕　　(9)　ア　6親等　　イ　3親等
ウ　同居　　エ　協力　　オ　扶助　　カ　職業　　(10)　ア　B, C,
D, F, G　　イ　A, B, C

〈解説〉(1)　グラフにある1950年頃は「第1次ベビーブーム」で，現在こ
の年代(団塊世代)が，高齢者世代となっている。その後，核家族世帯
が増え始めた。第2のピークは1971〜74年であり，「第2次ベビーブー
ム(団塊ジュニア)」と言われた。その後は非婚化・晩婚化の傾向が続
き，1965年(昭和41年)の丙午の年の出生数より減少した年1989年を
「1.57ショック」と呼んだ。その後も少子化が進み，毎年最小値を更新
している。　　(2)　なお，年齢が上がるにつれて，要介護者は増加して
おり，80〜84歳では26.4％，85歳以上では59.8％となっている。
(3)　単独世帯の増加は，高齢者の一人暮らしや若い独身世代の単独世
帯の増加によるものである。核家族世帯については夫婦と子供からな
る世帯が減少傾向にあるが，世帯構成の割合としては，核家族世帯が
大部分を占める。　　(4)　なお，出産・育児等による労働者の離職防止
等を目的として，問題にある法律，および雇用保険法が一部改正され
た。主な内容としては「男性の育児休業取得促進のための子の出生直
後の時期における柔軟な育児休業の枠組み『産後パパ育休』の創設」
「育児休業を取得しやすい雇用環境整備及び妊娠・出産の申出をした
労働者に対する個別の周知・意向確認の措置の義務付け」「育児休業
の取得の状況の公表の義務付け」などがあげられる。　　(5)　なお，B

は協同遊び，Cは一人遊びである。　　(6)　解答のような絵は「頭足人」
と呼ばれ，すべての人類が描くといわれている。　　(7)　前のアの大泉
門は1歳半～2歳頃までに，イの小泉門は出生後2～3か月後に閉じると
されている。　　(8)　2,500g未満の出生児は「低出生体重児」と呼ばれ，
母子健康法第18条に基づき届出が必要になる。これは生活環境や病気
の予防など十分な配慮が必要になるためとされている。なお，1500g
未満を極低出生体重児，1,000g未満を超低出生体重児と呼ばれる。

(9)　空欄ウ～オの同居義務，協力義務，扶助義務については，民法第
752条を参照のこと。ただし，同居義務については，強制履行はでき
ないとしている。親の職業許可権は第823条にある。これは，未成年
の子の利益のために設定されている。　　(10)　ア　AとEは20歳以上で
あることが必要である。　　イ　割賦販売は，いわゆる「分割払い」の
こと。前払式特定取引は，商品やサービスの購入をする前に一定金額
を積み立てて購入に備える方法で，デパートや冠婚葬祭の「友の会」
等が該当する。

2022年度　実施問題

【中高共通】

【1】家族・家庭，消費・家庭経済，子ども・高齢者の生活について，次の(1)〜(10)の問いに答えよ。

(1) 次のグラフは，「どのような仕事が理想的だと思うか」について，18歳以上の男女を対象に調査した結果から，18〜59歳の回答を集計したものである。ア〜ウに適する項目の組合せとして最も適切なものはどれか。以下の1〜5から一つ選べ。

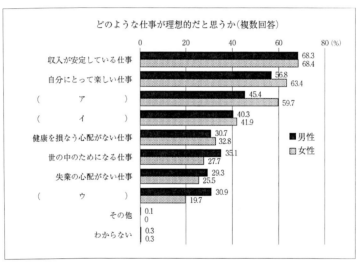

内閣府「国民生活に関する世論調査（令和元年度）」を基に作成
※18〜59歳の回答について集計

	ア	イ	ウ
1	自分の専門知識や能力がいかせる仕事	高い収入が得られる仕事	私生活とバランスがとれる仕事
2	私生活とバランスがとれる仕事	高い収入が得られる仕事	自分の専門知識や能力がいかせる仕事
3	高い収入が得られる仕事	私生活とバランスがとれる仕事	自分の専門知識や能力がいかせる仕事
4	自分の専門知識や能力がいかせる仕事	私生活とバランスがとれる仕事	高い収入が得られる仕事
5	私生活とバランスがとれる仕事	自分の専門知識や能力がいかせる仕事	高い収入が得られる仕事

(2)　次のグラフは，「第1子出産前後の妻の就業状況」についての調査結果である。ア～エに適する項目の組合せとして最も適切なものはどれか。以下の1～5から一つ選べ。

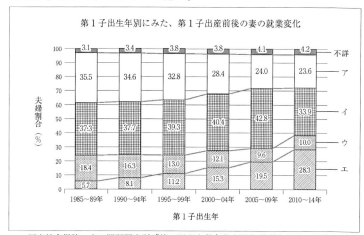

第1子出生年別にみた、第1子出産前後の妻の就業変化

国立社会保障・人口問題研究所「第15回出生動向基本調査(結婚と出産に関する全国調査)」を基に作成
<備考>
1. 第1子が1歳以上15歳未満の子を持つ初婚どうしの夫婦について集計。
2. 出産前後の就業経歴
　　就業継続(育児休業利用)　　　…妊娠判明時就業～育児休業取得～子ども1歳時就業
　　就業継続(育児休業利用なし)　…妊娠判明時就業～育児休業取得なし～子ども1歳時就業
　　出産退職　　　　　　　　　　…妊娠判明時就業～子ども1歳時無職
　　妊娠前から無職　　　　　　　…妊娠判明時無職～子ども1歳時無職

	ア	イ	ウ	エ
1	妊娠前から無職	出産退職	就業継続 (育児休業利用なし)	就業継続 (育児休業利用)
2	就業継続 (育児休業利用なし)	就業継続 (育児休業利用)	妊娠前から無職	出産退職
3	妊娠前から無職	出産退職	就業継続 (育児休業利用)	就業継続 (育児休業利用なし)
4	出産退職	就業継続 (育児休業利用)	妊娠前から無職	就業継続 (育児休業利用なし)
5	就業継続 (育児休業利用なし)	妊娠前から無職	出産退職	就業継続 (育児休業利用)

(3) 民法は，1947年の改正後も今日に至るまで，改正が重ねられてき
ている。民法についての説明として誤っているものはどれか。次の
1〜5から一つ選べ。

1 婚姻最低年齢は，これまで男18歳，女16歳であったが，2022年4
月より男女とも18歳となる。

2 非嫡出子の相続分は，これまで嫡出子の2分の1であったが，
2013年の改正により同等となった。

3 これまで離婚や夫の死亡後，女性のみ6か月の再婚禁止期間が設
けられていたが，2016年の改正により100日間に短縮された。

4 1898年施行の旧民法においては，妻は離婚により実家の氏に復
するとされていたが，1976年の改正により，婚姻によって氏を改
めた夫又は妻は，離婚の日から6か月以内に届出をすることで，
婚姻中の氏を称することが可能になった。

5 1898年施行の旧民法においては，婚姻により生じるいっさいの
費用は夫が負担することとなっていたが，1947年の改正により夫
婦が分担することとなった。

(4) 特定商取引法(令和3年6月改正)における，訪問販売のクーリン
グ・オフができる期間は，申込書面または契約書面のいずれか早い
ほうを受け取った日から何日間か。次の1〜5から一つ選べ。

1 4日間　　2 7日間　　3 8日間　　4 10日間　　5 14日間

(5) 「家電リサイクル法(特定家庭用機器再商品化法)」(平成13年4月施
行)に基づき，小売業者による引取りおよび製造業者等による再商
品化等(リサイクル)が義務付けられている「家電4品目」の対象とな

っている家電はどれか。次の1～5から一つ選べ。

1　電子レンジ　　2　掃除機　　3　洗濯機　　4　パソコン
5　炊飯器

(6)　次のグラフは，1950年・1985年・2020年の「2人以上の世帯の消費支出」の費目別割合を示している。ア～ウに適する項目の組合せとして最も適切なものはどれか。以下の1～5から一つ選べ。

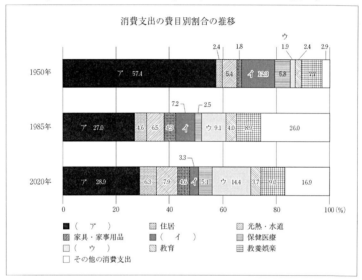

総務省統計局「家計調査報告」を基に作成

※1950年および1985年は，農林漁家世帯を除く結果。2020年は，農林漁家世帯を含む結果。
※1950年は，市部の世帯のみ調査した全都市の結果。1985年および2020年は，全国の結果。
※小数点以下第2位を四捨五入しているため，各年の数値を合計しても必ずしも100.0とはならない。

	ア	イ	ウ
1	食料	交通・通信	被服及び履物
2	食料	被服及び履物	交通・通信
3	被服及び履物	交通・通信	食料
4	被服及び履物	食料	交通・通信
5	交通・通信	食料	被服及び履物

(7) 子どもの発育・発達についての説明として誤っているものはどれか。次の1〜5から一つ選べ。

1 乳幼児に対して，身長と体重から肥満ややせなどを評価する指数をカウプ指数という。

2 生後6〜8か月頃から乳歯がはえ始め，2〜3歳頃までに20本はえることが多い。5〜6歳頃から永久歯にはえ変わっていく。

3 運動機能の発達には，「からだの末梢部から中枢部へ」という方向性がある。

4 生後5〜6か月頃から12か月頃までの乳児にみられる見知らぬ人に対する拒否的反応を人見知りという。

5 生後数日間の新生児の体重は，生理的体重減少として出生体重の5〜10％ほど減少する。

(8) 児童発達支援センターについての説明として最も適切なものはどれか。次の1〜5から一つ選べ。

1 地域の児童の福祉に関するさまざまな問題について，児童，家庭，地域住民その他からの相談に応じて必要な助言，援助や，児童相談所からの委託にもとづく指導などを行う。あわせて，児童相談所等の関係機関との連絡調整を総合的に行う。

2 障がい児を保護者のもとから通わせて，日常生活における基本的動作の指導や独立自活に必要な知識技能の付与，集団生活への適応のための訓練や治療を行う。

3 保護者のない児童や虐待されている児童，その他環境上養護を必要とする児童を入所させて養護し，あわせて退所した者に対する相談その他の自立のための援助を行う。

4 不良行為をした児童や生活指導などを必要とする児童を入所させ，または保護者のもとから通わせて，個々の児童の状況に応じて必要な指導を行い，その自立を支援する。退所した者の相談や援助も行う。

5 障がい児を入所させて，保護，日常生活の指導や独立自活に必要な知識技能の付与や治療を行う。

(9) 次の文章は，介護保険制度について説明したものである。空欄ア〜オにあてはまる語句の組合せとして最も適切なものはどれか。以下の1〜5から一つ選べ。

介護保険サービスを利用するには，市区町村に申請をし，要介護認定を受ける。要支援（　ア　）と認定された場合は，（　イ　）と一緒に介護予防サービス計画を立て，介護予防サービスや介護予防・日常生活支援総合事業を利用する。要介護（　ウ　）と認定された場合は，（　エ　）に介護サービス計画の作成を依頼し，介護サービスを利用する。介護保険を利用した際は，利用者は収入に応じて（　オ　）割の費用を負担する。ただし，所得の低い利用者，1か月の利用料が高額になった利用者については，別に負担の軽減措置がある。

	ア	イ	ウ	エ	オ
1	1〜3	居宅介護支援事業者	1〜5	地域包括支援センター	1〜2
2	1〜2	居宅介護支援事業者	1〜3	地域包括支援センター	1〜5
3	1〜5	居宅介護支援事業者	1〜2	地域包括支援センター	1〜3
4	1〜5	地域包括支援センター	1〜3	居宅介護支援事業者	1〜2
5	1〜2	地域包括支援センター	1〜5	居宅介護支援事業者	1〜3

(10) からだのしくみを知ることで，要介護者も，介助者も，それぞれのからだに無理な負荷をかけずに安心で快適な動作介助ができる。このボディメカニクスの基本原理についての説明として正しいものはどれか。次の1〜5から一つ選べ。

1　要介護者を押すと介助者自身の方向に向かって力を集中させることができる。

2　介助者のからだをねじることで肩と腰を平行に保ち，安定させる。

3　介助者の両足を閉じて立つことで立位が安定する。

4　要介護者と介助者が接近してそれぞれの重心を近づけると移動がしやすくなる。

5　要介護者の腕や足を大きく伸ばすとからだとベッドなどの摩擦面が小さくなり，移動の負担が軽減される。

(☆☆☆☆◎◎◎)

【2】住生活について，次の(1)〜(10)の問いに答えよ。

(1) 日本の住生活に関する説明として誤っているものはどれか。1〜5から一つ選べ。

1 住生活基本計画(全国計画)は，「建築基準法」(令和2年6月改正)に基づき，国民の住生活の安定の確保及び向上の促進に関する基本的な計画として策定されている。

2 総務省「平成30年住宅・土地統計調査」によると，日本の借家の戸当たり住宅床面積は，アメリカ，イギリスに比べて狭い。

3 2018年時点の住宅ストック数は，総世帯に対し約16％多く，量的には充足しているが，空き家率は13.6％であり，課題となっている。

4 居住世帯のある住宅に占める持ち家住宅率の推移をみると，1973年以降では，1983年の62.4％が最も高く，その後は60％前後で推移している。

5 住宅性能表示制度は，「住宅の品質確保の促進等に関する法律」(平成12年4月施行)に基づき，外からは判断しにくい住宅の性能を評価し表示するための基準や手続きが定められている。

(2) 令和2年版国土交通白書(2020)で示されている自然災害への対策・対応について，誤っているものはどれか。1〜5から一つ選べ。

1 1995年に「建築物の耐震改修の促進に関する法律(耐震改修促進法)」が制定され，新耐震基準を満たさない建築物について積極的な耐震化を促進した。

2 気象庁では2007年10月に，地震の発生直後に各地の強い揺れの到達時刻や震度を予想し，可能な限り素早く知らせる特別警報の一般提供を開始した。

3 2019年1月施行の耐震改修促進法の政令改正で，避難路沿道の一定規模以上のブロック塀等について，建物本体と同様に，耐震診断の実施及び診断結果の報告を義務付けている。

4 2005年に改正された「水防法」及び「土砂災害警戒区域等における土砂災害防止対策の推進に関する法律」では，「洪水ハザー

ドマップ」及び「土砂災害ハザードマップ」の作成を市町村に義務付けた。

5　2008年4月に，大規模自然災害等に際して，早期復旧等に対する技術的な支援を行うため，緊急災害対策派遣隊(TEC-FORCE)を創設した。

(3)　次のグラフは，乳幼児の不慮の事故の種類別にみた年齢別死亡数を示したものである。ア〜ウの不慮の事故の種類について最も適切な組合せはどれか。以下の1〜5から一つ選べ。

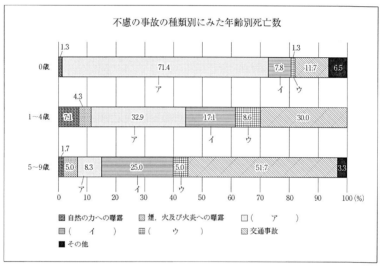

2019年3月29日に公表された、厚生労働省「人口動態統計（平成29年）」を基に作成

	ア	イ	ウ
1	転倒・転落・墜落	窒息	溺死及び溺水
2	溺死及び溺水	転倒・転落・墜落	窒息
3	窒息	転倒・転落・墜落	溺死及び溺水
4	溺死及び溺水	窒息	転倒・転落・墜落
5	窒息	溺死及び溺水	転倒・転落・墜落

(4)　次のグラフは，「高齢者世帯(単身・夫婦)が考える住宅及び居住環境に関して重要と思う項目」について，高齢者世帯(単身・夫婦)と

66

全世帯を比較して示している。ア〜ウにあてはまるものの組合せとして最も適切なものはどれか。以下の1〜5から一つ選べ。

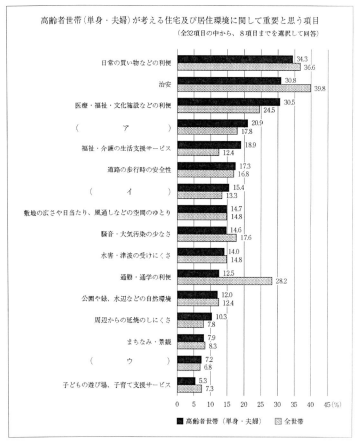

高齢者世帯（単身・夫婦）が考える住宅及び居住環境に関して重要と思う項目
（全32項目の中から、8項目までを選択して回答）

項目	高齢者世帯（単身・夫婦）	全世帯
日常の買い物などの利便	34.3	36.6
治安	30.8	39.8
医療・福祉・文化施設などの利便	30.5	24.5
（　　ア　　）	20.9	17.8
福祉・介護の生活支援サービス	18.9	12.4
道路の歩行時の安全性	17.3	16.8
（　　イ　　）	15.4	13.3
敷地の広さや日当たり、風通しなどの空間のゆとり	14.7	14.8
騒音・大気汚染の少なさ	14.6	17.6
水害・津波の受けにくさ	14.0	14.8
通勤・通学の利便	12.5	28.2
公園や緑、水辺などの自然環境	12.0	12.4
周辺からの延焼のしにくさ	10.3	7.8
まちなみ・景観	7.9	8.3
（　　ウ　　）	7.2	6.8
子どもの遊び場、子育て支援サービス	5.3	7.3

■ 高齢者世帯（単身・夫婦）　▨ 全世帯

国土交通省「住生活総合調査結果（平成30年実施）」を基に、
全32項目の中から居住環境の評価の個別要素を抜粋して作成

	ア	イ	ウ
1	災害時の避難のしやすさ	親・子・親せきとの距離	近隣の人やコミュニティとの関わり
2	近隣の人やコミュニティとの関わり	災害時の避難のしやすさ	親・子・親せきとの距離
3	災害時の避難のしやすさ	近隣の人やコミュニティとの関わり	親・子・親せきとの距離
4	親・子・親せきとの距離	災害時の避難のしやすさ	近隣の人やコミュニティとの関わり
5	近隣の人やコミュニティとの関わり	親・子・親せきとの距離	災害時の避難のしやすさ

(5)　次の文は，様々な住まいに関する説明である。誤っているものはどれか。次の1～5から一つ選べ。

1　シルバーハウジングは，高齢者住まい法(「高齢者の居住の安定確保に関する法律」平成23年改正)に基づく制度で，介護・医療と連携して高齢者を支援する高齢者向け賃貸住宅である。

2　コレクティブハウスとは，プライバシーが確保された専用の住まいとは別に，共同の食堂や台所などをもち，生活の一部を共同化している集合住宅である。

3　バリアフリー住宅とは，段差を小さくする，手すりを設ける，十分な広さをとるといった配慮をしている住宅である。

4　コーポラティブハウスとは，入居者が組合をつくり，計画段階から参加し，管理も共同で行う方式の集合住宅である。

5　介護老人保健施設とは，施設サービス計画に基づいて，介護及び機能訓練その他必要な医療並びに日常生活上の世話を行うことを目的とする施設である。

(6)　次の文は，健康な住生活についての説明である。正しいものはどれか。次の1～5から一つ選べ。

1　騒音防止には，壁・天井・床に遮音材や吸音材を使用することが効果的である。密度が高く重い材料ほど吸音効果が高い。

2　人間の体は，床・壁・天井の表面からの「輻射熱」を感じることができるため，外気に面した壁などの温度と室温が近いことが，

「快適」のポイントになる。

3　断熱改修によって室温が上がり，各室温の差がなくなると，居住者の血圧が上昇する傾向にある。

4　不必要に大きな音は，聞く人によっては健康に悪影響を及ぼすため，用途地域を問わず，騒音環境基準が定められている。

5　断熱性能と気密性能の低い住まいは，結露が発生しにくくカビやダニの発生を抑える。

(7)　次の文は，安全な住生活についての説明である。誤っているものはどれか。次の1～5から一つ選べ。

1　シックハウス症候群への対策として，2003年7月に，住宅に使われる建築材料に含まれる有害物質の規制を強化した改正建築基準法が施行された。

2　住まいの手入れや修繕を行うことによって，老朽化を防ぎ，長持ちさせることができる。これをコンバージョンという。

3　住宅用火災警報器の設置は，平成16年の消防法改正により，既存住宅を含めたすべての住宅を対象として義務付けられている。

4　地震直後の行動として，避難する際は，火災防止のためブレーカーを落とす。

5　集合住宅の建物の中には専有部分と共用部分があるため，居住者による共同管理を行う必要がある。

(8)　次の室の照明について，JIS Z 9110(2010)に示されている維持照度(lx)の高いものから順に並べたときに3番目になるものはどれか。次の1～5から一つ選べ。

1　子供室，勉強室(勉強)　　2　居間(手芸)

3　食堂(食卓)　　　　　　　4　子供室，勉強室(コンピュータゲーム)

5　居間(読書)

(9)　次のア～エは屋根の形状を図示したものである。それぞれの名称の組合せとして最も適切なものはどれか。以下の1～5から一つ選べ。

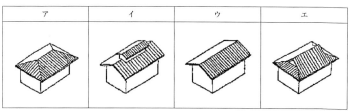

尾上孝一著「図説 住居・住生活論」より

	ア	イ	ウ	エ
1	越し屋根	入母屋屋根	切り妻屋根	寄せ棟屋根
2	切り妻屋根	入母屋屋根	越し屋根	寄せ棟屋根
3	寄せ棟屋根	越し屋根	切り妻屋根	入母屋屋根
4	寄せ棟屋根	入母屋屋根	切り妻屋根	越し屋根
5	切り妻屋根	寄せ棟屋根	越し屋根	入母屋屋根

(10) 次の図は，和室の各部を示している。「長押」を示しているのは
どれか。次の1～5から一つ選べ。

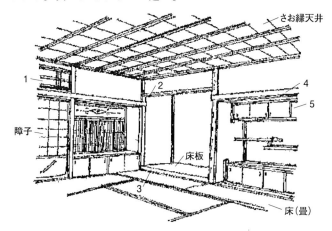

飯田朝子・尾上孝一編著『[実践] 家政・生活系教育用語辞典』より

(☆☆☆☆◎◎◎)

【3】食生活について，次の(1)～(7)の問いに答えよ。

(1) 次の献立表は，「白飯，小松菜の煮浸し，豆腐とわかめのみそ汁，

70

肉じゃが」の材料と分量(1人分)を示したものである。以下の①～④
の問いに答えよ。

＜白飯＞		＜肉じゃが＞	
精白米	60g	牛肉(薄切り)	60g
水	90g	じゃがいも	80g
		たまねぎ	25g
＜小松菜の煮浸し＞		にんじん	20g
小松菜	80g	きぬさやえんどう	5g
煮出し汁	20g	しらたき	30g
うすくちしょうゆ	（ ア ）	サラダ油	4g
砂糖	0.5g	煮出し汁	150g
		酒	15g
＜豆腐とわかめのみそ汁＞		砂糖	3g
煮だし汁	150g	みりん	9g
赤みそ	10g	こいくちしょうゆ	9g
豆腐	40g		
乾燥わかめ	1g		
青ネギ	1g		

① 小松菜の煮浸しの調理法の説明として最も適切なものはどれ
か。次の1～5から一つ選べ。

1 煮汁を少なくし，短時間で煮あげる。

2 じっくり味をしみ込ませ，煮汁を少なく煮あげる。

3 比較的大きく切った材料を長時間じっくり煮る。

4 薄味でたっぷりの煮汁で煮崩れしやすい材料の色や形を保ち
ゆっくり味をしみ込ませる。

5 ゆでた材料を薄味で材料がひたる程度の煮汁でさっと煮る。

② 小松菜の煮浸しの材料としてうすくちしょうゆを小さじ1/2使用
する。重量にすると何グラムか。献立表の（ ア ）にあてはまる
最も適切なものを次の1～5から一つ選べ。

1 1g   2 1.5g   3 2g   4 2.5g   5 3g

③ わかめと同じ褐藻類はどれか。次の1～5から一つ選べ。

1 てんぐさ   2 もずく   3 あまのり   4 あおさ

5 あおのり

71

④　肉じゃがの材料に関する説明として誤っているものはどれか。以下の1～5から最も適切な組合せを一つ選べ。

　ア　こんにゃくいもに含まれる食物繊維のグルコマンナンは，水酸化カルシウムなどを添加し，酸性にすると凝固する。

　イ　じゃがいもに含まれるアミノ酸の一種であるチロシンは，空気に触れるとチロシナーゼという酵素の働きで酸化され，メラニンという色素を生成し褐変する。

　ウ　しょうゆの種類は，日本農林規格(JAS)によって，こいくち，うすくち，たまり，さいしこみ，しろの5つに分類される。

　エ　にんじんには，ビタミンB_1の酸化酵素であるアスコルビナーゼが含まれている。

　オ　動物の筋肉が死後硬直を起こした後，たんぱく質分解酵素の働きにより，しだいに保水性が増し風味が向上することを肉の熟成という。

　1　ア，イ　　2　ア，エ　　3　イ，ウ　　4　ウ，オ
　5　エ，オ

(2)　小腸で乳糖を消化するのに働く消化酵素はどれか。次の1～5から一つ選べ。

　1　マルターゼ　　2　ペプシン　　3　ラクターゼ　　4　リパーゼ
　5　トリプシン

(3)　次の文章はたんぱく質について説明したものである。空欄ア～エにあてはまる語句の組合せとして最も適切なものはどれか。以下の1～5から一つ選べ。

　たんぱく質をつくるアミノ酸は，約20種類ある。そのうち，体内で合成できない，あるいは必要量を合成できない（　ア　）種類を必須アミノ酸という。体内では，貯蔵のための形態を持たないため，毎日食事から摂取しなければならない。たんぱく質の栄養価を表す方法には（　イ　）がある。一般に，植物性食品と動物性食品とでは，（　ウ　）食品の方がたんぱく質の栄養価は高い。栄養価の低いたんぱく質でも，不足しているアミノ酸を多く含む食品と組み合わせる

ことにより，低い栄養価を高くすることができることをたんぱく質
の(エ)という。

	ア	イ	ウ	エ
1	9	アミノ酸価	動物性	補足効果
2	9	アミノ酸評点パターン	植物性	相乗効果
3	8	アミノ酸価	植物性	相乗効果
4	8	アミノ酸価	動物性	補足効果
5	8	アミノ酸評点パターン	動物性	補足効果

(4) ビタミンの主な働きと欠乏症に関する説明として誤っているもの
はどれか。以下の1～5から最も適切な組合せを一つ選べ。

ア　ビタミンAは，粘膜を保護し視力の調節をする。欠乏すると夜
盲症になる。

イ　ビタミンDは，骨の成長を促進する。欠乏するとくる病や骨軟
化症になる。

ウ　ビタミンEは，中枢・末梢神経の機能を保持する。欠乏すると
かっけになる。

エ　ビタミンCは，コラーゲンの生成を促進し，細胞間結合組織を
強くする。欠乏すると壊血病になる。

オ　ビタミンKには，造血作用がある。欠乏すると口内炎となる。

1　ア，イ　　　2　ア，ウ　　　3　イ，エ　　　4　ウ，オ

5　エ，オ

(5) 食品の表示についての説明として最も適切なものはどれか。次の
1～5から一つ選べ。

1　栄養成分表示は，熱量，たんぱく質，脂質，炭水化物，食物繊
維の順で表示が義務付けられている。

2　大豆はアレルゲンの特定原材料として表示が義務付けられてい
る食品である。

3　飲料100mLあたり熱量が8kcal未満の場合，「ノンカロリー」と表
示することができる。

4　JASマークは，品位，成分，性能等の品質についての規格(一般
JAS規格)を満たす食品や林産物等に付される。

5　保健機能食品は，栄養機能食品と特定保健用食品の2つからなる。

(6)　主に保存料として使用される食品添加物はどれか。次の1～5から一つ選べ。

1　ソルビン酸　　　　　2　サッカリン

3　L-アスコルビン酸　　4　炭酸水素ナトリウム

5　塩化カルシウム

(7)　茶葉をある程度発酵させた後に釜で煎り，酵素作用を失活させ揉捻後，乾燥させる半発酵茶はどれか。次の1～5から一つ選べ。

1　番茶　　2　煎茶　　3　紅茶　　4　抹茶　　5　ウーロン茶

(☆☆☆◎◎◎)

【4】衣生活と環境について，次の(1)～(8)の問いに答えよ。

(1)　織物の三原組織について，次のア～ウにあてはまる最も適切な語句を漢字で答えよ。また，エ～カにあてはまる布の例を以下の語群A～Fからすべて選び記号で答えよ。

種類	組織図	布の例
（　ア　）織		（　エ　）
（　イ　）織		（　オ　）
（　ウ　）織		（　カ　）

74

【 語群 】

A　ギンガム　　　B　デニム　　C　モスリン　　　D　サージ

E　ギャバジン　　F　サテン

(2)　次のア，イの取扱い表示(JIS　L0001　繊維製品の取扱いに関する表示記号及びその表示方法)の意味を簡潔に説明せよ。

ア	イ

(3)　衣料用洗剤に配合されている酵素について，次のア，イにあてはまる語句を答えよ。

酵　素	説　明
プロテアーゼ	（　ア　）分解酵素
セルラーゼ	セルロース分解酵素
アミラーゼ	（　イ　）分解酵素

(4)　洗濯用洗剤の主成分である界面活性剤について次の①，②の問いに答えよ。

①　「再付着防止作用(再汚染防止作用)」の状態について図示せよ。ただし，次の界面活性剤の構造図を踏まえること。

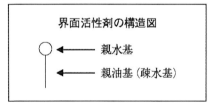

界面活性剤の構造図

○　←　親水基

←　親油基（疎水基）

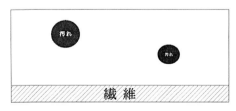

汚れ

汚れ

繊　維

②　次の文の空欄ア〜ウにあてはまる最も適切な語句を答えよ。

　　界面活性剤は，界面に吸着して（　ア　）を低下させて汚れや繊維に入り込んでいく（　イ　）作用，油を小滴として水中に混じり合った状態にする（　ウ　）作用，固体粒子を水中に分散させる分散作用などがあり，汚れの除去に役立っている。

(5)　次のA〜Dの防虫剤のうち，昇華性のものをすべて選び記号で答えよ。なお，防虫剤の名称は消費者庁の公正競争規約に基づく。

　A　しょう脳　　　B　ナフタリン　　　C　ピレスロイド系

　D　パラジクロルベンゼン

(6)　同じ身長の男女がそれぞれひとえ長着を製作する。出来上がりの身たけは男物，女物のうちどちらが長いか。またその理由を説明せよ。

(7)　次の表は繊維製品のリサイクルの種類と方法を示している。空欄ア，イにあてはまる最も適切な語句をカタカナで記せ。

繊維製品のリサイクルの種類	方　法
（　ア　）リサイクル	綿，毛などの天然繊維に適用する場合には，繊維製品をほぐして元の繊維状態に戻し，軍手，カーペットの下敷フェルト，工場等で使用するウエスなどに利用。合成繊維を加熱溶融して再成型する場合も含まれる。メカニカルリサイクルともいう。
（　イ　）リサイクル	主に，ナイロン，ポリエステルなどの合成繊維に適用。繊維製品を化学処理によって原料化学品に戻し，合成繊維として製造する。
サーマルリサイクル	回収した繊維製品を燃やし，発生する熱エネルギーを発電に利用する方法で，サーマルリカバリーともいう。

(8)　国連広報センターは，国連本部で策定したSDG s のアイコンの英語のキャッチコピーを「みんなで使える，みんなのためのキャッチコピー」として2016年に日本語化した。「目標12」と「目標14」の空欄ア〜ウにあてはまる最も適切な語句を答えよ。

(☆☆☆○○○○)

解答・解説

【中高共通】

【1】(1) 5　　(2) 1　　(3) 4　　(4) 3　　(5) 3　　(6) 2

(7) 3　　(8) 2　　(9) 5　　(10) 4

〈解説〉(1)　内閣府の世論調査で，同項目について，性別，都市別，年齢別，職業別，時系列等でデータがでているので詳細を確認しておくこと。「自分にとって楽しい仕事」，「収入が安定している仕事」，「健康を損なう心配がない仕事」を挙げた者の割合は女性で高くなっている。家庭の役割，働く目的は何か，収入と自由時間についての考え方の項目についても確認しておきたい。　(2)　出産前に就業していた人のうち，第1子出産前後に女性が就業を継続する割合は4割前後で推移していたが，2010～14年では，就業継続が53.1％となり，出産退職の割合を上回った。また育児休業を利用している割合も増えている。その一方で，第1子出産を機に離職する女性の割合は，なお46.9％あり，依然として高い状況である。内閣府の少子化社会白書の現状の働き方

の問題点から「女性の年齢別労働力率」のM字カーブも確認しておくこと。　(3)　離婚後の姓については，旧姓に戻す「復氏(ふくうじ)」や婚姻時の姓をそのまま名乗る「婚氏続称」がある。「婚氏続称」の場合は6か月ではなく，3か月以内に申請をする必要がある。　(4)　クーリング・オフの期限は原則8日で，連鎖販売取引と業務提供誘引販売取引については20日間である。「契約書面の交付を受けたとき(申し込み日，サービスの提供を受けた日)」を1日目と換算する。　(5)　家電4品目は，エアコン・冷蔵庫・テレビ・洗濯機(衣類乾燥機含む)である。　(6)　1950年頃は，食料，被服及び履物の割合が高く，生活必需品に多くの支出をさいていた。高度成長期を経て生活が豊かになってくると，生活必需品の割合が減少し，教養娯楽や交通・通信の消費が増加した。通信費については，パソコンや携帯電話，スマートフォンの急速な普及に伴い，大きく上昇した。2020年では，保健医療，教育費の割合が増えている。　(7)　乳児の発達の方向性としては，①頭部から尾部へ，②からだの中枢部から末梢部へ，③粗大運動から微細運動へ，④発育が進むほど，個人的な違いが大きくなるである。

(8)　1は児童家庭支援センター，3は児童養護施設，4は児童自立支援施設，5は障害児入所施設の説明である。　(9)　介護保険制度認定は「要支援Ⅰ・要支援Ⅱ」と「要介護Ⅰ～Ⅴ」の7つに分けられる。居宅介護支援事業所では，ケアマネジャー(介護支援専門員)が相談にのり，本人の希望や環境に合わせたケアプランを決定する。「要支援Ⅰ・要支援Ⅱ」の場合は，地域包括センターと一緒に介護予防サービス計画を立てる。　(10)　1は介助者の方向に向かってひく方が力を集中することができる。2は介助者のからだをねじると力が伝わらず安定しない。3は足を広げた方が立位は安定する。5はからだをまとめたほうが移動させやすい。基本的な介助の方法と，ボディメカニクスについて学習しておくこと。

【2】(1) 1　　(2) 2　　(3) 5　　(4) 3　　(5) 1　　(6) 2

(7) 2　　(8) 5　　(9) 3　　(10) 4

〈解説〉(1)　住生活基本計画は，「建築基準法」ではなく「住生活基本法(平成18年6月公布・施行)」に基づいて策定されている。　(2)　2は「緊急地震速報」についての説明である。「特別警報」について確認しておくこと。ハザードマップや緊急災害対策派遣隊など自然災害についての問題は頻出なので理解を深めておきたい。　(3)　年齢別の事故の種類に関する問題は頻出である。なぜそのような事故が起きやすいのか，からだの発達とあわせて確認しておくこと。　(4)　選択肢はいずれも全世帯より高齢者世帯の回答が多かったものである。世帯の形態別に，住環境に求めるものの違いを理解しておきたい。　(5)　1はサービス付き高齢者向け住宅の説明である。シルバーハウジングは，生活援助員(ライフサポートアドバイザー)が常駐する公営の集合住宅である。　(6)　1について，遮音材は密度が高く重い材料，吸音材は密度が低く気泡部分など多い方が効果が高い。3について，各部屋の温度差がなくなるとヒートショックなど血圧の変化による健康被害を起こしにくくなる。4について，騒音環境基準は，用途地域，時間などによって基準が決められている。5について，断熱性が高まることにより結露を防ぐことができる。　(7)　コンバージョンとは，既存の建物を用途変更して再生させることである。リノベーションについても確認しておくこと。　(8)　維持照度の高い方から，2(1000lx)→1(750lx)→5(500lx)→3(300lx)→4(200lx)である。　(9)　屋根以外にも，日本の建築様式について学習しておくこと。　(10)「なげし」と読む。柱を水平方向につなぐもの。1は欄間，2は落とし掛け，3は床框(とこがまち)，5は天袋である。

【3】(1)　① 5　② 5　③ 2　④ 2　　(2) 3　　(3) 1

(4) 4　　(5) 4　　(6) 1　　(7) 5

〈解説〉(1)　①　煮浸しは青物の食材を使うことが多いので煮過ぎない。さっと煮た後の余熱で味を含ませる。　②　しょうゆの小さじ1は6g

である。主な調味料について，小さじの重量と容量を覚えておくこと。
③　藻類はその色により，緑藻類(青のり，あおさ)，紅藻類(あまのり，いわのり，てんぐさ)，褐藻類(わかめ，昆布，ひじき，もずく)に分類される。　④　アのグルコマンナンは，水酸化カルシウム(凝固剤)を加えるとアルカリ性になり，ゲル化する。イのアスコルビナーゼは，にんじん，きゅうり，かぼちゃ，バナナ，りんご等に含まれている，ビタミンCを壊してしまう酵素である。　(2)　1は麦芽糖をブドウ糖に分解する酵素，2と5はたんぱく質に作用する酵素，4は脂肪に働く酵素である。　(3)　たんぱく質についての問題は頻出である。設問に記されていることは必ず理解しておきたい。脂質と糖質についても同様に学習しておくこと。　(4)　ウはビタミンB_1についての説明である。オについて，ビタミンKの働きは出血時にすぐ血液を凝固させる，骨を強くする等である。造血作用があるのはビタミンB_{12}，不足すると口内炎ができるのはビタミンB_2である。　(5)　1について，正しくは，熱量，たんぱく質，脂質，炭水化物，ナトリウム(食塩相当量)の順である。2について，表示義務のある7品目は，えび，かに，小麦，そば，卵，乳，落花生で，大豆は21品目の表示推奨品目の1つである。3について，ノンカロリーとは，100mL(g)あたりの熱量が5kcal未満のものを指す。20kcal未満の場合は「低カロリー」「カロリーオフ」「カロリー控えめ」「ローカロリー」「カロリーカット」と表示できる。5について，保健機能食品には2つの他に「機能性表示食品」が加えられた。
(6)　2は人工甘味料，3はビタミンC，4は重曹で，5はビールや清涼飲料水の硬度調整，豆腐の凝固剤として使用される。　(7)　選択肢1，2，4は不発酵茶，3は発酵茶である。

【4】(1)　ア　平　　イ　斜文(綾)　　ウ　朱子(繻子)　　エ　A，C
オ　B，D，E　　カ　F　　(2)　ア　液温は40℃を限度とし，手洗いによる洗たく処理ができる。　　イ　日陰でのつり干し乾燥が良い。
(3)　ア　たんぱく質(タンパク質)　　イ　でんぷん(デンプン)

(4) ①

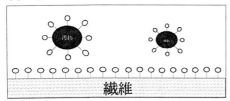

② ア　表面張力(界面張力)　イ　浸透　ウ　乳化　(5)　A，B，D　(6)　どちらが長いか…女物　理由…女物はお端折り(おはしょり)をとって仕立てるため，男物より身丈は長くなる。

(7)　ア　マテリアル　イ　ケミカル　(8)　ア　つくる　イ　つかう　ウ　豊かさ

〈解説〉(1)　三原組織についてそれぞれ特徴と布の種類を確認しておくこと。斜文織は斜め方向にうねができる。平織に比べ，摩擦にやや弱いが，光沢感のある生地に仕上がる。朱子織は平織や斜文織に比べてドレープ性に優れていて滑らかで柔らかな風合いと高級感のある光沢をもつことが特徴である。　(2)　洗濯表示の問題は頻出である。洗濯，乾燥，クリーニング，アイロンについてそれぞれ整理して覚えること。(3)　プロテアーゼは体内から出る老廃物(あかの成分はたんぱく質)や食品に含まれるたんぱく質を分解する。アミラーゼは食品などに含まれるでんぷん質を分解する。　(4)　界面活性剤についての問題は頻出である。分解の仕組みについては，構造図を使用した図によって確認しておきたい。　(5)　防虫剤の種類と特徴，使用できない衣類をそれぞれ整理して覚えること。昇華性のあるものは有臭であり，他のものと併用できない。　(6)　和服の各部の名称について男物，女物の違いを踏まえ，それぞれ覚えておくこと。　(7)　繊維製品の3つのリサイクル方法について，理解を深めておきたい。アパレル分野は他に比べてリサイクル率が低いのが現状である。　(8)　目標12では生産工程での廃棄物の発生の抑制や，ユーザーへのリサイクルやリユースの協力の呼びかけを行っている。目標14では，工場・家庭からの排水，川や海に直接捨てられるゴミ・農薬，タンカーなどの事故による有害物質

の流出などによる海洋汚染を減らすことが掲げられている。近年では海洋プラスチックゴミが問題になっており，買い物用のプラスチック袋の有料化等の取り組みがなされた。回収したペットボトルからポリエステル繊維へのリサイクルもされている。

2021年度　実施問題

【中学校】

【1】衣生活について，次の(1)〜(9)の問いに答えよ。

(1)　次の表は，家庭用漂白剤の種類と特徴について示したものである。下の①と②の問いに答えよ。

種類		主成分	液性	おもな特徴
（A）型	酸素系	（C）	酸性〜弱酸性	・漂白力がおだやか ・タンパク質繊維に使用（ a ） ・色柄物に使用できる
		（D）	弱アルカリ性	・漂白力がおだやか ・タンパク質繊維に使用（ b ） ・色柄物に使用できる
	塩素系	次亜塩素酸ナトリウム	（E）性	・漂白、除菌力が強い ・タンパク質繊維に使用（ c ）
（B）型		二酸化チオ尿素	弱アルカリ性	・漂白力がおだやか ・すべての繊維に使用できる ・色柄物に使用（ d ） ・空気酸化により復色しやすい

①　空欄A〜Eに適する語句の組合せとして最も適切なものはどれか。次の1〜5から一つ選べ。

	A	B	C	D	E
1	酸化	還元	過酸化水素	過炭酸ナトリウム	酸
2	酸化	還元	過酸化水素	過炭酸ナトリウム	アルカリ
3	酸化	還元	過炭酸ナトリウム	過酸化水素	アルカリ
4	還元	酸化	過炭酸ナトリウム	過酸化水素	アルカリ
5	還元	酸化	過炭酸ナトリウム	過酸化水素	酸

②　空欄a〜dに適する語句の組合せとして最も適切なものはどれか。次の1〜5から一つ選べ。

	a	b	c	d
1	できない	できる	できる	できる
2	できる	できない	できる	できない
3	できる	できる	できない	できる
4	できない	できる	できない	できる
5	できる	できない	できない	できない

(2)　次の文章は，衣類の柔軟仕上げの原理について説明したものである。空欄ア～エにあてはまる語句の組合せとして最も適切なものはどれか。下の1～5から一つ選べ。

　　家庭用の柔軟仕上げ剤(帯電防止剤)の主成分は(　ア 　)性界面活性剤である。繊維は(　イ 　)を帯びており，(　ア 　)性界面活性剤のカチオン部分が水溶液中で繊維に単分子層吸着すると考えられる。その結果，(　ア 　)性界面活性剤は繊維表面に(　ウ 　)を外に向けて配向吸着し，繊維と繊維の接触面の(　エ 　)が減り，すべりやすくなって柔軟性が高められる。

	ア	イ	ウ	エ
1	陽イオン	陰イオン	疎水基	遠心力
2	陽イオン	陰イオン	親水基	摩擦抵抗
3	陰イオン	陽イオン	親水基	摩擦抵抗
4	陰イオン	陽イオン	親水基	遠心力
5	陽イオン	陰イオン	疎水基	摩擦抵抗

(3)　次のア～オは，消費者庁・経済産業省「家庭用品品質表示法ガイドブック(平成29年4月)」に示されている，洗濯用または台所用の石けん，合成洗剤について述べている。正誤の組合せとして正しいものはどれか。あとの1～5から一つ選べ。

　　ア　石けんの品名について，「洗濯用」及び「台所用」の両方に使用できるものについては，どちらか一方の用語を用いるか「洗濯用，台所用石けん」と表示する。

　　イ　洗濯用の石けんについては，純石けん分の含有重量が界面活性剤の総含有重量の80％以上のものに限り，台所用の石けんについては60％以上のものに限る。

ウ　石けんについて，洗濯用に供されるものであって，純石けん分以外の界面活性剤を含有しないものは「洗濯用石けん」，含有するものは「洗濯用複合石けん」の用語を用いて表示する。

エ　合成洗剤について，水素イオン濃度(pH)が8.0以下6.0以上のものに限り「中性」と表示し，13.0以下8.0を超えるものを「弱アルカリ性」，13.0を超えるものを「アルカリ性」，6.0未満3.0以上のものを「弱酸性」，3.0未満のものを「酸性」と表示する。

オ　洗浄補助剤の一つである「りん酸塩」については，合成洗剤に1％以上(五酸化りん換算)含有されている場合には「りん酸塩」の用語を用いて表示し，括弧書きで五酸化りん(P_2O_5)としての含有率を付記する。

	ア	イ	ウ	エ	オ
1	正	誤	誤	正	正
2	正	誤	正	誤	正
3	誤	正	誤	誤	誤
4	正	誤	正	正	正
5	誤	正	誤	正	誤

(4)　次のア～オは，繊維について説明したものである。説明として誤ったもののみの組合せはどれか。下の1～5から一つ選べ。

ア　綿，麻は共にセルロースを主成分とする繊維であり，日本では，江戸時代に麻が利用されはじめた。

イ　羊毛は吸水した状態ではクリンプが乾燥状態より開くので，もみ作用による縮充を起こす。

ウ　絹はカイコ蛾の幼虫が作る繭から得られる長繊維であり，繭糸を何本か集束し，セリシンで接着抱合させたものを，生糸とよぶ。

エ　レーヨン，アクリルは天然に生成された高分子をいったん溶解して紡糸し，繊維化した再生繊維である。

オ　ナイロンは熱可塑性があるが，耐光性が悪く，日光で容易に黄変する。

1　ア，イ，オ　　2　イ，ウ，エ　　3　ア，イ，エ　　4　ウ，オ

　　5　エ，オ

(5)　相対湿度が60%，温度25℃の時，ナイロン，レーヨン，羊毛，ポリエステル，絹の5つの繊維を，水分率が多い順に並べたとき3番目になるのはどれか。次の1〜5から一つ選べ。

　　1　ナイロン　　2　レーヨン　　3　羊毛　　4　ポリエステル
　　5　絹

(6)　次の図は，日本産業規格JIS L 0001繊維製品の取扱いに関する表示記号及びその表示方法に基づくアイロン仕上げ処理記号の1つである。この記号の表示が適当な繊維のみをア〜オから選んだものとして正しいものはどれか。下の1〜5から一つ選べ。

　　ア　麻　　イ　毛　　ウ　ポリエステル　　エ　レーヨン
　　オ　キュプラ
　　1　ア　　2　ア，イ　　3　イ，ウ，エ　　4　ウ，オ
　　5　エ，オ

(7)　次のア〜オは，布の加工について説明したものである。正しい組合せをあとの1〜5から一つ選べ。

　　ア　混紡，交織，交ねん糸使いの布に対して一方の繊維だけを薬品によって溶解，除去してレースのような透かし模様を出す加工。

　　イ　絹，レーヨン，アセテートなどのフィラメント織物に，木目や波形，あるいは雲状の模様をつける加工。水洗いやスチームで模様が消失しやすい。

　　ウ　布に接着剤を塗った後に，静電気を帯電させて，布面に細かく短い繊維を振動や静電気により垂直に植え付ける加工。

　　エ　織物を，凹凸のついた過熱ローラーと，紙や綿のローラーの間に通して，加圧によって布表面に浮き彫りのある模様やモチーフをつくる加工。

　　オ　綿布を専用の加工機械により，防縮する加工。この加工を施す

ことで，収縮率が1％以内に抑えられている。

	エンボス 加工	モアレ 加工	フロック 加工	サンフォライズ 加工	オパール 加工
1	イ	ウ	エ	ア	オ
2	ウ	エ	イ	オ	ア
3	エ	ウ	イ	ア	オ
4	エ	イ	ウ	オ	ア
5	ウ	オ	エ	ア	イ

(8) 次のア～エは，スリーブの形状を表している。それぞれの名称の組合わせとして最も適切なものはどれか。下の1～5から一つ選べ。

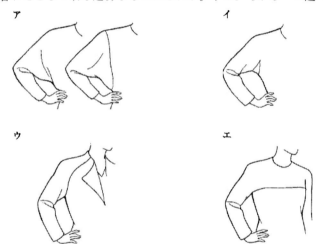

	ドルマン・スリーブ	ラグラン・スリーブ	ヨーク・スリーブ
1	ウ	ア	エ
2	ア	エ	イ
3	ア	ウ	エ
4	ウ	ア	イ
5	ア	ウ	イ

(9) 次のア～オは，布を立体化するときの造形性について説明している。それぞれの意味に合う技法の組合せとして最も適切なものはど

れか。下の1～5から一つ選べ。

ア　身体に合った微妙な曲面を形成するのに用いる方法で，水分とアイロンの熱を利用し，布地にくせをつけ固定すること。

イ　布を細かく縫い縮め，水分やアイロンの熱を利用して表にひびかないように処理し，布に膨らみをもたせること。

ウ　布を垂らしたときにできるひだの状態のこと。衣服デザインでは身体にひだをつくりながら巻き付けるなど，装飾的に取り入れる。

エ　立体的な身体に布を合わせるために余分な布をつまみ，縫い消した部分のこと。

オ　装飾的な立体化技法であり，縫い縮めることにより布に美しいしわやひだを寄せること。

	ア	イ	ウ	エ	オ
1	いせ込み	ドレープ	伸ばし	ダーツ	タック
2	伸ばし	いせ込み	ドレープ	タック	ギャザー
3	いせ込み	伸ばし	ドレープ	ダーツ	タック
4	いせ込み	ドレープ	伸ばし	タック	ギャザー
5	伸ばし	いせ込み	ドレープ	ダーツ	ギャザー

(☆☆☆☆◎◎◎◎)

【2】家族・家庭，子ども・高齢者の生活について，次の(1)～(10)の問いに答えよ。

(1)　次の表は，「世帯構造別世帯数の年次推移」について調査した結果である。表中のア～エに適する項目の組合せとして最も適切なものはどれか。あとの1～5から一つ選べ。

表　世帯構造別世帯数の年次推移（推計数）

（単位：千世帯）

年次	世帯構造			
	ア	イ	ウ	エ
1989	1,985	5,599	7,866	15,478
1998	2,364	5,125	10,627	14,951
2007	3,006	4,045	11,983	15,015
2018	3,683	2,720	14,125	14,851

厚生労働省「平成30年国民生活基礎調査の概況」を基に作成

	ア	イ	ウ	エ
1	ひとり親と未婚の子のみの世帯	三世代世帯	単独世帯	夫婦と未婚の子のみの世帯
2	ひとり親と未婚の子のみの世帯	三世代世帯	夫婦と未婚の子のみの世帯	単独世帯
3	三世代世帯	ひとり親と未婚の子のみの世帯	単独世帯	夫婦と未婚の子のみの世帯
4	単独世帯	三世代世帯	ひとり親と未婚の子のみの世帯	夫婦と未婚の子のみの世帯
5	単独世帯	ひとり親と未婚の子のみの世帯	夫婦と未婚の子のみの世帯	三世代世帯

(2)　次の文章は，内閣府「高齢社会白書(令和元年版)」に関する記述である。説明として下線部が誤っているものはどれか。次の1～5から一つ選べ。なお，文章中の高齢化率とは，総人口に占める65歳以上人口の割合のことである。

1　平成30年10月1日現在で，我が国の高齢化率は28.1％となった。65歳以上人口のうち「75歳以上人口」が総人口に占める割合は，「65歳～74歳人口」が総人口に占める割合を上回った。

2　平成28年度の年齢階級別1人当たり医療費(医療保険制度分)を見ると，60歳から64歳で36.3万円であるのに対し，75歳から79歳で76.9万円，80歳から84歳で91.9万円となっている。

3　我が国の高齢化率は，昭和45年に7％を超えると，その34年後の平成16年には14％に達した。

4　我が国の合計特殊出生率は，第1次ベビーブーム以降急速に低下

し，平成17年には1.26と過去最低を記録したが，平成29年は1.43
となっている。

5　平成30年現在の地域別にみた高齢化率は，最も高い秋田県で36.4
%，最も低い沖縄県で21.6%となっている。

(3)　次の文章は，平成27年に厚生労働省が関係府省庁と共同策定した
「認知症施策推進総合戦略(新オレンジプラン)」に関する記述である。
内容として誤っているものはどれか。次の1～4から一つ選べ。

1　学校において，高齢者との交流活動など，高齢社会の現状や認
知症の人を含む高齢者への理解を深めるような教育を推進する。

2　わが国の認知症高齢者の数は，2012年で462万人と推計されてお
り，2025年には約700万人，65歳以上の高齢者の約7人に1人に達
することが見込まれている。

3　認知症初期集中支援チーム等による早期診断・早期対応を行う
ほか，認知症の人やその家族が，地域の人や専門家と相互に情報
を共有し，お互いを理解し合う認知症カフェ等の設置を推進し，
認知症の人の介護者の負担軽減を図る。

4　若年性認知症施策として，都道府県の相談窓口に自立支援に関
わる関係者のネットワークの調整役を配置し，若年性認知症の人
やその家族が交流できる居場所づくり等，若年性認知症の特性に
配慮した就労・社会参加支援等を推進する。

(4)　次のグラフは，「将来の日常生活で不安に感じること」について，
60歳以上の男女を対象に調査した結果を平成11年と平成26年で比較
したものである。イに該当する項目として最も適切なものはどれか。
あとの1～5から一つ選べ。

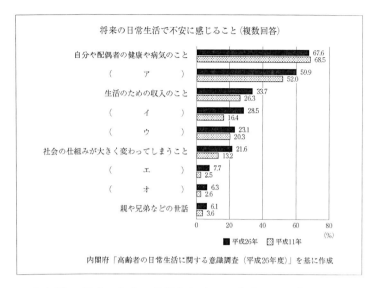

将来の日常生活で不安に感じること（複数回答）

内閣府「高齢者の日常生活に関する意識調査（平成26年度）」を基に作成

1　人(近隣，親戚，友人，仲間など)とのつきあいのこと
2　子どもや孫などの将来
3　頼れる人がいなくなり一人きりの暮らしになること
4　だまされたり，犯罪に巻き込まれて財産を失うこと
5　自分や配偶者が寝たきりや身体が不自由になり介護が必要な状態になること

(5)　国民年金についての説明として誤っているものはどれか。次の1〜5から一つ選べ。
1　国民年金の被保険者には，第1号被保険者，第2号被保険者，第3号被保険者の3つの種別があり，それぞれの要件にあてはまれば，法律上自動的に被保険者となる。
2　国民年金の保険料は免除される場合があり，法律上当然に免除されるものを法定免除といい，申請して初めて免除が認められるものを申請免除という。申請免除には，保険料全額免除，半額免除，4分の1免除及び4分の3免除の4つの免除がある。
3　「ねんきん特別便」は，被保険者一人ひとりに，保険料の納付実

　　　績や年金見込額を通知するもので，平成21年から毎年法律上の誕
　　　生月に送られる。また，日本年金機構が提供する個人の年金情報
　　　サービスである「ねんきんネット」では電子版「ねんきん特別便」
　　　が利用できる。

　　4　老齢基礎年金の受給資格期間は，原則として25年以上必要とさ
　　　れてきたが，平成29年8月より10年以上に短縮された。老齢基礎
　　　年金は，保険料の納付及び保険料の免除を受けた期間に応じて支
　　　給される。

　　5　障害基礎年金は，保険料納付済期間の長短に関係なく，障害等
　　　級による定額制となっている。ただし，受給権者によって生計を
　　　維持しているその人の子(18歳に達する日以後の最初の3月31日ま
　　　での間にある子及び20歳未満の障害等級1級・2級に該当する子に
　　　限る。)があるときは，加算した額とされる。

(6)　「立ち上がりの介助」(少しでも力が残っている場合)のポイントに
　　ついて，次の図ア～ウの説明として最も適切なものはどれか。下の
　　1～5から一つ選べ。

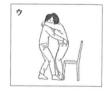

講談社「実用介護辞典」を基に作成

　1　アの動作では，要介護者に身体をしっかりと密着させる。
　2　アの動作では，要介護者に足をやや前方に出してもらう。
　3　イの動作では，要介護者を力強く持ち上げ，全体重を支える。
　4　イの動作では，少し手前に引いて要介護者のお尻を上げる。
　5　ウの動作では，素早く要介護者の膝を伸ばしていく。

(7)　次のグラフは，内閣府「少子化社会に関する国際意識調査(平成
　　27年度)報告書」を基に作成した4か国(日本，フランス，スウェーデ
　　ン，イギリス)の「男性の出産休暇の取得意向」についての結果で

ある。ア～エに該当する国の組合せとして最も適切な組合せはどれか。下の1～5から一つ選べ。

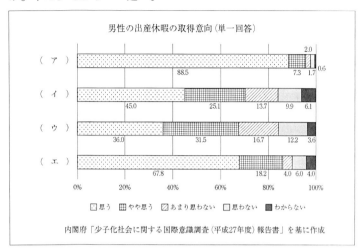

男性の出産休暇の取得意向（単一回答）

内閣府「少子化社会に関する国際意識調査（平成27年度）報告書」を基に作成

	ア	イ	ウ	エ
1	日本	スウェーデン	フランス	イギリス
2	スウェーデン	日本	イギリス	フランス
3	イギリス	日本	フランス	スウェーデン
4	スウェーデン	フランス	日本	イギリス
5	イギリス	スウェーデン	日本	フランス

(8) 次の文章は，乳児期初期にみられる原始反射の種類についての説明である。内容として誤っているものはどれか。次の1～5から一つ選べ。

1 「吸啜反射」は舌を前後に水平に動かし，一定のリズムでなめる動作をくり返すことである。

2 「把握反射」は，手のひらや足の裏に触覚刺激を与えると，筋緊張の亢進による指の屈曲が起こることである。

3 「ガラント(Galant)反射」はうつ伏せの姿勢にして抱え，背骨の脇を上から下になぞると，体幹がなぞった側に屈曲するという反応である。

93

4 「歩行反射」は，新生児を立たせるように支えると，歩くような動作をすることである。

5 「モロー(Moro)反射」は，足の裏を金属製の鍵などの硬いものでこするときに生じる足指の不随意な扇状の開散行動である。

(9) 「就学前の子どもに関する教育，保育等の総合的な提供の推進に関する法律」(平成31年4月施行)第1条の条文について，空欄ア～エに適する語句の組合せとして，最も適切なものはどれか。下の1～5から一つ選べ。

> 　この法律は，幼児期の教育及び保育が(　ア　)の基礎を培う重要なものであること並びに我が国における急速な少子化の進行並びに家庭及び地域を取り巻く環境の変化に伴い小学校就学前の子どもの教育及び保育に対する(　イ　)が多様なものとなっていることに鑑み，(　ウ　)における創意工夫を生かしつつ，小学校就学前の子どもに対する教育及び保育並びに保護者に対する(　エ　)の総合的な提供を推進するための措置を講じ，もって(　ウ　)において子どもが健やかに育成される環境の整備に資することを目的とする。

	ア	イ	ウ	エ
1	生涯にわたる人格形成	需要	地域	子育て支援
2	生涯にわたる人格形成	意識	家庭	幼児期の教育支援
3	義務教育及びその後の教育	需要	地域	子育て支援
4	生涯にわたる人格形成	意識	地域	子育て支援
5	義務教育及びその後の教育	需要	家庭	幼児期の教育支援

(10) 次のグラフは，「児童虐待の相談種別対応件数」について調査した結果である。ア～ウに適する項目の組合せとして最も適切なものはどれか。あとの1～5から一つ選べ。

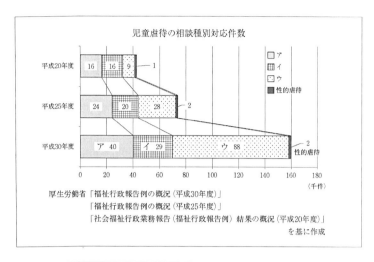

児童虐待の相談種別対応件数

平成20年度　16　16　9　1
平成25年度　24　20　28　2
平成30年度　ア 40　イ 29　ウ 88　2 性的虐待

凡例：ア　イ　ウ　性的虐待

（千件）

厚生労働省「福祉行政報告例の概況（平成30年度）」
「福祉行政報告例の概況（平成25年度）」
「社会福祉行政業務報告（福祉行政報告例）結果の概況（平成20年度）」
を基に作成

	ア	イ	ウ
1	身体的虐待	心理的虐待	保護の怠慢・拒否（ネグレクト）
2	心理的虐待	保護の怠慢・拒否（ネグレクト）	身体的虐待
3	心理的虐待	身体的虐待	保護の怠慢・拒否（ネグレクト）
4	保護の怠慢・拒否（ネグレクト）	身体的虐待	心理的虐待
5	身体的虐待	保護の怠慢・拒否（ネグレクト）	心理的虐待

（☆☆☆◎◎◎）

【3】住生活について，次の(1)〜(9)の問いに答えよ。

(1)　次のア〜エの記述は，日本の古代，中世，近世の住まいについて説明したものである。説明の正誤の組合せとして最も適当なものはどれか。あとの1〜5から一つ選べ。

ア　寝殿造りは平安中期頃に完成した庶民の住居形式である。

イ　寝殿造りでは，畳が敷き詰められ，壁による間仕切りがほとんどなかった。

ウ　書院造りでは，間仕切りが増加し，座具として畳が置かれた。

エ　書院造りの室内の特徴として，対面の主座敷に床・棚・書院などがある。

	ア	イ	ウ	エ
1	誤	正	正	正
2	正	正	正	誤
3	誤	誤	誤	誤
4	正	誤	正	正
5	誤	誤	誤	正

(2)　結露について述べた次の文章中のA〜Dに当てはまる語句の組合せとして最も適当なものはどれか。下の1〜5から一つ選べ。

　　(A)が飽和状態のとき相対湿度は100％で，それより(A)が増えたり，気温が露点温度(B)になったりしたとき，結露が起こる。冬の朝，窓ガラスを覆う水滴がそれである。暖房した室内の温度に対して，窓ガラスや熱伝導率の大きな金属サッシは外気に熱を奪われ低温になる。つまり(C)ため，結露が起こりやすいのである。

　　ガラスや壁の表面で発生する表面結露は，壁クロスのはがれや，カビを発生させ，壁体内に侵入した水蒸気による(D)は，カビやシロアリ，腐朽の原因になり，住宅の耐久性を著しく損なう。

　　　　　　(中根芳一編著『私たちの住居学—サスティナブル社会の
　　　　　　住まいと暮らし—』より)

	A	B	C	D
1	飽和水蒸気量	以下	水蒸気量が少なくなる	裏面結露
2	水蒸気量	以下	飽和水蒸気量が小さくなる	内部結露
3	水蒸気量	以上	飽和水蒸気量が小さくなる	内部結露
4	飽和水蒸気量	以上	水蒸気量が少なくなる	裏面結露
5	水蒸気量	以下	飽和水蒸気量が小さくなる	裏面結露

(3)　消費者庁「御注意ください！日常生活での高齢者の転倒・転落！(平成30年9月)」，「高齢者の事故の状況について(平成30年9月)」に記載されている内容について，次の①と②に答えよ。

① 高齢者の介護が必要となった主な原因(平成28年)のうち,「骨折・転倒」が占める割合として最も適当なものはどれか。次の1〜5から一つ選べ。

1 20.0%　　2 12.5%　　3 10.0%　　4 6.3%　　5 3.1%

② 次の表「発生場所・事故要因別に見た高齢者の『転倒・転落』による救急搬送者数(平成28年)」中,A〜Cに当てはまる語句の組合せとして適当なものはどれか。下の1〜5から一つ選べ。

表 発生場所・事故要因別に見た高齢者の「転倒・転落」による救急搬送者数（平成28年）

住居等居住環境（家庭内）	
事故要因	搬送者数（人）
A	14,524
B	3,185
ベッド	1,333
椅子	1,030
C	1,021

消費者庁「高齢者の事故の状況について（平成30年9月）」を基に作成

	A	B	C
1	階段	トイレ	居室
2	階段	居室	トイレ
3	居室	階段	トイレ
4	居室	トイレ	階段
5	トイレ	階段	居室

(4) 「借地借家法」(令和2年4月施行)で定められていることとして,誤っているものはどれか。次の1〜5から一つ選べ。

1　第27条　建物の賃貸人が賃貸借の解約の申入れをした場合においては,建物の賃貸借は,解約の申入れの日から三月を経過することによって終了する。

2　第28条　建物の賃貸人による第26条第1項の通知又は建物の賃貸借の解約の申入れは,建物の賃貸人及び賃借人(転借人を含む。以下この条において同じ。)が建物の使用を必要とする事情のほか,建物の賃貸借に関する従前の経過,建物の利用状況及び建物の現況並びに建物の賃貸人が建物の明渡しの条件として又は建物の明

渡しと引換えに建物の賃借人に対して財産上の給付をする旨の申出をした場合におけるその申出を考慮して，正当の事由があると認められる場合でなければ，することができない。

3　第32条　建物の借賃が，土地若しくは建物に対する租税その他の負担の増減により，土地若しくは建物の価格の上昇若しくは低下その他の経済事情の変動により，又は近傍同種の建物の借賃に比較して不相当となったときは，契約の条件にかかわらず，当事者は，将来に向かって建物の借賃の額の増減を請求することができる。ただし，一定の期間建物の借賃を増額しない旨の特約がある場合には，その定めに従う。

4　第33条　建物の賃貸人の同意を得て建物に付加した畳，建具その他の造作がある場合には，建物の賃借人は，建物の賃貸借が期間の満了又は解約の申入れによって終了するときに，建物の賃貸人に対し，その造作を時価で買い取るべきことを請求することができる。建物の賃貸人から買い受けた造作についても，同様とする。

5　第38条　期間の定めがある建物の賃貸借をする場合においては，公正証書による等書面によって契約をするときに限り，第30条の規定にかかわらず，契約の更新がないこととする旨を定めることができる。この場合には，第29条第1項の規定を適用しない。

(5)「都市計画法」(平成30年7月施行)第9条で定められていることとして，誤っているものはどれか。次の1〜5から一つ選べ。

1　工業専用地域は，工業の利便を増進するため定める地域とする。

2　準工業地域は，主として環境の悪化をもたらすおそれのない工業の利便を増進するため定める地域とする。

3　近隣商業地域は，近隣の住宅地の住民に対する日用品の供給を行うことを主たる内容とする商業その他の業務の利便を促進するため定める地域とする。

4　第2種住居専用地域は，中高層住宅に係る良好な住居の環境を保護するため定める地域とする。

5　準住居地域は，道路の沿道としての地域の特性にふさわしい業務の利便の増進を図りつつ，これと調和した住居の環境を保護するため定める地域とする。

(6)　敷地面積160m²の敷地内に延べ面積400m²・建築面積80m²の建築物が1つのみ建っている場合，次の①と②に答えよ。

①　容積率として適切なものはどれか。次の1〜5から一つ選べ。

1　20%　　2　40%　　3　50%　　4　200%　　5　250%

②　建ぺい率として適切なものはどれか。次の1〜5から一つ選べ。

1　20%　　2　40%　　3　50%　　4　200%　　5　250%

(7)　次のア〜オは，「建築基準法」(令和元年12月施行)第2条及び第23条に関する記述である。下の①と②に答えよ。

ア　建築物の周囲において発生する通常の火災による延焼を抑制するために当該外壁又は軒裏に必要とされる性能。

イ　通常の火災が終了するまでの間当該火災による建築物の倒壊及び延焼を防止するために当該建築物の部分に必要とされる性能。

ウ　通常の火災時における火熱により燃焼しないことその他の政令で定める性能。

エ　建築物の周囲において発生する通常の火災による延焼の抑制に一定の効果を発揮するために外壁に必要とされる性能。

オ　通常の火災による延焼を抑制するために当該建築物の部分に必要とされる性能。

①　防火性能に関する記述として最も適切なものはどれか。次の1〜5から一つ選べ。

1　ア　　2　イ　　3　ウ　　4　エ　　5　オ

②　準耐火性能に関する記述として最も適切なものはどれか。次の1〜5から一つ選べ。

1　ア　　2　イ　　3　ウ　　4　エ　　5　オ

(8)　大阪府「住まうビジョン・大阪(平成28年12月)」に示されている住宅まちづくり政策の基本的な方針について，次の記述中A〜Dに当てはまる語句の組合せとして適切なものはどれか。あとの1〜5か

ら一つ選べ。

> ○　都市の活力の源は「（　A　）」であるということを基本的
> な考え方とし，大阪ならではの魅力を存分に活かし，「住ま
> うなら大阪」と思える，多様な人々が住まい，（　B　）居住
> 魅力あふれる都市を創造する。
>
> ○　政策展開にあたっては，「活力・魅力の創出」と「安全・
> 安心の確保」の好循環を生み出す政策展開をめざす。
>
> ○　人々のくらしの原点である（　C　）され，将来にわたり快
> 適さや豊かさを享受できるよう（　D　）住まいと都市を実現
> するとともに，国内外から多様な人々を惹きつけ，大阪に
> 住まう全ての人々が活き活きとくらすことができる住まい
> と都市の実現に向け，施策の展開を図る。

	A	B	C	D
1	人	生活する	活力・魅力が創出	経済性豊かな
2	人	訪れる	安全・安心が確保	環境に配慮された
3	まち	生活する	活力・魅力が創出	経済性豊かな
4	まち	訪れる	活力・魅力が創出	環境に配慮された
5	人	生活する	安全・安心が確保	環境に配慮された

(9)　大阪府「大阪府統計年鑑(令和元年度)」に示されている，大阪府
の総住宅数，大阪府の空き家数及び全国の空き家率の数値(平成30
年)の組合せとして適切なものはどれか。次の1〜5から一つ選べ。

	大阪府の総住宅数（万戸）	大阪府の空き家数（万戸）	全国の空き家率（％）
1	882	134	16.6
2	882	71	13.6
3	468	71	16.6
4	468	71	13.6
5	385	134	16.6

(☆☆☆◎◎◎)

【4】食生活について，次の(1)～(4)の問いに答えよ。

(1) 魚類について，次のア～オの問いに答えよ。

ア　次の図は，「まあじ(尾頭つき)の梅煮」の調理で下処理をする際，内臓を取り除くために切り込みを入れる位置を図中に━線で表したものである。正しいものはどれか。次のA～Dから一つ選べ。また，その位置に切り込みを入れる理由を説明せよ。

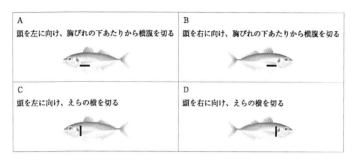

A	B
頭を左に向け、胸びれの下あたりから横腹を切る	頭を右に向け、胸びれの下あたりから横腹を切る
C	D
頭を左に向け、えらの横を切る	頭を右に向け、えらの横を切る

イ　煮魚の調理において，落としぶたによる効果として「不必要な蒸散を防ぐ」の他にあと2つ答えよ。

ウ　青背の魚に多く含まれるn-3系の多価不飽和脂肪酸を2つ答えよ。

エ　魚類中のたんぱく質の構成について，次の文中の空欄A～Dに適する語句を答えよ。

> 　魚類は，食肉類に比べると（　A　）たんぱく質が多く，（　B　）たんぱく質が少ないため，肉質が（　C　）い。白身魚と赤身魚を比べると，一般的に（　D　）たんぱく質は赤身魚に多く含まれるため"角煮"の調理に適している。（　D　）たんぱく質が少ない白身魚は"でんぶ"(そぼろ)の調理に適している。

オ　次の説明のうち，下線部が正しければ○，間違っていれば正しい語句を記せ。

A　魚類の鮮度判定の化学的方法のK値は，細菌の影響を受ける

　　前の比較的新鮮な段階における鮮度を判定するための指標である。その値は，鮮度がよいほど<u>低い</u>。

　B　海水魚の魚臭(生臭み)の主体は，<u>ピペリジン</u>である。

　C　赤身魚にはアミノ酸の一種であるヒスチジンが多く含まれ，細菌の作用により<u>テオブロミン</u>に変化するとアレルギー様食中毒の原因となる。

　D　魚肉に食塩などを加えてすり潰し，すり身を形成し放置すると粘稠性が失われて<u>ゲル</u>化する。これを加熱したものが練り製品である。

(2)　加熱調理の仕組みについて，次の問いに答えよ。

　ア　次の文は，電磁調理器についての説明である。文中の空欄A・Bに適する語句を答えよ。

> 　　上面のプレートの下に加熱コイルが組み込まれており，加熱コイルに電流を流すと(A)線が生じ，この(A)線がプレートの上に置かれた鍋底の金属の中を通過するときに渦電流が生まれ，鍋底に強力な電気(B)が発生し，それによって鍋自体が発熱する。

　イ　電子レンジが食品を加熱する仕組みについて説明せよ。

(3)　厚生労働省の「日本人の食事摂取基準(2020年版)」策定検討会報告書について，次のア〜ウの問いに答えよ。

　ア　次の文中の空欄A〜Cにあてはまる語句を答えよ。

　　「日本人の食事摂取基準」は，(A)法(平成14年法律第103号)第16条の2の規定に基づき，国民の健康の保持・増進を図る上で摂取することが望ましい(B)及び(C)の量の基準を厚生労働大臣が定めるものである。

　イ　身体活動レベルⅡ(ふつう)の年齢が15〜17歳の男女の推定エネルギー必要量・たんぱく質推奨量・カルシウム推奨量の数値として空欄A〜Cにあてはまる適切な数値を答えよ。

年齢15〜17歳	推定エネルギー必要量 (kcal/日)	たんぱく質推奨量 (g/日)	カルシウム推奨量 (mg/日)
男	2,800	(B)	800
女	(A)	55	(C)

ウ 「日本人の食事摂取基準」は，何年毎に改定されているか。

(4) 次のグラフは，世帯における食品ロスの実態を把握し，食べ残しや廃棄の減少に向けた取組等に資することを目的として，346世帯(単身世帯：36世帯，2人世帯：168世帯，3人以上世帯：142世帯)で世帯食一人1日当たりの食品使用量，食品ロス量を調査した結果である。下のア，イの問いに答えよ。

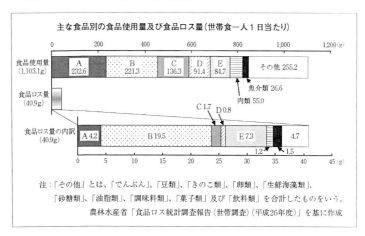

注：「その他」とは，「でんぷん」，「豆類」，「きのこ類」，「卵類」，「生鮮海藻類」，「砂糖類」，「油脂類」，「調味料類」，「菓子類」及び「飲料類」を合計したものをいう。

農林水産省「食品ロス統計調査報告（世帯調査）（平成26年度）」を基に作成

ア 世帯食一人1日当たりの食品ロス率を算出せよ。また，計算過程も記し，小数第2位を四捨五入して求めること。

イ 食品使用量のBにあてはまるものはどれか。次の①〜⑤から一つ選び，その記号を答えよ。

① 果実類 　② 調理加工食品 　③ 牛乳及び乳製品

④ 野菜類 　⑤ 穀類

(☆☆☆◎◎◎)

103

解答・解説

【中学校】

【1】(1) ① 2 ② 5 (2) 5 (3) 2 (4) 3 (5) 5
(6) 1 (7) 4 (8) 3 (9) 5

〈解説〉(1) ① Cは液体の漂白剤で日常的には一番使用される漂白剤。Dは粉末の漂白剤。Eの次亜塩素酸ナトリウムはアルカリ性である。
② アルカリ性は毛や絹などの動物性繊維のタンパク質を変性させてしまうので，アルカリ性(弱アルカリ性も)漂白剤は使用できない。還元型の二酸化チオ尿素は，血液の汚れや自転車のさび汚れ，便器の汚れなどに効果を発する漂白剤で，色・柄物には使用できない。

(2) 柔軟剤の役割には「静電気を防止する」，「皮脂やタバコのにおいを防ぐ」，「洗濯じわや，衣類同士のからまりを防ぐ」等がある。

(3) イ 石けんは界面活性剤使用0％なので誤り。 エ pH値11以上がアルカリ，8.0以上～11.0未満が弱アルカリなので誤り。

(4) ア 江戸時代は，庶民の普段着の生地が麻から木綿へ大きく移り変わった時代である。つまり，麻はもっと以前から着用されていた。
イ 説明文中のクリンプは繊維の縮れのことであり，「吸水した状態ではクリンプが乾燥状態より『縮む』…」が正しい。 エ レーヨンは再生繊維だがアクリルは合成繊維である。 (5) 繊維中の水分率が高いのは，一般に，天然繊維やセルロースを主成分とする再生繊維である。特にレーヨンは，化学繊維の中でもトップクラスの吸水性，吸湿性が特徴である。本問では，水分率が高い順に羊毛，レーヨン，絹，ナイロン，ポリエステルとなる。 (6) 記号が表す意味は「底面温度200℃を限界としてアイロン仕上げ処理ができる」であり，高温を示している。毛・ポリエステル・レーヨン・キュプラは，いずれも中温～低温でアイロン仕上げ処理をする素材である。 (7) 表面に凸凹のあるエンボス加工，防縮加工のサンフォライズ加工，透かし模様のオパール加工は，一般によく知られている。選択肢中の「透かし模様」

や「凸凹」,「防縮」などヒントになるキーワードを手掛かりに答えが導ける。なお, フロック加工の生地は, 一見ベルベットや別珍に似ているが, ベルベットや別珍は生地の表面に下地から繊維を織り出した織物であるのに対し, フロック加工は表面に繊維を接着した植毛であるという違いがある。 (8) 袖ぐりが大きく袖口に向かって細くなるのがドルマン・スリーブ, ネックラインから袖下にかけて斜めに切り替えられ, 肩からひと続きになっているのがラグラン・スリーブ, ヨークと一体となっているのがヨーク・スリーブである。 (9) ウのドレープ, エのダーツ, オのタックは容易に正答できるだろう。イのいせ込みは, 平面である布を立体的にする技法で高度な技術を要する。

【2】 (1) 1 (2) 3 (3) 2 (4) 2 (5) 3 (6) 4
(7) 4 (8) 5 (9) 1 (10) 5

〈解説〉(1) 表から読み取れることは「アは2倍弱に増えている, イは半分に減少, ウは2倍に増加, エは余り差がない」である。三世代世帯は激減し, 単独世帯とひとり親世帯が増えていることから推測する。
(2) 日本の高齢化率は, 1970(昭和45)年に7%を超えたのち, 1995(平成7)年には14%を超えたので誤り。なお, 統計局によれば2020年は28.7%となっている。 (3) 2025年は団塊の世代が75歳以上となるといわれている年である。2025年には認知症高齢者数は約700万人, 65歳以上の高齢者の「約5人に1人」が認知症になると予測されている。
(4) 将来の日常生活で不安に感じることは「1位 健康のこと, 2位 介護が必要になること, 3位 収入のこと, 4位 子どもや孫などの将来」となっている。 (5) 文中の「被保険者一人ひとりに, 保険料の納付実績や年金見込額を通知する…」は「年金定期便」の説明である。
(6) 1 要介護者の腕を介助者の肩にまわしてもらい, 介助者は腰を落としてなるべく重心を下げ, 要介護者の脇の下から腰に手を回す。また, 介助者の一方の足は, 要介護者の両足の間に入れる。 2 要介護者の足をやや後方に下げる。椅子には浅く座ってもらう。おじきをするような感じで重心を前に移動させる。 3 介助者が全体重で

支えることを繰り返していると介助者は腰を痛める結果になる。
5　膝を伸ばすというより，おしりを持ち上げることによって膝が伸びる。頭を介助者の肩部分に置くことによってふらつきも防げる。
(7)　スウェーデンをはじめとする北欧では，性別分担意識はなく，積極的に家事や育児に参加する。また，ドイツやフランスでは，育児休暇中の所得保障などが充実している。日本は性別分担意識が強く，世界の中でも出産休暇をはじめとする家事労働参加率が低い。　(8)　モロー反射は原始反射ともいう。身体を持ち上げて急に下げると，体をビクッとさせたり，両手をバンザイするように広げてなにかに抱きつくように腕を曲げたりする動作のこと。　(9)　就学前の子どもの教育及び保育に対する需要が多様であることがポイントである。同法第2章では「幼保連携型認定こども園以外の認定こども園に関する認定手続」について言及している。併せて目を通しておきたい。　(10)　児童虐待については，以前は身体的虐待が大部分であったが，近年では心理的虐待が1位，身体的虐待は2位となった。

【3】(1)　5　　(2)　2　　(3)　①　2　　②　3　　(4)　1　　(5)　4
(6)　①　5　　②　3　　(7)　①　1　　②　5　　(8)　2　　(9)　4
〈解説〉(1)　ア・イ　寝殿造りは，貴族などの住居形式である。壁や間仕切りはなく，寝る場所や座る場所にだけ畳を配置した。　ウ　書院造りは武家の世の中になって出現した。襖や障子で部屋を仕切り，畳を敷き詰めた。説明文の「…座具として畳が置かれた」は寝殿造りの説明である。　(2)　湿度が高くなるほど水蒸気は大きくなり，このガスにその飽和温度より低い物質を触れさせれば露を発生するので，露点温度という。内部結露は壁の内部や床下，天井裏などで発生するので，内部結露を防ぐには除湿器やエアコンのドライ機能，換気などで湿度を調整する。　(3)　高齢者の転倒・転落は骨折や頭部外傷等の重大な傷害を招き，これが原因で介護が必要な状態になることも多い。東京消防庁「救急搬送データ」によると救急搬送された事故のうち，「転倒・転落」による事故は最も多く，全体の約8割を占める。なお，

家庭内での骨折・転倒事故の多くは，居室で起きていることに注意しよう。　(4)　第27条は「解約による建物賃貸借の終了」について規定したものである。条文中の「三月を経過する」は誤りで，正しくは「六月を経過する」である。　(5)　条文中の「第2種住居専用地域」は誤りで，正しくは「第1種住居専用地域」である。　(6)　容積率は400÷160×100＝250〔％〕。建ぺい率は80÷160×100＝50〔％〕となる。　(7)　防火性能は「延焼抑制」の性能で外壁または軒裏に必要とされる性能。これに対して，耐火性能は建築物の倒壊及び延焼を防止するための性能。防火は他所の火事から自宅を守ることに主眼を置き，耐火は自宅からの出火についての規制と考えられる。　(8)「住まうビジョン・大阪」は，住生活基本法に基づく「大阪住生活基本計画」として策定されたもので，計画期間は2016(平成28)年から2025(平成37)年までの10年間としている。なお，住生活基本法の基本理念には，既存ストック(空き家)の活用や，低所得者・高齢者・子育て家庭等に対する居住安定確保などがある。以前は「安全・安心」を重視していたが，「活力・魅力の創出」との両輪がお互いに影響し合って素晴らしい住環境を創り出すと考えるようになった。　(9)「平成30年住宅・土地統計調査　住宅数概数集計結果の概要」(平成31年4月26日　総務省統計局)によれば，全国における空き家数は846万戸で，総住宅数に占める空き家の割合は13.6％と過去最高になった。都道府県別にみると空き家率が最も高いのは山梨県で21.3％，最も低いのは埼玉県及び沖縄県の10.2％，次いで東京都の10.6％であった。大阪府は15.2％と大都市にしては空き家が多い。

【4】(1)　ア　正しいもの…B　　理由…尾頭つきの魚は，頭を左側に盛りつけるため，表側になる面に切り込みが見えないようにする。そのため，盛りつけた時に裏(下)側となる内臓のある胸びれの下あたりに切り込みを入れて，内臓を取り出す。　　イ　・煮崩れを防ぐ。・調味むらを防ぐ(味つけが均一になる)。　　・加熱むらを防ぐ(均一に火が通る)。　から2つ　　ウ　イコサペンタエン(エイコサペンタエ

ン)酸，ドコサヘキサエン酸　　エ　Ａ　筋原繊(線)維　　Ｂ　肉基質
Ｃ　軟らか　　Ｄ　筋形質　　オ　Ａ　○　　Ｂ　トリメチルアミン
Ｃ　ヒスタミン　　Ｄ　○　　(2)　ア　Ａ　磁力　　Ｂ　抵抗
イ　マイクロ波を水分を含んだ食品に照射すると，食品中の水の分子
に吸収されて水の分子が振動を起こす運動で生じた摩擦熱が食品に伝
わって加熱される。　　(3)　ア　Ａ　健康増進(法)　　Ｂ　エネルギー
Ｃ　栄養素　　イ　Ａ　2,300　　Ｂ　65　　Ｃ　650　　ウ　5(年毎)
(4)　ア　式…$\dfrac{40.9}{1,103.1}\times100=3.707\cdots$

答…3.7%　　イ　④

〈解説〉(1)　ア　あじを煮る前の下処理として，切り込みを入れる前に，
「ぜいご」やうろこを取り除くことがある。　　イ　鍋底と落としぶた
の空間で，煮汁が鍋底の中心から落としぶたに当たり再び煮汁の表面
に戻る。落としぶたによって，狭い空間の温度も100℃近くなり，少
ない煮汁で，しかも短時間で調味ができる。　　ウ　n-3系多価不飽和脂
肪酸には，他に「α-リノレン酸」があり，菜種油，エゴマ油，あまに
油，しそ油などに多く含まれている。　　エ　魚・肉とも「筋原繊維タ
ンパク質・筋形質タンパク質・肉基質タンパク質」の3つから成り立
つ。魚肉中の筋原繊維タンパクの割合は獣肉より20％ほど多く，特に
肉基質タンパクは魚肉の方が20％ほど少ない。　　オ　Ｂ　魚には「ト
リメチルアミンオキシド」という物質が含まれており，時間経過と共
に分解され「トリメチルアミン」に変化する。トリメチルアミンが多
くなると，アンモニア臭のような臭味が発生し，生臭さを感じる。
Ｃ　赤身魚に存在するアミノ酸「ヒスチジン」にヒスタミン産生菌が
増殖し，「ヒスタミン」が生成される。「テオブロミン」はカカオの苦
み成分である。　　(2)　ア　電磁調理器は誘導加熱(IH：induction
heating)である。内部に配置されたコイルに流れる電流で，所定の種類
の金属製の調理器具(鉄やステンレス)を自己発熱させる。　　イ　電子
レンジはマイクロ波加熱である。電波が対象物の内部に入り込んで加
熱を促進する。マイクロ波加熱では，対象物が均一に加熱できること
が大きな特徴である。　　(3)　日本人の食事摂取基準(2020)は2020～

2024年まで適用される。改定内容には，ナトリウム摂取量を引き下げたこと，50歳以上の年齢区分を3段階に細分化したこと，策定の目的として「高齢者の低栄養・フレイル予防」が追加されたことなどがあげられている。　(4)　イ　食品ロスの内訳は野菜類が一番多い。まだ食べられる部分なのに過剰に廃棄している「過剰廃棄」が原因である。本問は家庭における食品ロスだが，食品事業所から出る食品ロスも合わせると，1年間に約612万トン(2017年度推計値)が発生したといわれる。

2020年度　実施問題

【中学校】

【1】衣生活について，次の(1)～(5)の問いに答えよ。

(1) 次の表は，繊維の分類について示したものである。下の①～③の問いに答えよ。

分類		繊維の名称	特徴
化学繊維	（ A ）繊維	（ E ）	（ a ）紡糸で製造。肌触りがよく、光沢があり、吸湿性、染色性に優れている。
		キュプラ	（ a ）紡糸で製造。肌触りがよく、光沢、吸湿性がある。
	（ B ）繊維	（ F ）	（ c ）のような肌触り。適度な吸湿性がある。熱や摩擦には強くない。
		プロミックス	光沢、風合いが（ c ）によく似ている。（ c ）に比べ湿度や温度により黄変しにくい。
	合成繊維	（ G ）	最初につくられた合成繊維。引張、摩耗等の強度が大きく弾力性に富んでいる。
		アクリル	風合いが羊毛に似ておりバルキー性がある。保温性はよいが静電気や（ d ）が発生しやすい。
天然繊維	（ C ）繊維	（ H ）	吸湿性、吸水性に優れている。鮮明に染色され、染色堅牢性に優れている。しわになりやすい。
		麻	吸湿性、吸水性に優れている。接触冷感がある。しわになりやすい。摩擦で（ b ）化して白化しやすい。
	（ D ）繊維	絹	光沢があり、吸湿性、吸水性がある。摩擦に弱く（ b ）化して外観を損なう。紫外線や日光に当たると変色し弱くなる。
		（ I ）	保温性がよく、湿潤状態で揉まれると（ e ）化する。吸湿性が高いが、表面は撥水性がある。

① 空欄A～Dに適する語句の組合せとして最も適切なものはどれか。次の1～4から一つ選べ。

110

	A	B	C	D
1	再生	半合成	動物	植物
2	半合成	再生	動物	植物
3	再生	半合成	植物	動物
4	半合成	再生	植物	動物

② 次のア～カは，繊維の断面の顕微鏡写真(化学繊維は通常断面)である。表の空欄E～Iの繊維の写真として最も適切なものをア～カから選び，その組合せとして最も適切なものはどれか。下の1～5から一つ選べ。

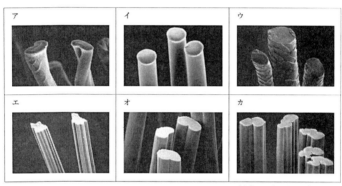

(出典：日本化学繊維協会ＨＰ)

	E	F	G	H	I
1	エ	カ	イ	ア	ウ
2	カ	オ	イ	ウ	ア
3	エ	イ	オ	ア	ウ
4	カ	イ	オ	ウ	ア
5	カ	オ	イ	ア	ウ

③ 空欄a～eに適する語句の組合せとして最も適切なものはどれか。次の1～5から一つ選べ。

	a	b	c	d	e
1	乾式	マーセル	綿	ピリング	フェルト
2	湿式	フィブリル	綿	ラダリング	マーセル
3	湿式	マーセル	絹	ラダリング	フェルト
4	乾式	マーセル	絹	ラダリング	フィブリル
5	湿式	フィブリル	絹	ピリング	フェルト

(2)　次の寸法表示は，日本工業規格　JIS L4005 成人女子用衣料のサイズ表示に基づくものである。空欄ア～ウに適する数字(単位 cm)の組合せとして最も適切なものはどれか。下の1～5から一つ選べ。

```
┌─────────────────────┐
│       サイズ         │
│   バスト　（ア）     │
│   ヒップ　（イ）     │
│   身　長　（ウ）     │
│ ─────────────────── │
│     11　A　T        │
└─────────────────────┘
```

	ア	イ	ウ
1	86	91	158
2	86	95	166
3	89	95	158
4	86	91	166
5	89	91	166

(3)　次のア～オは，衣類等の繊維製品の洗濯表示記号(JIS L0001)の意味である。それぞれの意味に合う，A～Jの洗濯表示記号の組合せとして最も適切なものはどれか。あとの1～5から一つ選べ。

ア　液温は30℃を限度とし，洗濯機で非常に弱い洗濯ができる。

イ　低い温度でのタンブル乾燥ができる(排気温度上限60℃)。

ウ　日陰のぬれ平干しがよい。

エ　石油系溶剤によるドライクリーニングができる。

オ　塩素系及び酸素系の漂白剤を使用して漂白ができる。

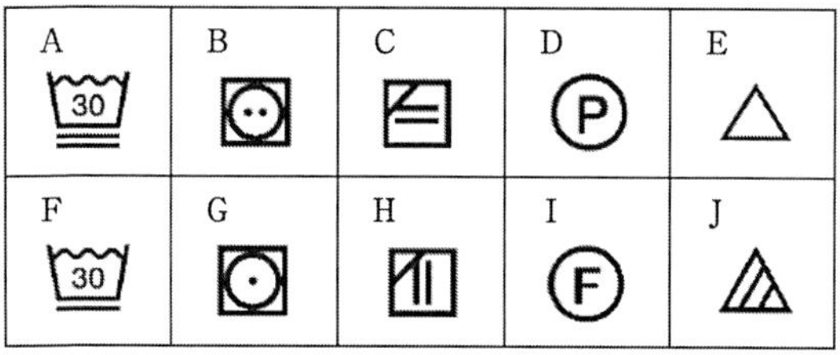

	ア	イ	ウ	エ	オ
1	F	B	C	D	J
2	F	B	H	I	E
3	A	G	C	D	E
4	A	B	H	D	J
5	A	G	C	I	E

(4) 次のア〜オは，男物ひとえ長着の形について説明したものである。説明として誤ったものの組合せはどれか。下の1〜5から一つ選べ。

ア　身ごろ・そで・おくみ・えり・かけえりから構成され，女物ひとえ長着とほぼ同じ構成である。

イ　女物のふりに当たる部分は人形といい，縫い詰める。

ウ　身たけは，着用した時のたけ(着たけ)より25〜30cm長くとる。

エ　えり先の部分は，かたい感じに仕上げるために裏えりをつける。

オ　そでつけは，女物より短い。

1　ア，イ　　2　ア，オ　　3　イ，ウ　　4　イ，エ

5　ウ，オ

(5) 次の図A〜Cは，洋服の製作での肩やわきの直線部分の縫いしろのしまつに用いられる基本縫いである。あとの①，②の問いに答えよ。

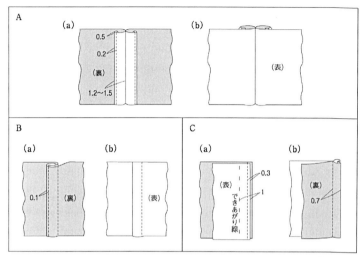

（単位：cm）

① それぞれの縫い方の名称の組合せとして最も適切なものはどれか。次の1～5から一つ選べ。

	A	B	C
1	端ミシン	割り伏せ縫い	折り伏せ縫い
2	割り縫い	折り伏せ縫い	袋縫い
3	割り縫い	割り伏せ縫い	折り伏せ縫い
4	端ミシン	折り伏せ縫い	袋縫い
5	端ミシン	割り伏せ縫い	袋縫い

② それぞれの縫い方の説明の組合せとして最も適切なものはどれか。あとの1～5から一つ選べ。

ア　薄地の綿・麻・合成繊維などで縫いしろが表にひびかない布地のしまつに用いる。

イ　薄地・中肉のほつれにくい布のしまつに用いる。

ウ　折り山のきわにミシンをかけることによって，縫いしろのしまつをする方法で，パジャマ・作業着・下着などのように，じょうぶさが要求される種類の物に用いる。

エ　薄地や透ける布のブラウス・ワンピースドレス，または洗濯

の激しい物のしまつに用いる。

	A	B	C
1	ア	ウ	エ
2	イ	エ	ア
3	ア	ウ	イ
4	ア	エ	イ
5	イ	ウ	エ

(☆☆☆☆◯◯◯◯◯)

【2】 食生活について，次の(1)〜(5)の問いに答えよ。

(1) 次の献立表は「いなりずし，はまぐりの潮汁」の材料と分量(1人分)を示したものである。下の①〜③の問いに答えよ。

〈いなりずし〉		〈はまぐりの潮汁〉	
米	70 g	はまぐり	2個
水	90 mL	水	180 mL
酒	5 mL	こんぶ	1.5 cm角
こんぶ	1.5 cm角	酒	1.5 mL
酢	8 mL	塩	0.8 g
砂糖	2.8 g	うど	15 g
塩	0.7 g		
白ごま	3 g		
油揚げ	2.5 枚		
だし汁	100〜150 mL		
砂糖	7 g		
みりん	9 mL		
しょうゆ	7.5 mL		

① 次の文は，すし飯の作り方について説明したものである。空欄ア〜ウに適する数字の組合せとして最も適切なものはどれか。あとの1〜4から一つ選べ。

すし飯を作る場合の加水量は，米の重量の(ア)倍，体積の

（　イ　）倍である。

蒸らし時間は（　ウ　）分とし，合わせ酢を混ぜる。

	ア	イ	ウ
1	1.3	1.1	5
2	1.3	1.2	10
3	1.5	1.1	5
4	1.5	1.2	10

② 　酢に塩を混ぜると食味に変化が生じる。この味の相互作用として最も適切なものはどれか。次の1〜5から一つ選べ。

1　変調効果　　　2　対比効果　　　3　相乗効果　　　4　順応効果

5　抑制効果

③ 　だし汁をとるために用いられる食品のうまみ成分の組合せとして最も適切なものはどれか。次の1〜5から一つ選べ。

	こんぶ	かつお節	はまぐり	しいたけ
1	グアニル酸	コハク酸	イノシン酸	グルタミン酸
2	イノシン酸	グルタミン酸	グアニル酸	コハク酸
3	グルタミン酸	イノシン酸	コハク酸	グアニル酸
4	グアニル酸	グルタミン酸	イノシン酸	コハク酸
5	グルタミン酸	イノシン酸	グアニル酸	コハク酸

(2) 　次の文は，アレルギー表示について説明したものである。空欄A〜Gに適する品目の組合せとして最も適切なものはどれか。あとの1〜5から一つ選べ。

　食品表示法(平成30年4月施行)により，表示の義務があるのは，卵などの7品目である。また，表示が推奨されている20品目は，いか・いくら・オレンジ・カシューナッツ・キウイフルーツ・牛肉・ごま・さば・大豆・鶏肉・豚肉・もも・りんご・（　A　）・（　B　）・（　C　）・（　D　）・（　E　）・（　F　）・（　G　）である。

	A	B	C	D	E	F	G
1	えび	メロン	あじ	くず	エリンギ	やまいも	アーモンド
2	あさり	メロン	さけ	ゼラチン	しめじ	さといも	アーモンド
3	あさり	レモン	あじ	寒天	しめじ	かぼちゃ	栗
4	あわび	バナナ	さけ	ゼラチン	まつたけ	やまいも	くるみ
5	あわび	バナナ	いわし	寒天	まつたけ	さといも	栗

(3) 次のグラフは，安全な食生活を送るためのポイントとして，9つの内容を挙げ，それぞれについて，どの程度意識し，判断しているかについて全国の20歳以上の男女に調査した結果である。空欄Bに該当する項目として最も適切なものはどれか。下の1～4から一つ選べ。

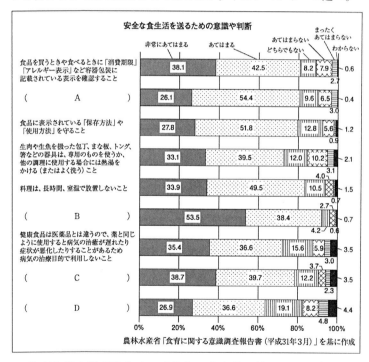

1 健康食品を選ぶ場合は，成分名，含有量，使用上の注意，問い合わせ先，品質保証に関するマークなど表示されている内容をよく読んで自分に必要かどうか検討してから購入すること

2　「賞味期限」を過ぎた食品であっても，必ずしもすぐに食べられなくなるわけではないため，においや見た目など食品の状態に応じて判断すること

3　生の状態(生食として販売されているものは除く)や加熱が不十分な状態で肉を食べないこと

4　病者，小児，妊産婦，高齢者などでは健康被害を起こしやすいため，健康食品の利用にあたっては注意が必要であること

(4)　じゃがいもの毒素についての説明の組合せとして最も適切なものはどれか。次の1〜5から一つ選べ。

ア　じゃがいもに光(日光・蛍光灯)が当たると毒素が増える。

イ　未熟なじゃがいもでは，毒素の濃度が低い。

ウ　じゃがいもを傷つけると毒素が増える。

エ　芽とその周辺や緑色の部分では，濃度が低い。

オ　加熱調理したら，毒素は減る。

1　ア，イ　　2　ア，ウ　　3　イ，オ　　4　ウ，エ

5　ウ，オ

(5)　食中毒についての説明として最も適切なものはどれか。次の1〜4から一つ選べ。

1　腸管出血性大腸菌O157は，65℃，1分間の加熱で死滅する。わずかな時間で増殖し，しかも少ない数で発症し，脳症，激しい下痢，脱水など重篤な合併症を起こす。

2　サルモネラ菌による食中毒は，保菌動物の肉や卵によって起こることが多い。鶏卵の規格基準では，65℃で1分以上の加熱が定められている。

3　ボツリヌス菌は嫌気性である。その食中毒は，缶詰・瓶詰・真空パック食品などで起こりやすい。

4　ノロウイルスは，85℃，1分間以上の加熱でも失活しない。その食中毒は，二枚貝(とくに牡蠣)で起こりやすい。嘔吐物が乾燥して飛散しても感染する。

(☆☆☆◎◎◎◎)

【3】住生活について，次の(1)〜(6)の問いに答えよ。

(1)　次の平面表示記号(JIS A0150)のうち，引違い戸はどれか。次の1〜5から一つ選べ。

(2)　環境基本法(平成5年法律第91号)第16条第1項の規定に基づき，環境省が告示した「騒音に係る環境基準について」(平成24年3月改正)において示されている「専ら住居の用に供される地域」及び「主として住居の用に供される地域」の昼間・夜間の基準値として最も適切な組合せはどれか。次の1〜5から一つ選べ。

	昼間（午前6時〜午後10時）	夜間（午後10時〜翌日の午前6時）
1	50デシベル以下	40デシベル以下
2	55デシベル以下	45デシベル以下
3	60デシベル以下	50デシベル以下
4	60デシベル以下	55デシベル以下
5	65デシベル以下	60デシベル以下

(3)　次のア〜オのうち，白熱電球の特徴の組合せとして最も適切なものはどれか。下の1〜5から一つ選べ。

ア　長時間点灯向き

イ　LED電球に比べ，寿命が短い

ウ　LED電球に比べ，電気料金が安く経済的である

エ　スイッチを入れてから点灯するまで少し時間がかかる

オ　スイッチを入れるとすぐに点灯する

1　ア，イ　　2　ア，オ　　3　イ，エ　　4　イ，オ

5　ウ，オ

(4)　次のグラフは，「住宅及び居住環境に関して子育てのために最も重要と思う項目」について調査した結果である。ア〜ウに適する項目の組合せとして最も適切なものはどれか。あとの1〜5から一つ選べ。

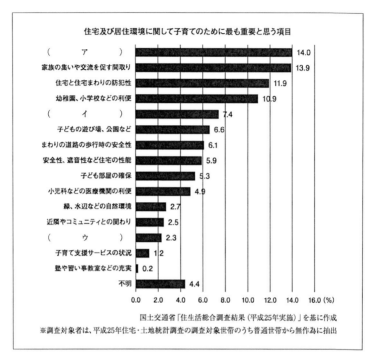

住宅及び居住環境に関して子育てのために最も重要と思う項目

	ア	イ	ウ
1	親や親戚の住宅との距離	住宅の広さ	託児所、保育所などの利便
2	住宅の広さ	親や親戚の住宅との距離	託児所、保育所などの利便
3	親や親戚の住宅との距離	託児所、保育所などの利便	住宅の広さ
4	住宅の広さ	託児所、保育所などの利便	親や親戚の住宅との距離
5	託児所、保育所などの利便	親や親戚の住宅との距離	住宅の広さ

(5)　次の表は，住宅建設計画法(昭和41年6月施行，平成18年6月廃止)
に基づき策定された「住宅建設五箇年計画」における住宅政策の移
り変わりを示したものである。空欄ア〜エに適するものの組合せと
して最も適切なものはどれか。あとの1〜5から一つ選べ。

【住宅建設五箇年計画の移り変わり】

	年度	内容
第一期	1966（昭和41）～1970（昭和45）年度	（　　ア　　）
第二期	1971（昭和46）～1975（昭和50）年度	「一人一室」の規模を有する住宅の建設
第三期	1976（昭和51）～1980（昭和55）年度	（　　イ　　）
第四期	1981（昭和56）～1985（昭和60）年度	「住環境水準」を設定
第五期	1986（昭和61）～1990（平成2）年度	（　　ウ　　）
第六期	1991（平成3）～1995（平成7）年度	大都市地域の住宅問題の解決、高齢化社会への対応
第七期	1996（平成8）～2000（平成12）年度	安全で快適な都市居住の推進
第八期	2001（平成13）～2005（平成17）年度	（　　エ　　）

	ア	イ	ウ	エ
1	「一世帯一住宅」の実現	「最低居住水準」を設定	「誘導居住水準」を設定	少子・高齢社会を支える居住環境の整備
2	「最低居住水準」を設定	「一世帯一住宅」の実現	「誘導居住水準」を設定	少子・高齢社会を支える居住環境の整備
3	「誘導居住水準」を設定	「最低居住水準」を設定	少子・高齢社会を支える居住環境の整備	「一世帯一住宅」の実現
4	「一世帯一住宅」の実現	「最低居住水準」を設定	少子・高齢社会を支える居住環境の整備	「誘導居住水準」を設定
5	「最低居住水準」を設定	「誘導居住水準」を設定	少子・高齢社会を支える居住環境の整備	「一世帯一住宅」の実現

(6) 「減価償却資産の耐用年数等に関する省令」(平成30年4月施行)で定められた住宅の耐用年数が最も短い構造はどれか。次の1～4から一つ選べ。

1　れんが造　　　　　2　鉄骨鉄筋コンクリート造
3　木骨モルタル造　　4　木造

(☆☆☆☆◎◎◎)

【4】家族・家庭，子ども・高齢者の生活について，次の(1)～(7)の問いに答えよ。

(1)　次のグラフは，4か国(日本・イギリス・フランス・スウェーデン)の結婚に対する考え方を示したものである。日本およびスウェーデンに該当するものの組合せとして最も適切なものはどれか。あとの1～5から一つ選べ。

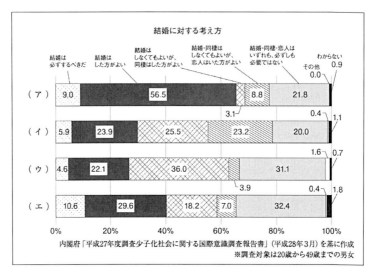

結婚に対する考え方

内閣府「平成27年度調査少子化社会に関する国際意識調査報告書」（平成28年3月）を基に作成
※調査対象は20歳から49歳までの男女

	日本	スウェーデン
1	ア	ウ
2	イ	エ
3	ウ	エ
4	ア	イ
5	エ	ア

(2)　自分からみて三親等にあたる親族はどれか。次の1～5から一つ選べ。

1　父母　　2　祖父母　　3　兄弟姉妹　　4　いとこ

5　おじ・おば

(3)　Aさんが死亡後，1,200万円の遺産を配偶者とAさんの兄・弟・妹の合わせて4人で法定相続することとなった。配偶者が相続する額として最も適切なものはどれか。次の1～5から一つ選べ。

1　300万円　　2　600万円　　3　800万円　　4　900万円

5　1,200万円

(4)　子どものもののとらえ方について「アニミズム」に関する説明として最も適切なものはどれか。次の1～5から一つ選べ。

122

1　信頼感に基づいた他者との心理的な絆のこと

2　命のないものでも，存在するものはすべて心があると考えること

3　自分の視点からものを見たり考えたりし，他人の視点に立って物事を考えないこと

4　頭の中でイメージしたことは，現実にもおこると考えること

5　自然にあるものすべてを人が作ったと考えること

(5)　次のグラフは，要介護者等について介護が必要となった原因を示したものである。アに該当する原因として最も適切なものはどれか。下の1〜5から一つ選べ。

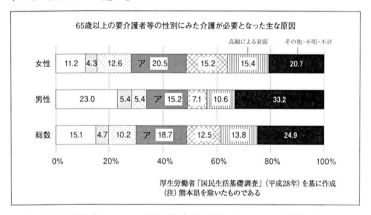

65歳以上の要介護者等の性別にみた介護が必要となった主な原因

厚生労働省「国民生活基礎調査」(平成28年)を基に作成
(注) 熊本県を除いたものである

1　心疾患(心臓病)　　2　脳血管疾患(脳卒中)　　3　認知症

4　骨折・転倒　　　5　関節疾患

(6)　「育児・介護休業法」(平成31年4月施行)に関する記述として，誤っているものを次の1〜5から一つ選べ。

1　労働者が要介護状態(負傷，疾病又は身体上若しくは精神上の障害により，2週間以上の期間にわたり常時介護を必要とする状態)にある対象家族を介護するために，対象家族1人につき通算93日まで休業できる。

2　小学校就学の始期に達するまでの子を養育する労働者は，1年に7日(子が2人以上の場合は14日)まで，病気，けがをした子の看護

又は子に予防接種，健康診断を受けさせるために，休暇の取得が可能。

3　3歳に満たない子を養育する労働者が子を養育するため，又は要介護状態にある対象家族を介護する労働者がその家族を介護するために請求した場合には，事業主は所定労働時間を超えて労働させてはならない。

4　小学校就学の始期に達するまでの子を養育する労働者がその子を養育するため，又は要介護状態にある対象家族を介護する労働者がその家族を介護するために請求した場合，事業主は午後10時から午前5時(深夜)において労働させてはならない。

5　3歳に満たない子を養育する労働者に関して，1日の所定労働時間を原則として6時間とする短時間勤務制度を設けなければならない。

(7)　私たちが安心・安全な生活を営むためには，自助・共助・公助を適切に組み合わせ，地域で支え合うことが大切である。次のア～カのうち「共助」に関するものとして最も適切な組合せはどれか。下の1～5から一つ選べ。

ア　健康維持のために体操や運動をする

イ　老齢年金を受け取る

ウ　社会福祉協議会が開催する趣味の講座に参加する

エ　介護保険による訪問介護を利用する

オ　子どもが病気になったら，仕事を休んで家族が看病する

カ　生活保護を受ける

1　ア，ウ　　2　イ，ウ　　3　エ，カ　　4　ア，オ

5　イ，エ

(☆☆☆☆○○○○)

【5】消費生活・家庭経済について，次の(1)～(3)の問いに答えよ。

(1)　次の文章は，消費生活に関するトラブルの事例である。ア，イの問いに答えよ。

> 事例
>
> 　高校2年生(17歳)のAさんは，保護者に内緒で10万円の化粧品セットを契約したが，後悔したので_ア契約の取り消しを申し出たところ，未成年なので認められた。
>
> 　次にAさんは，インターネットショッピングをすることにした。気に入った商品をみていると，姉に「_イ返品ができると書いてあるか，画面をしっかり確認するのよ」と言われた。

ア　未成年であっても契約を取り消せない場合がある。「成人であると積極的に嘘をついた場合」の他にどのような場合があるか。二つ答えよ。

イ　インターネットショッピングでは消費者にとって，webページの記載事項が唯一の情報源である。インターネットショッピング等の通信販売において，販売価格や代金の支払い方法など広告に表示しなければならない事項を定めている法律名を答えよ。

(2)　次のア～オの説明文について，下線部が正しければ○，間違っていれば正しい語句を記せ。

ア　「実収入」から税金，社会保険料などの「実支出以外の支払」を差し引いた額で，いわゆる手取り収入のことを「可処分所得」という。

イ　平成26年1月より導入された「NISA(少額投資非課税制度)」においては，平成28年1月より年間投資上限額を100万円に引き上げた。

ウ　令和元年7月1日時点で，同年10月1日から実施される予定の消費税の軽減税率制度において，飲食店等からのテイクアウトや飲食料品の出前・宅配等は軽減税率の対象となる。

エ　公益財団法人古紙再生促進センターが1981年に制定した「グリーンマーク」を表示する基準は，古紙利用製品の原料に占める古紙利用割合が40%以上だが，新聞用紙・コピー用紙については90%以上である。

オ　動植物などから生まれた生物資源を直接燃焼したり，ガス化す

るなどしたりして発電することを「バイオマス発電」という。

(3)　次のア～オの問いに答えよ。

ア　原材料の受入れから最終製品までの各工程ごとに，微生物による汚染，金属の混入などの危害要因を分析した上で，危害の防止につながる特に重要な工程を継続的に監視・記録する工程管理システムを何というか。

イ　遺伝子組換え食品の表示が義務付けられている農作物は8種類ある。大豆，ばれいしょ以外の農作物を二つ答えよ。

ウ　「フードマイレージ」とは，どのような指標か答えよ。

エ　「公正な貿易」を意味する「フェアトレード」とは，どのような取組みか。目的とあわせて説明せよ。その際，「開発途上国」という語句を用いること。

オ　次のグラフは，フランス・アメリカ・イギリス・ドイツ・日本・イタリア・カナダ・ロシア・中国の「国別一人当たりエネルギー起源CO_2排出量」と「国別エネルギー起源CO_2排出量」を示したものである。日本に該当するものはどれか。次のA～Dから一つ答えよ。

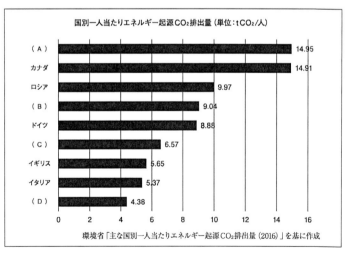

国別一人当たりエネルギー起源CO_2排出量（単位：tCO_2／人）

国	排出量
（A）	14.95
カナダ	14.91
ロシア	9.97
（B）	9.04
ドイツ	8.88
（C）	6.57
イギリス	5.65
イタリア	5.37
（D）	4.38

環境省「主な国別一人当たりエネルギー起源CO_2排出量（2016）」を基に作成

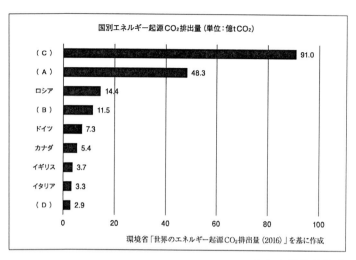

国別エネルギー起源CO₂排出量（単位：億tCO₂）

環境省「世界のエネルギー起源CO₂排出量（2016）」を基に作成

(☆☆☆○○○○○)

解答・解説

【中学校】

【1】(1) ① 3　② 1　③ 5　(2) 2　(3) 5　(4) 5
(5) ① 4　② 1

〈解説〉(1) ①・② 化学繊維の中で，植物のセルロースなどの天然由来成分を化学処理で取り出し，溶解して紡糸したものが再生繊維(レーヨン，キュプラ)や半合成繊維(アセテート，トリアセテート)といわれる。天然繊維と比べると均一な形状である。合成繊維とは化学的に合成して作り出された糸であり，通常は口金に開けられた丸い穴から押し出され，均一な円形断面の糸となる。ただし，湿式紡糸法を使うアクリル繊維は若干の変形がみられ，②の繊維の写真のカはアクリルである。天然繊維とは植物や動物が生み出す繊維を利用したものである。

それぞれに特有の複雑な形状をもっている。空欄Eはレーヨン，Fはアセテート，Gはナイロン，Hは綿，Iは羊毛である。　③　フィブリル化とは，繊維を構成している微小な組織単位(フィブリル)が，摩擦作用でほつれて毛羽立つこと。ピリングは毛玉のこと。　(2)　成人女子用衣料のJISサイズ表示では，7号，9号，11号等のように示されている。体型についてはA体型＝標準体型，Y体型＝A体型よりヒップが4cm小さい，AB体型＝A体型よりヒップが4cm大きい(ただし，バストは124cmまでとする)，B体型=A体型よりヒップが8cm大きい，となっている。身長については，R＝Regular(標準)158cm，P＝Petite(やや小柄)150cm，PP＝PetitePetite(かなり小柄)142cm，T＝Tall(長身)166cmとなっている。　(3)　日本では，従来，日本工業規格(JIS L0217)という日本独自の規格で定められた洗濯表示だったが，平成28(2016)年から，国際規格に合わせた新しい洗濯表示(JIS L0001)に変わった。この規格は，繊維製品のケアの表示に使用すること，繊維製品の洗濯などの取扱いを行う間に回復不可能な損傷を起こさない最も厳しい処理・操作に関する情報を提供することを目的とし，表示記号及びその使用方法を明確にする体系について規定されている。5個の基本記号とそれと組み合わせて用いるいくつかの付加記号で構成されている。

(4)　ウ　男物のきものは，女物のように「おはしょり」をして着ないので，着たらそのまま足首までちょうどいい寸法になっている。つまり，男物は着たけ(帯を締めて着付けた状態の裾までの長さ)と身たけ(着物を仕立てた時の長さで，肩山から裾までの長さ)がほぼ同寸となっており，これを「対たけ」と呼ぶ。　オ　男物は脇の部分に開口部(身八つ口)がなく，そでもそで口以外は開いていないので，女性ものと比べて下の方まで縫いつけられており，そでたけは長い。女物の振り口にあたる部分を人形という。　(5)　①　割り伏せ縫いは，中表に合わせてでき上がりを縫い，縫い代を割り，端を折り返し，アイロンで押え，裏から両端にミシンをかけるしまつの仕方である。Aの端ミシンと似ているが，表から見たとき2本のステッチが見える。折り伏せ縫いは，じょうぶにしまつするときに使う方法。袋縫いは，透けた

りほつれやすい生地などに使う方法。

【2】(1) ① 1 ② 5 ③ 3 (2) 4 (3) 3 (4) 2
(5) 3

〈解説〉(1) ① 通常は米の重量の1.5倍，容量の1.2倍の加水量だが，すし飯の場合は硬めにしあげるため。蒸らし時間も短めにする。

② 変調効果は，2種の違う味を続けて味わうときに，後で食べる味が変化する現象(例：食塩水を飲んでから水を飲むと甘く感じる)。対比効果は，2種類以上の異なる味を混合したときに，一方または両方の味が強められる現象(例：スイカに塩)。相乗効果は，同じ味をもつ2種類以上の呈味物質を混合したときに，相互に味を強め合う現象(例：昆布だしとかつおだし)。順応効果は，同じ味を継続して長く味わうと，その味の刺激を感じなくなる(閾値が高くなる)現象(例：甘い飴のあと甘いジュース)。抑制効果は，2種類以上の違った味を混ぜ合わせた時に，一つ又は両方の味が弱められる現象(例：レモンに砂糖をかける)。 ③ だしで使われる食材にはうま味成分が多い。グルタミン酸は昆布，イノシン酸は煮干し，かつお節，グアニル酸は干し椎茸などである。コハク酸は，貝類に含まれるうま味成分である。

(2) 表示の義務があるもの(特定原材料7品目)は，えび，かに，小麦，そば，卵，乳，落花生である。 (3) 本グラフは，「あなたは，安全な食生活を送るためのポイントとして，以下の項目をどの程度意識し，判断していますか。」という質問事項に対する回答である。Aには2，Cには4，Dには1が該当する。 (4) じゃがいもの芽(芽とその芽の根元)や皮(特に光が当たって緑色になった部分)には，天然毒素であるソラニンやチャコニンが多く含まれているので，これらの部分を十分取り除くことが大切である。また，家庭菜園などで作られた未熟で小さいじゃがいもは，ソラニンやチャコニンを多く含んでいることもあるので注意が必要。 (5) O157やサルモネラ菌は，75℃，1分間以上の加熱，ノロウイルスの汚染のおそれのある二枚貝などの食品の場合は，中心部が85℃〜90℃で90秒以上の加熱が望まれる。

【3】(1) 2　　(2) 2　　(3) 4　　(4) 4　　(5) 1　　(6) 3

〈解説〉(1)　1は引き込み戸，3は引き違い窓，4は片引き戸，5ははめ殺し窓の記号である。　　(2)　療養施設，社会福祉施設等が集合して設置される地域など特に静穏を要する地域では，昼間50デシベル以下，夜間40デシベル以下，相当数の住居と併せて商業，工業等の用に供される地域では，昼間60デシベル以下，夜間50デシベル以下とする。

(3)　白熱電球の寿命は1,000〜2,000時間，LEDの寿命は40,000〜50,000時間といわれている。スイッチを入れてから点灯するまで少し時間がかかるのは，蛍光灯である。　　(4)　平成20年調査と比較すると，平成25年は「住宅の広さ」が大きく増加(＋5.4ポイント)し，「住宅と住宅まわりの防犯性」(－8.1ポイント)，「近隣やコミュニティとの関わり」(－8.5ポイント)が大きく減少していた。　　(5)　住宅建設五箇年計画は，住宅供給を計画的に進めるため，住宅建設計画法に基づいて行われていた政策。国民の住生活が適正な水準に安定するまでの間，昭和41年度以降5年を1期として，公営・公庫・公団住宅の建設戸数などを策定したもの。1966(昭和41)年から8期続いたが，住宅供給の充足や，本格的な少子高齢化と人口・世帯減少などの理由で2006(平成18)年に終了。新たな住宅政策としては住生活基本法が施行された。

(6)　最も耐用年数が長いのは鉄骨鉄筋コンクリート造，次いで，れんが造，木造，木骨モルタル造となっている。

【4】(1) 1　　(2) 5　　(3) 4　　(4) 2　　(5) 3　　(6) 2
(7) 5

〈解説〉(1)　グラフは，人生における結婚や同棲の必要性について尋ねた結果である。イはフランス，エはイギリスである。カップル形成は，日本では結婚によって，欧州諸国では結婚と同棲によってなされているが，「結婚は必ずするべき」「結婚はした方がよい」といった結婚規範は，この調査では，日本とイギリスが比較的強い。　　(2)　父母は1親等，祖父母は2親等，兄弟姉妹は2親等，おじ・おばは3親等，おい・めいは3親等，いとこは4親等となる。　　(3)　配偶者と兄弟姉妹が

法定相続人になる場合には，配偶者の法定相続分が4分の3，兄弟姉妹の法定相続分が4分の1となる。　(4)　スイスの心理学者ピアジェは，幼児期に命のないものなどを擬人化して考える傾向を「アニミズム」と提唱し，未成熟な子どもが，心の中の出来事と外界の出来事とが区別できていないことに要因を求めた。　(5)　介護が必要となった主な原因は，男性は「脳血管疾患」，女性は「認知症」が最も多い。

(6)　2は，1年に5日(子が2人以上の場合は年10日)取得できる。

(7)　自助はアとオ，公助はウとカである。

【5】(1)　ア　・小遣いの範囲の少額契約の場合　・結婚している場合　・保護者の同意があると嘘をついた場合　・保護者の同意がある場合　・単に支払わずに放置し，取り消しの意思表示をしていない場合　・契約時は未成年だった者が成年に達してから代金の全部又は一部を支払った場合　・契約時は未成年だった者が成年に達してから商品・サービスの提供を受けた場合　・未成年者が成年に達してから5年か，契約から20年を経過した場合　から2つ　イ　特定商取引法(特定商取引に関する法律)　(2)　ア　非消費支出　イ　120　ウ　○　エ　50　オ　○　(3)　ア　HACCP(ハサップ)　イ　とうもろこし，菜種，アルファルファ，てんさい，パパイヤ　から2つ　ウ　食料の輸送量に輸送距離をかけて算出した数値で，食料輸送が環境に与える負荷を把握する指標。　エ　開発途上国の原料や製品を適正な価格で継続的に購入することにより，立場の弱い開発途上国の生産者や労働者の生活改善と自立をめざす取組み。　オ　B

〈解説〉(1)　通信販売は特定商取引法上のクーリング・オフ規定がないため，クーリング・オフはできない。webサイト上に表示されている"返品の可否と返品可能な場合の条件(返品特約)"を確認する必要がある。　(2)　ア　税金や社会保険料など原則として世帯の自由にならない支出を非消費支出という。実支出以外の支払(繰越金を除く)とは，「見せかけの支出」であり，手元から現金が支出されるが，一方で資

産の増加あるいは負債の減少を伴うもの。　(3)　ア　平成30年6月に公布された食品衛生法等の一部を改正する法律では，原則としてすべての食品等事業者がHACCPに沿った衛生管理に取り組む事が示されている。　イ　遺伝子組換え作物を食品として利用するためには，食品衛生法および食品安全基本法に基づく安全性評価を受けることが義務付けられている。　ウ　食料の生産地から食卓までの輸送距離が長いほど，輸送にかかる燃料や二酸化炭素の排出量が多くなるため，フードマイレージの高い国ほど，食料の消費が環境に対して大きな負荷を与えていることになる。　オ　Aはアメリカ，Cは中国，Dはフランスである。世界のCO_2排出量(2016年)は，323億トンで，第1位が中国で28.2％，第2位がアメリカで15％である。

2019年度　実施問題

【中学校】

【1】衣生活について，次の(1)〜(5)の問いに答えよ。

(1)　次のア〜オは，繊維の名称である。合成繊維の組合せとして最も適切なものはどれか。下の1〜5から一つ選べ。

ア　キュプラ　　　イ　ナイロン　　　ウ　ポリエステル
エ　アセテート　　　オ　レーヨン

1　ア，エ　　　2　イ，オ　　　3　イ，ウ　　　4　エ，オ
5　ア，ウ

(2)　次のア〜オは，衣料用洗剤に含まれる主な成分の働きを説明したものである。それぞれの成分の組合せとして最も適切なものはどれか。下の1〜5から一つ選べ。

ア　汚れの色素を酸化して，無色の物質に変える。

イ　洗濯物を濡らしやすくする。布から汚れを引き離す。布への汚れの再付着を抑える。

ウ　油汚れを石けんに変えて除去する。

エ　紫外線を吸収して，青〜青紫色に発色し，黄ばんだ布を白く見せる。

オ　汚れや繊維を分解して，汚れを取れやすくする。

	ア	イ	ウ	エ	オ
1	蛍光増白剤	漂白剤	酵素	アルカリ剤	界面活性剤
2	酵素	界面活性剤	アルカリ剤	蛍光増白剤	漂白剤
3	蛍光増白剤	漂白剤	界面活性剤	アルカリ剤	酵素
4	漂白剤	蛍光増白剤	酵素	アルカリ剤	界面活性剤
5	漂白剤	界面活性剤	アルカリ剤	蛍光増白剤	酵素

(3)　次の図ア〜オは，手縫いの縫い方を示している。それぞれの名称の組合せとして最も適切なものはどれか。あとの1〜5から一つ選べ。

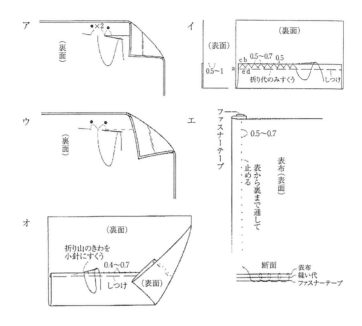

	ア	イ	ウ	エ	オ
1	本返し縫い	半返し縫い	千鳥がけ	星止め	まつり縫い
2	星止め	まつり縫い	本返し縫い	半返し縫い	千鳥がけ
3	半返し縫い	千鳥がけ	本返し縫い	まつり縫い	星止め
4	本返し縫い	千鳥がけ	半返し縫い	星止め	まつり縫い
5	星止め	半返し縫い	千鳥がけ	本返し縫い	まつり縫い

(4)　次のア〜オは，被服製作における布の立体化と造形の工夫について説明したものである。それぞれの名称の組合せとして最も適切なものはどれか。あとの1〜5から一つ選べ。

ア　アイロン操作で布地を引張し，せん断変形させ，人体の凹部に沿わせる。

イ　糸を使って布にしわをよせ，布の表面に波打つような細かな凹凸をつける。

ウ　布地を縫い縮めたり，アイロン，プレスを用いて布に膨らみをもたせて人体の凸部に沿わせる。

エ　布の一部をつまんで縫い消し，平面的な布を立体である身体に
　　適合させる。

オ　1枚の長い布で丸みのある身体を包み，布地が自重で垂下した
　　ときに優美な垂れができる。

	ア	イ	ウ	エ	オ
1	伸ばし	ギャザー	いせ込み	ダーツ	ドレープ
2	いせ込み	伸ばし	ギャザー	ダーツ	ドレープ
3	いせ込み	ギャザー	ダーツ	ドレープ	伸ばし
4	伸ばし	いせ込み	ギャザー	ドレープ	ダーツ
5	ドレープ	いせ込み	ギャザー	ダーツ	伸ばし

(5)　バイアステープのはぎ方として最も適切なものはどれか。次の1
　　～4から一つ選べ。

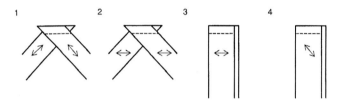

　※　布の重ね方は，全て中表である。　←→は地の目線である。

　　　　　　　　　　　　　　　　　　　　　　　(☆☆☆◎◎◎)

【2】保育について，次の(1)～(4)の問いに答えよ。

(1)　次の表は，乳幼児の運動機能について，それが可能なものの割合
　　を年月齢別に示したものである。エに該当するものとして最も適切
　　なものはどれか。あとの1～5から一つ選べ。

135

一般調査による乳幼児の運動機能通過率

(%)

運動機能 年月齢	ア	イ	ウ	エ	オ	ひとり歩き
2月〜3月未満	11.7	1.1				
3〜4	63.0	14.4				
4〜5	93.8	52.7	0.5	0.9		
5〜6	98.7	86.6	7.7	5.5	0.5	
6〜7	99.5	95.8	33.6	22.6	9.0	
7〜8		99.2	68.1	51.1	33.6	
8〜9		98.0	86.3	75.4	57.4	1.0
9〜10			96.1	90.3	80.5	4.9
10〜11			97.5	93.5	89.6	11.2
11〜12			98.1	95.8	91.6	35.8
1年0〜1月未満			99.6	96.9	97.3	49.3
1〜2				97.2	96.7	71.4
2〜3				98.9	99.5	81.1
3〜4					99.4	92.6
4〜5					99.5	100.0

厚生労働省雇用均等・児童家庭局「平成22年　乳幼児身体発育調査報告書」を基に作成

※　平成17年国勢調査区のうち層化無作為抽出した3,000地区内の調査実施日において生後14日以上2歳未満の乳幼児を調査の対象としている。

1　つかまり立ち　　2　ねがえり　　3　首のすわり

4　はいはい　　　　5　ひとりすわり

(2)　次のア〜オは，乳幼児の身体的発育・発達と生理的特徴を説明したものである。誤っているものの組合せとして最も適切なものはどれか。あとの1〜5から一つ選べ。

ア　乳児の呼吸は成人に比べると，1分間に約30〜40回で速く深い呼吸である。

イ　脈拍は年齢が幼いほど多くなる。

ウ　出生時の平均身長は約50cmで，生後1年間で1.5倍の約75cmになる。

エ　出生時の平均体重は約3kgで，生後1年間で2倍の約6kgになる。

オ　生後6か月頃から乳歯が生え始め，3歳頃までには上下20本が生えそろう。

1　イ，ウ　　2　ア，エ　　3　ア，オ　　4　ウ，エ

5　イ，オ

(3)　次の文章は，昭和26(1951)年5月5日に制定された児童憲章の一部である。空欄ア～エに適する語句の組合せとして最も適切なものはどれか。下の1～5から一つ選べ。

> われらは，（　ア　）の精神にしたがい，児童に対する正しい観念を確立し，すべての児童の幸福をはかるために，この憲章を定める。
>
> 児童は，（　イ　）として尊ばれる。
>
> 児童は，（　ウ　）として重んぜられる。
>
> 児童は，よい（　エ　）の中で育てられる。

	ア	イ	ウ	エ
1	児童福祉法	社会の一員	人	環境
2	児童の権利に関する条約	社会の一員	人	家庭
3	日本国憲法	人	社会の一員	環境
4	児童福祉法	人	社会の一員	生活
5	日本国憲法	社会の一員	人	教育

(4)　次のア，イは，厚生労働省の子育て支援事業について説明したものである。それぞれの名称の組合せとして最も適切なものはどれか。あとの1～5から一つ選べ。

ア　乳幼児や小学生等の児童を有する子育て中の保護者を会員として，児童の預かり等の援助を受けることを希望する者と当該援助を行うことを希望する者との相互援助活動に関する連絡，調整を行う事業。

イ　保護者が労働等により昼間家庭にいない小学校に就学している児童に対し，授業の終了後に小学校の余裕教室，児童館等を利用して適切な遊び及び生活の場を与えて，その健全な育成を図る事業。

	ア	イ
1	ファミリー・サポート・センター事業	放課後児童クラブ
2	地域子育て支援拠点事業	放課後子ども教室
3	一時預かり事業	放課後児童クラブ
4	ファミリー・サポート・センター事業	放課後子ども教室
5	一時預かり事業	放課後子ども教室

(☆☆☆◎◎◎)

【３】家族・家庭経済，消費生活について，次の(1)～(8)の問いに答えよ。

(1)　次の表は，各年の10月1日現在の日本の人口と一般世帯数を示したものである。平成27(2015)年の調査結果について，平成22(2010)年と比較した文章として，最も適切なものはどれか。下の1～4のうち一つ選べ。

	人口（千）	一般世帯数（千）
平成7（1995）年	125,570	43,900
平成12（2000）年	126,926	46,782
平成17（2005）年	127,768	49,063
平成22（2010）年	128,057	51,842
平成27（2015）年	（　　A　　）	（　　B　　）

総務省統計局「国勢調査（1995年、2000年、2005年、2010年、2015年）」を基に作成

※　人口，一般世帯数については，千未満を四捨五入した数値を記載。

1　人口Aは増えている。　　一般世帯数Bは減っている。

2　人口Aは増えている。　　一般世帯数Bは増えている。

3　人口Aは減っている。　　一般世帯数Bは減っている。

4　人口Aは減っている。　　一般世帯数Bは増えている。

(2)　次のグラフは，日本と諸外国の65歳以上人口の割合の推移を示したものである。空欄ア～エに該当する国名の組合せとして最も適切なものはどれか。あとの1～5から一つ選べ。

65歳以上人口の割合の推移―諸外国との比較（1950～2015年）

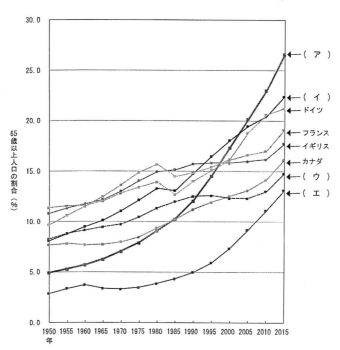

総務省統計局「国勢調査2015ライフステージでみる日本の人口・世帯」を基に作成

	ア	イ	ウ	エ
1	アメリカ	日本	韓国	イタリア
2	日本	イタリア	アメリカ	韓国
3	韓国	イタリア	日本	アメリカ
4	イタリア	アメリカ	韓国	日本
5	日本	韓国	イタリア	アメリカ

(3) 次の円グラフは，産業ごとの就業者の割合を15歳以上の男女別に
示したものである。ア～ウに該当する産業の組合せとして最も適切
なものはどれか。あとの1～5から一つ選べ。

全国の産業別（大分類）就業者の割合（平成27年）

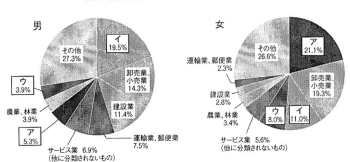

総務省統計局「国勢調査2015ライフステージでみる日本の人口・世帯」を基に作成

	ア	イ	ウ
1	製造業	医療、福祉	宿泊業、飲食サービス業
2	医療、福祉	宿泊業、飲食サービス業	製造業
3	製造業	宿泊業、飲食サービス業	医療、福祉
4	宿泊業、飲食サービス業	医療、福祉	製造業
5	医療、福祉	製造業	宿泊業、飲食サービス業

(4)　次のグラフは，ボランティア活動について，活動経験のない者の
今後活動してみたい分野と，実際活動したことがある者の活動した
分野を示している。空欄ア～エに適する分野の組合せとして最も適
切なものはどれか。あとの1～5から一つ選べ。

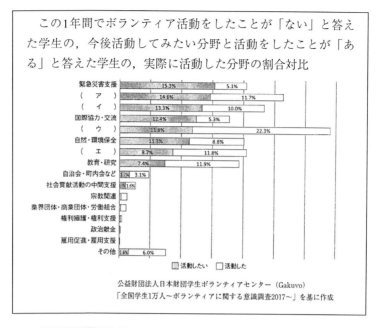

この1年間でボランティア活動をしたことが「ない」と答えた学生の，今後活動してみたい分野と活動をしたことが「ある」と答えた学生の，実際に活動した分野の割合対比

公益財団法人日本財団学生ボランティアセンター（Gakuvo）
「全国学生1万人～ボランティアに関する意識調査2017～」を基に作成

	ア	イ	ウ	エ
1	保健・医療・福祉	芸術文化・スポーツ	まちづくり・まちおこし	子ども・青少年育成
2	まちづくり・まちおこし	保健・医療・福祉	子ども・青少年育成	芸術文化・スポーツ
3	芸術文化・スポーツ	子ども・青少年育成	保健・医療・福祉	まちづくり・まちおこし
4	まちづくり・まちおこし	芸術文化・スポーツ	子ども・青少年育成	保健・医療・福祉
5	保健・医療・福祉	まちづくり・まちおこし	芸術文化・スポーツ	子ども・青少年育成

(5) 1962年アメリカ合衆国のケネディ大統領が「消費者の利益の保護に関する連邦議会への特別教書」において提示した「消費者の4つの権利」は，後に消費者行政の基本理念となった。その4つの権利の組合せとして最も適切なものはどれか。あとの1～5から一つ選べ。
ア　消費者教育を受ける権利
イ　情報を与えられる権利

 ウ　生活のニーズが保証される権利

 エ　意見を聴かれる権利

 オ　健全な環境の中で働き生活する権利

 カ　補償を受ける権利

 キ　安全への権利

 ク　選択をする権利

 １　ア，エ，カ，キ　　２　イ，エ，キ，ク　　３　イ，ウ，オ，ク
 ４　ア，ウ，オ，カ　　５　イ，エ，カ，ク

(6)　次のア～ウの事例は，消費者契約法(平成29年6月施行)第4条により，不当な勧誘行為として契約を取り消すことができるものである。取消しができる理由の組合せとして最も適切なものはどれか。下の1～5から一つ選べ。

 ア　「この機械を付ければ電気代が安くなる」と勧誘し，実際はそのような効果のない機械を販売する。

 イ　将来値上がりすることが確実でない金融商品を「確実に値上がりする」と説明して販売する。

 ウ　事業者の販売店等において，消費者が何度も帰りたい旨を告げているのに勧誘を続けて販売する。

	ア	イ	ウ
1	過量契約	不実告知	退去妨害
2	不実告知	不利益事実の不告知	不退去
3	不実告知	断定的判断の提供	退去妨害
4	不利益事実の不告知	不実告知	不退去
5	断定的判断の提供	不利益事実の不告知	不実告知

(7)　悪質商法に関する文章について，空欄ア～エに適する語句または数字の組合せとして最も適切なものはどれか。あとの1～5から一つ選べ。

 ・平成28年中に警察庁が受理した相談のうち，(　ア　)が相談当事者である割合は，利殖勧誘事犯では57.5％，特定商取引等事犯では48.2％である。

 ・悪質商法の例として，契約を結んでいないのに商品を勝手に送り

つけ，商品を受領したことで，支払い義務があると消費者に勘違いさせて代金を支払わせようとするネガティブオプションと呼ばれるものがある。この場合，代金を支払う義務はなく，送り返さなくても問題はない。商品を受け取った日から（　イ　）日間経過した時，または引き取りを請求してから（　ウ　）日間経過した場合は処分できる。ただし，期間経過前に商品を使用または消費した場合は，購入を承諾したものとみなされる。また，会場に人を呼び込んで，景品を無料で配るなどして，会場を興奮状態にし，冷静な判断を失わせて高額商品を買わせる(　エ　)と呼ばれるものがある。

	ア	イ	ウ	エ
1	未成年	8	20	当選商法
2	高齢者	14	7	SF商法
3	20歳以上65歳未満	20	7	当選商法
4	未成年	14	8	SF商法
5	高齢者	7	14	当選商法

(8)　銀行預金の種類の中で，当座預金について説明した文章として最も適切なものはどれか。次の1〜4から一つ選べ。

1　1,000万円から預け入れ可能な預金。

2　預け入れ期間を決めて，満期日まで原則引出しができない預金。

3　手形や小切手の支払いに使われ，法律により利息がつかない預金。

4　残高が定められた金額以上あると，金利が高くなることが多い預金。

(☆☆☆◎◎◎)

【4】住生活について，次の(1)〜(9)の問いに答えよ。

(1)　日本の住居や建築様式の変遷について，造られ始めた時代の古いものから順に並べた場合の組合せとして最も適切なものはどれか。次の1〜5から一つ選べ。

	古い ←　　　　　　　　　　　　　　　　　　　→ 新しい			
1	竪穴住居	書院造	寝殿造	高床住居
2	寝殿造	竪穴住居	高床住居	書院造
3	高床住居	竪穴住居	書院造	寝殿造
4	竪穴住居	高床住居	寝殿造	書院造
5	高床住居	書院造	竪穴住居	寝殿造

(2)　次のグラフは，5か国(アメリカ，フランス，ドイツ，イギリス，日本)の住宅床面積を示したものである。日本に該当するものとして最も適切なものはどれか。次の1～5から一つ選べ。

戸当り住宅床面積の国際比較 (壁芯換算値)

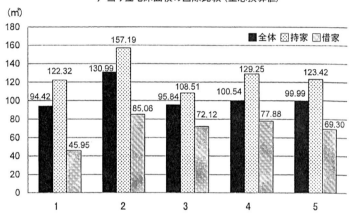

国土交通省「平成28年度　住宅経済関連データ」を基に作成
※ 1・3・5 は2013年のデータ、2・4 は2011年のデータ。

(3)　住まいの開口部の面積に関する文章について，空欄ア～エに適する語句の組合せとして最も適切なものはどれか。あとの1～5から一つ選べ。

　　建築基準法(平成28年9月施行)第28条では，建築物の居室について，窓その他の開口部の面積が定められており，(ア)のためには，その居室の(イ)面積に対して，(ウ)にあっては7分の1以上としなければならない。また，(エ)のためには，その居室の(イ)面積に対して，20分の1以上としなければならない，とされ

ている。

	ア	イ	ウ	エ
1	換気	床	住宅	採光
2	換気	壁	学校	採光
3	採光	壁	住宅	換気
4	採光	床	住宅	換気
5	換気	床	学校	採光

(4) 次の①②は階段に関する法令の条文の一部である。空欄ア～エに適する数字の組合せとして最も適切なものはどれか。下の1～5から一つ選べ。

① 「建築基準法施行令」(平成30年4月施行)

> 第23条 住宅の階段(共同住宅の共用の階段を除く。)の蹴上げは(ア)センチメートル以下，踏面は(イ)センチメートル以上とすることができる。

② 「高齢者，障害者等の移動等の円滑化の促進に関する法律」(平成29年6月施行)第17条に基づく，「高齢者，障害者等が円滑に利用できるようにするために誘導すべき建築物特定施設の構造及び配置に関する基準を定める省令」(平成18年12月施行)

> 第4条 多数の者が利用する階段は，次に掲げるものとしなければならない。
> 二 けあげの寸法は，(ウ)センチメートル以下とすること。
> 三 踏面の寸法は，(エ)センチメートル以上とすること。

	ア	イ	ウ	エ
1	15	16	30	23
2	30	23	15	16
3	23	15	16	30
4	16	30	23	15
5	23	16	30	15

(5) 次の表示のうち，国が定める省エネ基準に適合した建築物であることを示す「省エネ基準適合認定マーク」として，最も適切なもの

はどれか。次の1〜5から一つ選べ。

1　　　　　2　　　　　3　　　　　4　　　　　5

(6)　立面図について説明した文章として最も適切なものはどれか。次の1〜5から一つ選べ。

1　部屋の配置を床からある高さで建築物を水平に切断して上から見た図。

2　建物の外観。通常は東，西，南，北の4面をその方向から見える外面すべて描いた図。

3　敷地と建物の位置関係を平面的に示した図。

4　建物を垂直に切断し，横から見た図。

5　建物の各部の高さ等を示した垂直方向の図。

(7)　次の説明文は，ある住まい方について述べたものである。最も適切なものを下の1〜5から一つ選べ。

> プライバシーが確保された専用の住まいとは別に，共同の食堂や台所などをもち，生活の一部を共同化している集合住宅。

1　コレクティブハウス　　2　コーポラティブハウス
3　スマートハウス　　　　4　テラスハウス
5　シックハウス

(8)　コンポストに関する文章として最も適切なものはどれか。次の1〜5から一つ選べ。

1　太陽の光エネルギーを吸収して電気に変える。

2　断熱効果をよくするために，木や草花を活用する。

3　雨水がしみこむ素材で舗装をする。

4　雨水をため，トイレの浄化水として利用する。

5　家庭から出る生ゴミを堆肥に変えて再利用する。

(9) 次のグラフは，平成29年(1～12月)における全国の住宅火災の出火原因の構成比を示したものである。アに該当するものとして最も適切なものはどれか。下の1～5から一つ選べ。

住宅火災の出火原因

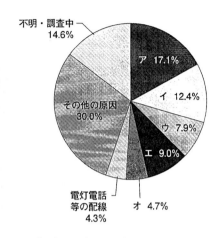

消防庁防災情報室「平成29年（1～12月）における火災の状況（概数）」を基に作成

1 こんろ　　2 ストーブ　　3 たばこ　　4 配線器具
5 放火

(☆☆☆☆◎◎◎)

【5】食生活について，次の(1)～(3)の問いに答えよ。

(1) 次の献立表は，シュークリームの材料と分量(6～7個分)を示したものである。あとのア～オの問いに答えよ。

シュー生地		カスタードクリーム	
水	90 g	卵黄	45 g（約3個分）
バター（有塩）	50 g	砂糖	80 g
薄力粉	50 g	薄力粉	30 g
卵	100 g（約2個）	生乳	330 mL
		バニラエッセンス	2 g
		グランマルニエ	15 g

ア　シュー生地を調理する際，薄力粉を加えるタイミングは，どの材料がどのような状態になった時か具体的に答えよ。

イ　可食部100gに含まれる鶏卵の全卵(生)について，日本食品標準成分表2015年版(七訂)に「0」と表記されているビタミンはどれか。次の①〜⑤から一つ選び，その番号を答えよ。

①　ビタミンA　　②　ビタミンB₁　　③　ビタミンB₂

④　ビタミンC　　⑤　ビタミンD

ウ　卵黄に含まれ，乳化作用があるリン脂質を何というか答えよ。

エ　砂糖の調理性について説明した文章として誤っているものはどれか。次の①〜⑤から一つ選び，その番号を答えよ。

①　たんぱく質と水分を結びつけることで，熱変性を抑制し硬くなるのを防ぐ。

②　糊化したでんぷんの老化を遅らせ，やわらかさを保つことができる。

③　グリアジンの粘性が増し，グルテンの網目構造がち密となり生地の粘弾性が安定する。

④　浸透圧により食品から水分を奪うため，微生物が繁殖するのを防ぐ。

⑤　果物のペクチンを網目のようにつなぎ，その中に水分を抱え込みゼリー化を促進する。

オ　牛乳は加熱すると60℃ぐらいから皮膜ができる変化が起こる。この変化を何というか答えよ。また，変化をもたらす主な2つの成分を挙げながら，その変化の過程について具体的に説明せよ。

(2)　次のア〜オは，寒天とゼラチンの特徴について説明したものである。下線部が正しければ○を，誤っていれば正しい語句を記せ。

ア　寒天は紅藻類のてんぐさ，おごのりなどを煮出して作られたもので，主成分はラクトースが多数結合した多糖類である。

イ　寒天は，濃度が高く，加熱時間が長く，放置温度が低いほど離水(離漿)量が少ない。

ウ　パインアップルを生のままゼラチンゼリーに使用すると，たん

ぱく質分解酵素のリパーゼがゼラチンを分解しゲル化しない。

エ　ゼラチンゼリーは寒天ゼリーよりも融解温度が高く付着性が強いので，2層ゼリーなどを作るのに適している。

オ　ゼラチンは，動物の骨や皮などを構成する硬質たんぱく質であるコラーゲンを熱湯で処理して得られる誘導たんぱく質である。

(3)　安全で環境に配慮した食生活に関する文章を読んで，下の問いに答えよ。

　　私たちは，世界中から届けられる食品を季節にかかわらず得ることができる。しかし，生産から輸送，消費，廃棄の過程で多くのエネルギーが必要であり，環境への負荷が大きい。また，(a)ポストハーベスト等に対して不安を抱く消費者も少なくない。

　　そこで，地元でとれた農作物や畜産物，魚介類などをその地域で消費する地産地消という考え方が注目されている。地産地消により，食料の輸送距離が短くなり，二酸化炭素の排出量を減らすことができるため，環境への負荷を低減できる。また，(b)生産，加工，流通等の各段階で商品の入荷と出荷に関する記録等を作成・保存することで食品の移動を把握することが容易となるため，消費者が安心して食品を得ることができる。

　　このように，国内産の食品の消費量が増加すれば(c)食料自給率の向上にもつながる。

ア　下線部(a)のポストハーベストとは何か，その目的とともに具体的に説明せよ。

イ　下線部(b)で説明している仕組みのことを何というか答えよ。

ウ　下線部(c)について，次のグラフは平成27年度の日本の品目別食料自給率を示したものである。空欄A〜Gにあてはまる品目は肉類(鯨肉を除く)，鶏卵，牛乳・乳製品，魚介類(うち食用)，小麦，豆類，野菜である。豆類，鶏卵の組合せとして最も適切なものをあとの①〜⑤から一つ選び，その番号を答えよ。

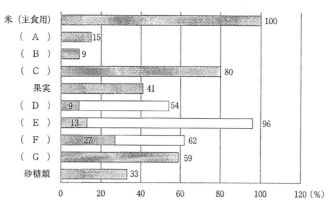

日本の品目別食料自給率（重量ベース）

農林水産省大臣官房政策課食料安全保障室「食料需給表　平成28年度」を基に作成

※グラフ中の数字「(D)9，(E)13，(F)27」は飼料自給率を考慮した値

①　A, C　　②　B, E　　③　B, D　　④　C, F

⑤　G, E

(☆☆☆◎◎◎)

解答・解説

【中学校】

【1】(1)　3　　(2)　5　　(3)　4　　(4)　1　　(5)　2

〈解説〉(1)　キュプラ・レーヨンは再生繊維，アセテートは半合成繊維である。　(2)　説明文からアは「酸化型漂白剤」，イは「界面活性剤」とすぐに判断できるだろう。オの説明文に「汚れを取れやすくする」とあることからオは「酵素」が適当である。酵素には，プロテアーゼ・リパーゼ・アミラーゼの他に，汚れには直接作用しないが，汚れ

が入り込んでいる繊維部分の周りのセルロース分子を分解し，閉じ込められた汚れを洗浄液中に解き放つことで洗浄をサポートする「セルラーゼ」がある。オの説明文の「繊維を分解して」とは「セルラーゼ」を指す。　(3)　アは縫った部分を見ると，ミシンで縫ったような縫い目になっていることから「本返し縫い」。イの特徴的な縫い目から「千鳥がけ」。ウはアに比べて半針戻しているので「半返し縫い」である。エは断面図から針の動きがわかり，表の縫い目は1mm程の小ささで，裏の縫い目は大きくなる「星止め」。オは図から「まつり縫い」である。　(4)　オ「布地が自重で垂下したときに優美な垂れ」の説明から「ドレープ」とわかる。また，イ「糸を使って…波打つような細かな凸凹をつける」の説明から「ギャザー」，ウ「布地を縫い縮めたり…布に膨らみをもたせて」の説明から「いせ込み」が適当。イ・ウ・オから正解を導く。　(5)　バイアステープは布目に対して45°の角度に線を引き，必要な幅に切る。伸びやすく変形しやすいので曲線部分の縫い代の始末や縁取りに使う。選択肢のうち，布目に対して45°になっているのは選択肢2である。

【2】(1)　4　　(2)　2　　(3)　3　　(4)　1

〈解説〉(1)　乳幼児の運動機能の発達には順序性がある。「(ア)首がすわる→(イ)ねがえりを打つ→(ウ)ひとりすわり→(エ)はいはい→(オ)つかまり立ち→伝い歩き→ひとり歩き」の順である。　(2)　ア　乳児の呼吸は，毎分約30〜40回と大人より速く，「浅い」呼吸である。意識していなくても，呼吸に合わせ胸やお腹が膨らんだり，へこんだりを繰り返す。泣いた後は呼吸が荒く，あまりに激しく泣いたときは呼吸が不規則になる。泣きすぎて喉が痙攣し，何回か浅い呼吸を繰り返したりすることも珍しくない。　エ　生後1年で「3倍」の9kgになる。　(3)　児童憲章の制定日は「こどもの日」として祝日扱いである。新憲法が制定された翌年の1947年に制定されたのが「児童福祉法」，さらに児童福祉に対する国民の意識を啓発するために，1951年に「児童憲章」が制定された。本問はその前文で，本文は12条からなる。1948年

の世界人権宣言を踏まえ，1959年に制定されたのが「児童権利宣言」で，児童憲章では子どもを一人の独立した人格を持った人間として位置づけ，子どもの権利を明確に示している。　(4)　アの「ファミリー・サポート・センター事業」は平成17.年度から「次世代育成支援対策」として始まったものであるが，「子ども・子育て支援新制度」の開始に伴い，平成27年度からは，「地域子ども子育て支援事業」として実施されている。保育施設等までの送迎や，保育施設の開始前や終了後または学校の放課後など，子どもを預かるなどのサポートを行う。イの「放課後児童クラブ」の正式名称は「放課後児童健全育成事業」という。市町村が運営している場合と社会福祉法人・父母会・運営委員会・NPO法人等の民間が運営している場合がある。

【３】(1)　4　　(2)　2　　(3)　5　　(4)　4　　(5)　2　　(6)　3
(7)　2　　(8)　3

〈解説〉(1)　近年の傾向として，夫婦のみの世帯・単独世帯の増加が見られることから「一般世帯数」は増えている。統計によると2024年までは増加すると予想されている。2015年の「平均世帯人員」は2.33人である。日本の人口は2010年度までは増加していたが，その後は減少に転じている。　(2)　日本では2005年には高齢化率が20％を超え，世界一の高齢化社会となったことから，アが日本と推測できる。また，2015年，EUは高齢化率目標を18.9％としたが，ドイツ・イタリア・ポルトガル・ギリシャは目標値より高くなった。したがって，イがイタリアと判断できる。　(3)　グラフが示すとおり，「ア＝女性に多い産業，イ＝男性に多い産業」である。全国の産業のうち男女合計で就業者の割合が高いのは「製造業」，「卸売業，小売業」，「医療，福祉」の3つである。男性で最も割合が高いのは「製造業」で，次いで「卸売業，小売業」，「建設業」と続く。女性で最も割合が高いのは，「医療，福祉」で，次いで「卸売業，小売業」，「製造業」と続く。　(4)　ボランティアは「サービス・ラーニング」とも言われる。ボランティアへの興味はあるが，実際にボランティアに参加した人は興味ある人の約

半分くらいで，意識と行動にずれが見られる。学生が活動した分野は，ボランティア内容が想定できるものや教育的な内容と考えられので，活動率の最も高いウは「子ども・青少年育成」と推測される。選択肢2と4とで迷う場合，判断の決め手は「保健・医療・福祉」と「芸術文化・スポーツ」のどちらのボランティアを希望する人が多いかである。専門的な「保健・医療・福祉」よりも，「芸術文化・スポーツ」の希望者が多いと推測できる。　(5)　ケネディ大統領の提示は消費者としての最低の基本的な権利である。「エ　意見を聴かれる権利」は，商品の不都合や苦情を商店や企業に伝える権利で，意見箱や苦情処理の電話設置に繋がっていく。「ク　選択をする権利」は，独占の弊害をなくすことによって，消費者は選択の幅を広げ，企業は競争原理を導入し，よりよい商品やサービスを安価で提供できるようになる。なお，アの消費者教育とはフォード大統領による提示である。　(6)　ア　嘘をついて誤解させ契約させた。事実と異なる説明をされた(＝不実告知)。　イ　不確かなことを「確実」だと説明された(＝断定的判断の提供)。　ウ　帰りたい旨を告げても帰らせず販売店に強引に引き留められた(＝退去妨害)。「時間がありませんので」，「これから別の場所に用事がある」，「別の約束がある」などの発言も帰りたい旨を告げていることになる。なお，平成28年の消費者契約法の改正で「過量契約取消」が新設された。高齢者や障がい者の判断能力の低下等につけ込んで不必要な商品の購入等をさせる勧誘行為のうち，過量販売や次々販売の事案に関して取消権を新設したもの。　(7)　ネガティブオプションは「商品送りつけ商法」ともいい，商品を受け取る必要はなく，断ることができる。受け取ったとしても，商品の入っている箱を開けたとしても使用したことにはならず「売買契約成立」しないので，支払う必要がない。エの「SF商法」は催眠商法ともいう。　(8)　当座預金は主に企業や個人事業主が使う。小切手は買い物(取引)をするとき，支払いに必要な残高が当座預金に入金されていることが必要。手形(約束手形)は買い物の時に残高がなくても，手形の約定日までに必要な金額を入金しておけばよい。

【4】(1) 4　(2) 1　(3) 4　(4) 3　(5) 5　(6) 2
(7) 1　(8) 5　(9) 1

〈解説〉(1)　「高床住居」は稲などの作物を保管するために高床式にした
といわれているので竪穴住居→高床住居の順序になる。また，「寝殿
造」は平安時代に始まり，「書院造」は室町時代の建物であることか
ら，寝殿造→書院造の順序になる。　(2)　選択肢の5カ国のうち，ア
メリカは広大な国土と人口の関係で2と判断できる。フランス，ドイ
ツ，イギリスと日本は国土面積と人口を比較しても大きな違いはない。
日本の住宅政策が「持ち家」による居住水準の確保を主流にしてきた
ため，借家への対策は，なおざりにされてきた。その結果，欧米に比
べて日本の借家の床面積は小さい。借家の床面積が一番小さい1が日
本である。　(3)　問題文にある「7分の1以上」の文言からアは「採光」
の基準であることがわかる。採光面積は，建物の種類によって異なり，
住宅以外の建物については$\frac{1}{5} \sim \frac{1}{10}$の開口部である。居室が対象なの
で，トイレ，浴室や洗面所，納戸などの収納室，専用のキッチンなど
は除く。随時開放できる襖や障子で仕切られている2部屋については1
部屋として計算する。空欄エについては，説明文の「20分の1以上」
の文言から「換気」である。　(4)　空欄ア・イは，一般的な住宅の階
段の規定で，「幅75cm以上，蹴上げ23cm以下，踏面15cm以上」とかな
り急な勾配でも可である。小学校の児童用の階段は「幅140cm以上，
蹴上げ16cm以下，踏面26cm以上」と緩やかである。中学校・高等学
校や劇場・映画館・集会場については「幅140cm以上，蹴上げ18cm以
下，踏面26cm以上」である。空欄ウ・エについて，建築基準法だけで
はなく，高齢者等の移動の円滑化に関する法律(通称・バリアフリー
法)による規制があり，指定される「特別特定建築物」は，「蹴上げ
16cm以下，踏面30cm以上，角度は約28°」と緩やかな階段が義務付け
られる。　(5)　正答の5は「eマーク」という。1は建築物の「バリア
フリー」マーク。2は中古住宅対象の「安心R住宅」マーク。3は
「Safety Toy」マーク，4は「身体障害者マーク」で，肢体不自由者が運
転する車に表示するマークである。　(6)　立面図は建物を外から見た

ときの姿を表した図で「南→東→北→西」のように，建物を左回りに
まわる順番で書く。1は平面図，3は配置図，「4・5」は断面図の説明
である。　　(7)　2のコーポラティブハウスは入居希望の世帯が集まっ
て，建築家とともに共同でつくる集合住宅のことである。3のスマー
トハウスはITを使って，家庭内のエネルギー消費が最適になるよう制
御された住宅をいう。太陽光発電や蓄電池などのエネルギー機器，家
電，住宅機器などをコントロールし，CO_2排出の削減を実現する省エ
ネ住宅である。4のテラスハウスは一戸建て住宅が繋がった状態。長
屋建て(または連続建て，連棟建て)住宅ともいう。5のシックハウスは
建材などから発生する化学物質などによる室内空気汚染とそれによる
健康影響を「シックハウス症候群」という。　　(8)　選択肢1〜4は環境
共生住宅や環境共生地域の具体例である。　　(9)　全火災の出火原因で
一番多いのは「放火および放火の疑い」，次に「たばこ」，3位が「こ
んろ」であるが，住宅火災に限定すると台所の「ガステーブル(こん
ろ)」によるものが第1位である。「ガステーブル」，「タバコ」，「放火」
による火災が，住宅火災の全体の半数近くを占める。

【5】(1)　ア　水とバターを火にかけバターが溶け，全体が沸騰したら
一度に加える。　イ　④　ウ　レシチン　エ　③　オ　変化
の名称…ラムゼン現象　　変化の過程…牛乳中に分散している脂肪が
熱凝固した乳清たんぱく質と絡みあって浮き上がり，空気と接触して
皮膜ができる現象のこと。　　(2)　ア　ガラクトース　　イ　○
ウ　ブロメライン　エ　低く　オ　○　　(3)　ア　農産物の輸送
には時間を要するため，収穫後の農産物に対して，防カビ，防虫を目
的とした薬剤を使用すること。　　イ　トレーサビリティシステム
ウ　②

〈解説〉(1)　ア　解答の「全体が沸騰したら」をより詳細に表現すると
「中央が盛り上がるように十分に沸騰したら」である。　ウ　「リン脂
質」は脂質の分類では複合脂質である。　エ　③について，小麦粉中
のたんぱく質は「グルテニン」と「グリアジン」。小麦粉に水を加え

てよく混ぜこねると「粘弾性」と「伸展性」を持つ「グルテン」に変化する。この時，少量の砂糖を加えるとグルテンの結合力を弱める。粘弾性が強まるのは，「塩」である。　オ　牛乳は温めると表面張力が小さくなり，40〜65℃の時，20℃の時の4分の3になる。表面張力が小さくなるとたんぱく質は表面に集まるようになる。また，球状の脂肪は脂肪同士が結合して大きくなり表面に浮く。脂肪の層にたんぱく質が取り込まれ表面の膜が成長する。　(2)　ア　寒天の主成分はガラクトースが結合した多糖類(＝ガラクタン)である。多糖類の中でもほとんど消化されず，エネルギー源にはならない食物繊維である。
ウ　たんぱく質分解酵素(プロテアーゼ)には，果物によってそれぞれ酵素名がある。パイナップルは「ブロメライン」，キウィは「アクチニジン」，パパイは「パパイン」，イチジクには「フィシン」というたんぱく質分解酵素をもっており，これらの果物をゼラチンゼリーにするときは，加熱するか缶詰・ビン詰めを使用する。　エ　ゼラチンゼリーの融解温度は40〜50℃で，寒天ゼリーの90〜100℃よりも低い。
(3)　ア　日本ではポストハーベスト農薬は認められていないが，輸入品のオレンジ・グレープフルーツ・レモンなどには，ポストハーベスト農薬でありながら食品添加物(防カビ剤)として，オルトフェニルフェノール(OPP)・チアベンダゾール(TBZ)・イマザリルなどが使われている実態がある。　イ　2003年，BSE(牛海綿状脳症)問題への対応として「牛肉のトレーサビリティ」制度が設けられた。2010年10月1日には，「米・米加工品」についても，「米トレーサビリティ制度」が義務づけられた。　ウ　我が国において食料自給率が高く100％に近い品目は，米・鶏卵である。また，豆類は自給率が低いことで知られている。これらのことから，まずEが「鶏卵」と判断できる。Eを含む選択肢は②のB，Eおよび⑤のG，Eである。BとGとでは，より自給率の少ないほうが「豆類」と推測できる。なお，A＝小麦，C＝野菜，D＝肉類，F＝牛乳・乳製品，G＝魚介類である。

2018年度　実施問題

【中高共通】

【1】次の献立表は「天ぷら，かぼちゃのそぼろあんかけ，わかめときゅうりの酢の物，豆腐のすまし汁，飯」の材料と分量(1人分)を示したものである。下の(1)〜(7)の問いに答えよ。

【天ぷら】		【かぼちゃのそぼろあんかけ】		【わかめときゅうりの酢の物】	
えび	25g	かぼちゃ	100g	生わかめ	20g
いか	25g	だし汁	80mL	きゅうり	20g
生しいたけ	6g	調味料A		ちりめんじゃこ	10g
ししとう	4g	砂糖	5g	しょうが	2.5g
なす	35g	薄口しょうゆ	3mL	三杯酢	15mL
小麦粉	少量	塩	0.5g		
油（揚げ用）	適量	鶏ひき肉	30g	【豆腐のすまし汁】	
衣		調味料B		絹ごし豆腐	38g
卵	12g	だし汁	30mL	みつば	5g
水	36mL	みりん	5mL	だし汁	150mL
小麦粉	24g	しょうゆ	5mL	塩	1g
天つゆ	80mL	砂糖	3g	しょうゆ	3g
		しょうが汁	2g		
		でんぷん	2g	【飯】	
		水	5mL	精白米	0.5合
				水	（　）mL

(1) 天ぷらの調理をする際，グルテンの形成を抑えるために用いる水と小麦粉の説明に関する組合せで最も適切なものを，あとの1〜5から一つ選べ。

ア　小麦粉を溶く水は，冷水を使用する。

イ　小麦粉を溶く水は，温水を使用する。

ウ　小麦粉の種類は，たんぱく質含量の多い強力粉を用いる。

エ　小麦粉の種類は，たんぱく質含量の少ない薄力粉を用いる。

オ　小麦粉の種類は，たんぱく質含量の多いデュラムセモリナ粉を用いる。

1　ア，ウ　　2　ア，エ　　3　ア，オ　　4　イ，ウ

5　イ，エ

(2)　でんぷんの調理特性を利用した調理例についての組合せとして最
も適切なものはどれか，下の1〜5から一つ選べ。

ア　糊液にしたときの粘度が低く，ゲル化しやすい特徴を生かして，
牛乳，砂糖，香料と液体の分量の10〜15%のとうもろこしでんぷ
んをよく混ぜ合わせて加熱し，糊化させて冷ましたものである。

イ　ばれいしょでんぷん0.5〜1%の糊液は，少しとろみのある料理
として利用され，保温性がよくなると同時に具材がしずむことを
防止する。

ウ　キャッサバ芋の根茎から採取したでんぷんを水で溶いて加熱
し，乾燥させたものである。糊化した後の粘度が高い。

	ア	イ	ウ
1	ブラマンジェ	ホールコーンスープ	タピオカパール
2	パンナコッタ	かきたま汁	ババロア
3	パンナコッタ	ホールコーンスープ	ババロア
4	ブラマンジェ	かきたま汁	タピオカパール
5	ブラマンジェ	ホールコーンスープ	ババロア

(3)　「わかめときゅうりの酢の物」で用いる基本的な三杯酢の材料の
組合せとして最も適切なものはどれか。次の1〜4から一つ選べ。

1　酢，しょうゆ，果汁

2　酢，みりん，砂糖

3　酢，砂糖，しょうゆ

4　酢，しょうゆ，削りがつお

(4)　精白米(普通)1合を炊く場合，一般的な飯の炊き方の水の分量で，
最も適切なものはどれか。次の1〜5から一つ選べ。

1　144mL

2　216mL

3　270mL

4　324mL

5　540mL

(5) 次のア～オに示す野菜のうち，日本食品標準成分表(七訂)において緑黄色野菜と分類されている組合せとして最も適切なものはどれか。下の1～5から一つ選べ。

ア　ししとう　　イ　なす　　ウ　みつば　　エ　かぼちゃ
オ　きゅうり

1　ア，イ，エ　　　2　ア，ウ，エ　　　3　ア，ウ，オ
4　イ，ウ，エ　　5　イ，エ，オ

(6) 次のア～エに示す食品の色調に表れている色素成分の組合せとして最も適切なものはどれか。表中の1～5から一つ選べ。

ア　かぼちゃ　　イ　えび　　ウ　ししとう　　エ　なすの皮

	ア	イ	ウ	エ
1	カロテン類	アスタキサンチン	クロロフィル	アントシアニン系
2	アントシアニン系	アスタキサンチン	クロロフィル	カロテン類
3	カロテン類	アントシアニン系	クロロフィル	アスタキサンチン
4	クロロフィル	カロテン類	アントシアニン系	アスタキサンチン
5	カロテン類	アスタキサンチン	アントシアニン系	クロロフィル

(7) 次のア～オは環境負荷の少ない食生活に関する用語について説明したものである。それぞれの用語の組合せとして最も適切なものはどれか。あとの1～5から一つ選べ。

ア　加工食品の開発や学校給食，社員食堂での地場農林水産物の利用，並びに地域の消費者との交流・体験活動などの取組みを通じて，「生産者」と「消費者」の結びつきを強化し地域を活性化する効果が表れている。

イ　物量とその輸送距離により食料の供給構造を把握し，食料の輸入が地球環境に与える負荷の指標として用いられる。

ウ　1人・1日当たり国産供給熱量を1人・1日当たり供給熱量で除したものがカロリーベースに相当し，食料の国内生産額を食料の国内消費仕向額で除したものが生産額ベースに相当する。畜産物については国産であっても輸入した飼料を使って生産された分は，国産には算入しない。

エ　食料を輸入している国(消費国)において，もしその輸入食料を生産するとしたらどの程度の水が必要かを推定したものである。アンソニー・アラン氏がはじめて紹介した概念である。

オ　食品企業の製造工程で発生する規格外品などを引き取り，福祉施設等へ無料で提供することで，まだ食べられるにもかかわらず廃棄されてしまう食品を削減する取組みである。

	ア	イ	ウ	エ	オ
1	フードバンク	フード・マイレージ	品目別自給率	ボトルドウォーター	地産地消
2	地産地消	フード・マイレージ	総合食料自給率	バーチャルウォーター	フードバンク
3	地産地消	総合食料自給率	フード・マイレージ	ボトルドウォーター	スマイルケア食
4	地産地消	フード・マイレージ	品目別自給率	ボトルドウォーター	フードバンク
5	フードバンク	品目別自給率	総合食料自給率	バーチャルウォーター	スマイルケア食

(☆☆☆◎◎◎)

【２】保育及び家族と家庭生活について，次の(1)～(8)の問いに答えよ。

(1)　子どもがガソリンやベンジンなどの揮発性物質を誤飲した場合，至急病院の診察を受ける必要があるが，それまでの家庭での対応について，最も適切なものはどれか。次の1～5から一つ選べ。

1　何も飲ませず，吐かせない。

2　水を飲ませて吐かせる。

3　牛乳，卵白を飲ませるが，吐かせない。

4　水や牛乳は飲ませず，すぐに吐かせる。

5　気道を確保する。

(2)　「風疹」について説明した文章として最も適切なものはどれか。次の1～5から一つ選べ。

1　ウイルスの経口感染により発病する。発熱，頭痛などで発症し，5日間くらい症状がない時期を経て，腰痛，四肢痛などが出現した後，麻痺が現れる。

160

2　ウイルスを含んだ唾液の飛沫・接触感染により発病する。潜伏期間は14〜21日で，片側または両側の耳下腺が痛みを伴って腫れる。顎下腺，舌下腺が腫れることもあり，腫れは1週間くらい続く。

3　細菌の飛沫感染により発病する。潜伏期間は2〜7日で，発熱とのどの痛みがあり，顎下リンパ節が腫れる。秋から冬に多く発生する。

4　ウイルスの飛沫・接触感染により発病する。潜伏期間は10〜21日で，軽い発熱と発疹で始まり，赤い発疹は盛り上がって水疱になりかゆい。

5　ウイルスの飛沫感染により発病する。潜伏期間は14〜21日で，発熱とともに発疹が出現するが，どちらも3〜4日で消失する。耳後部，頚部，後頭部のリンパ節が腫れる。

(3)　「日本脳炎」について説明した文章の空欄にあてはまる最も適切な語句はどれか。下の1〜5から一つ選べ。

> ウイルスは(　　)が媒介する。突然の高熱，頭痛，嘔吐などで発病し，意識障害や麻痺等の神経系の障害を引き起こす。以前は子どもや高齢者に多くみられた病気である。

1　鳩　　2　ハエ　　3　蚊　　4　マダニ　　5　ヒト

(4)　次のグラフは，平成27年度児童虐待相談における主な虐待者の構成割合を表したものである。アに該当するものとして最も適切なのはどれか。あとの1〜5から一つ選べ。

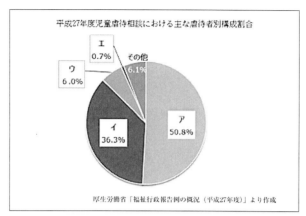

平成27年度児童虐待相談における主な虐待者別構成割合

エ 0.7%
ウ 6.0%
その他 6.1%
ア 50.8%
イ 36.3%

厚生労働省「福祉行政報告例の概況（平成27年度）」より作成

1　実父　　2　実母　　3　実父以外の父親　　4　実母以外の母親
5　祖父母

(5)　次の国の少子化対策の取組みについて，策定された年代が古い順に正しく並べてあるものはどれか。下の1～5から一つ選べ。
子ども・子育て応援プラン
新エンゼルプラン
放課後子ども総合プラン
エンゼルプラン

	［策定年度］　古い	────────────→		新しい
1	エンゼルプラン	新エンゼルプラン	子ども・子育て応援プラン	放課後子ども総合プラン
2	エンゼルプラン	子ども・子育て応援プラン	新エンゼルプラン	放課後子ども総合プラン
3	子ども・子育て応援プラン	エンゼルプラン	新エンゼルプラン	放課後子ども総合プラン
4	子ども・子育て応援プラン	放課後子ども総合プラン	エンゼルプラン	新エンゼルプラン
5	エンゼルプラン	新エンゼルプラン	放課後子ども総合プラン	子ども・子育て応援プラン

(6)　母子保健法(平成28年6月改正)で定められている，妊娠の届出をした者に対して，母子健康手帳を交付する機関として最も適切なものはどれか。次の1～4から一つ選べ。

1　病院　　2　厚生労働省　　3　都道府県　　4　市町村

(7) 次のグラフは，内閣府による「国民生活に関する世論調査」(平成28年実施)において，「家庭の役割」について調査した結果である。ア〜ウに適する役割の組合せとして最も適切なものはどれか。下の1〜5から一つ選べ。

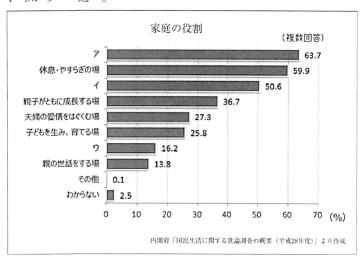

家庭の役割 (複数回答)

ア		63.7
休息・やすらぎの場		59.9
イ		50.6
親子がともに成長する場		36.7
夫婦の愛情をはぐくむ場		27.3
子どもを生み，育てる場		25.8
ウ		16.2
親の世話をする場		13.8
その他		0.1
わからない		2.5

内閣府「国民生活に関する世論調査の概要（平成28年度）」より作成

	ア	イ	ウ
1	家族の絆を強める場	家族の団らんの場	子どもをしつける場
2	家族の絆を強める場	子どもをしつける場	家族の団らんの場
3	家族の団らんの場	家族の絆を強める場	子どもをしつける場
4	子どもをしつける場	家族の絆を強める場	家族の団らんの場
5	家族の団らんの場	子どもをしつける場	家族の絆を強める場

(8) 次のグラフは内閣府による「国民生活に関する世論調査」(平成13年・平成28年実施)において「働く目的」について調査した結果である。ア〜エに適する語句の組合せとして最も適切なものはどれか。あとの1〜5から一つ選べ。

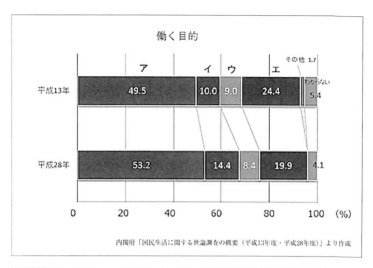

働く目的

内閣府「国民生活に関する世論調査の概要（平成13年度・平成28年度）」より作成

	ア	イ	ウ	エ
1	社会の一員としての務めを果たすため	お金を得るため	自分の才能や能力を発揮するため	生きがいをみつけるため
2	お金を得るため	社会の一員としての務めを果たすため	自分の才能や能力を発揮するため	生きがいをみつけるため
3	お金を得るため	自分の才能や能力を発揮するため	生きがいをみつけるため	社会の一員としての務めを果たすため
4	お金を得るため	社会の一員としての務めを果たすため	生きがいをみつけるため	自分の才能や能力を発揮するため
5	社会の一員としての務めを果たすため	お金を得るため	生きがいをみつけるため	自分の才能や能力を発揮するため

(☆☆☆☆◎◎◎)

【3】住生活について，次の(1)～(7)の問いに答えよ。

(1)　次のグラフは，暖房運転を開始してから，停止した後の室温の変化を示したものである。「熱容量が大きく，断熱が良い」室内の温度の変化を示したグラフとして最も適切なものはどれか。次の1～4から一つ選べ。

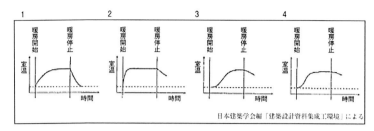

日本建築学会編「建築設計資料集成I環境」による

(2) 「スケルトン・インフィル」について説明した文章として最も適切なものはどれか。次の1〜5から一つ選べ。

1 機械力に依存せず，太陽光や雨水など敷地固有の自然エネルギーを最大限利用し，環境と調和させて建てることで室内の温度変化を緩やかにするデザイン手法のことをいう。

2 計画，建設，居住，改修，廃棄など各段階における環境負荷を最小限に抑え，自然エネルギーの活用，リサイクル可能な建材の使用など，自然環境や地域景観との調和に配慮した住まいのことをいう。

3 建築の材料について，製造時，使用時，廃棄時までの一連のサイクルにおける消費エネルギーが少ないなど環境への負荷が少ないもののことをいう。

4 太陽光発電の発電状況，電気・ガスの使用状況，蓄電池の容量などを管理し，見える化するなど，IT技術を使用したシステムをもつ住まいのことをいう。

5 建物の柱や梁・床などの基本構造と内装や設備などの内部構造を分けて設計・施工することで，暮らしの変化に応じて間取りが柔軟に変更できる工法のことをいう。

(3) 免震構造の特徴について説明した文章として最も適切なものはどれか。次の1〜4から一つ選べ。

1 壁にオイルダンパーなどの装置を設置し，建物が受けた地震力を熱エネルギーに変えることで地震力を低減する。

2 壁量を増やしたり，接合部を強固にしたりして，建物自体の強度で地震の揺れに耐える。

　　3　地盤と基礎の間に積層ゴムやベアリングなどを設置して，地盤
　　　が揺れても建物に揺れが伝わりにくくする。
　　4　建物の屋上部分におもりを設置し，おもりの振れにより地震の
　　　揺れをコントロールすることで，建物が受ける地震力に抵抗する。
(4)　次の表は，家庭内における不慮の事故による死因を示したもので
　　ある。アに該当するものとして最も適切なものはどれか。下の1～5
　　から一つ選べ。

(人)

死因	総数	0～4歳	5～14歳	15～64歳	65歳～
ア	5,160	16	14	387	4,743
イ	3,838	84	11	464	3,279
ウ	2,634	9	5	376	2,244
煙・火災	828	3	11	226	582
有害物質による中毒など	374	0	0	266	107
熱・高温物質などとの接触	81	0	0	5	76
エ	39	0	0	3	36
総数	13,952	116	42	1,968	11,817

備考：総数には年齢不詳を含む。
　　　　死因の内訳は主な項目で，たしあげても総数とは一致しない。
　　　　厚生労働省「人口動態調査(平成27年度)」を基に作成
1　転倒・転落　　2　熱中症　　3　衣類の発火　　4　窒息
5　溺死・溺水

(5)　次のア～エのうち，用途地域とその地域に建築可能な建築物の組
　　合せとして最も適切なものはどれか。下の1～5から一つ選べ。
　　ア　第二種低層住居専用地域内の小学校，中学校，高等学校，大学
　　イ　第二種住居地域内のカラオケボックス
　　ウ　工業専用地域内の郵便局の支店や保育所
　　エ　工業地域内の料理店
1　ア，イ　　2　イ，ウ　　3　ウ，エ　　4　ア，ウ
5　イ，エ

(6)　次のA～Dは，住生活基本法(平成23年8月改正)の基本理念につい
　　て述べたものである。空欄ア～エに適する語句の組合せとして最も

166

適切なものはどれか。下の1～5から一つ選べ。

A 現在及び将来における国民の（　ア　）良質な住宅の供給，建設，改良または管理

B 住民が誇りと愛着を持つことのできる良好な（　イ　）

C 民間事業者の能力の活用及び既存の住宅の（　ウ　）を図りつつ，居住のために住宅を購入する者及び住宅の供給等に係るサービスの提供を受ける者の利益の擁護及び増進

D 低額所得者，被災者，高齢者，子どもを育成する家庭その他住宅の確保に特に配慮を要する者の（　エ　）

	ア	イ	ウ	エ
1	健康に配慮した	居住環境の形成	維持管理	安全性の確保の促進
2	住生活の基盤となる	景観の形成	有効利用	福祉拠点の形成
3	健康に配慮した	景観の形成	維持管理	居住の安定の確保
4	住生活の基盤となる	居住環境の形成	有効利用	居住の安定の確保
5	住生活の向上をめざした	居住環境の形成	維持管理	福祉拠点の形成

(7) 次の表示のうち，「防犯性能の高い建物部品」につけられる表示として，最も適切なものはどれか。次の1～5から選べ。

1　　　　　2　　　　　3　　　　　4　　　　　5

（☆☆☆◎◎◎）

【4】衣生活について，次の(1)～(5)の問いに答えよ。

(1) あとの表は，繊維の種類と性能について表したものである。次のア，イの問いに答えよ。

ア　表中の（　①　）～（　④　）に当てはまる繊維名を，あとのA～Eから選んで記せ。

繊維の種類	繊維名	耐アルカリ性	アイロン標準温度	公定水分率※
天然繊維	（ ① ）	弱い	160℃	11.0%
	（ ② ）	強い	200℃	8.5%
化学繊維	（ ③ ）	やや強い	160℃	11.0%
	ポリエステル	強い	130〜150℃	0.4%
	（ ④ ）	強い	120〜140℃	2.0%

※繊維の吸湿性を表す。商取引に用いる公式に定められた水分率。

　　A　レーヨン　　B　アセテート　　C　絹　　D　綿

　　E　アクリル

　イ　「ポリエステル」の特徴として適切なものはどれか。次のA〜E
　　からすべて選び，その記号を記せ。

　　A　形くずれしやすい

　　B　熱可塑性がある

　　C　洗濯しても伸び縮みしない

　　D　しわの回復性にすぐれている

　　E　水にぬれると弱くなる

(2)　繊維製品品質表示規程(平成28年12月施行)について，次のア，イ
　　の問いに答えよ。

　ア　日本工業規格(JIS　L　0001)に示された新しい洗濯表示の説明
　　として適切なものはどれか。次のA〜Eからすべて選び，その記
　　号を記せ。

　　A　「洗濯の仕方」，「漂白の仕方」，「乾燥の仕方」，「アイロンのか
　　　けかた」，「クリーニングの種類」の5つの基本記号と，付加記
　　　号や数字の組合せで構成されている。

　　B　記号の種類が41種類から22種類に減り，国内外で洗濯表示が
　　　統一された。

　　C　家庭での乾燥の記号に，「タンブル乾燥」の記号が新たに加わ
　　　った。

　　D　商業クリーニングの記号に，「ドライクリーニング」の記号が
　　　新たに加わった。

　　E　アイロンの当て布記号は廃止され，事業者の任意表示として，
　　　付記用語で「当て布使用」などと記載されるようになった。
　イ　次の取扱い表示に示されている記号の意味について，下の
　　（　①　）～（　⑤　）に適する語句を記せ。

洗濯の仕方	液温は40℃を限度とし，洗濯機で（　①　）洗濯処理ができる
漂白の仕方	（　②　）系漂白剤の使用はできるが，（　③　）系漂白剤は使用禁止
乾燥の仕方	（　④　）がよい
アイロンのかけかた	底面温度（　⑤　）℃を限度としてアイロン仕上げができる

(3)　次の文は，被服と資源・環境とのかかわりについて示したもので
　ある。下線部が正しければ○を，間違っていれば正しい語句を記せ。
　ア　最先端の流行をいち早く取り入れ，低価格で提供される衣料品
　　のことを，エシカルファッションという。
　イ　ポリ乳酸繊維は，トウモロコシ等から得られるデンプンを原料
　　とする繊維であり，土中に埋めると微生物によって水と炭酸ガス
　　に分解される。
　ウ　繊維製品を化学処理によって原料化学品に戻し，合成繊維とし
　　て製造することを，マテリアルリサイクルという。
　エ　回収した繊維製品を焼却炉で燃やし，発生する熱エネルギーを
　　発電に利用することを，サーマルリサイクルという。

(4)　ミシンの各部の名称と説明について誤っているものはどれか。次
　のア～オからすべて選び，その記号を記せ。
　ア　「はずみ車」は，ミシンの内部にある軸を回転させる滑車であ
　　る。
　イ　「天びん」は，上糸にゆるみを与えたり，縫い目を引き締めた
　　りする。
　ウ　「コントローラー」は，送り歯の高さを調節する。

エ 「かま」は，ボビンに巻きつけた下糸をセットする所である。

オ 「おさえ」は，縫うときに布が浮かないようにして，正しく布を送る助けをする。

(5) 綿100％の布地を使用してそでなしシャツを製作する際に行う「地直し」の方法を説明せよ。また，「地直し」を行う理由を簡潔に記せ。

(☆☆☆◎◎◎)

【中学校】

【1】身近な消費生活と環境，家庭経済について，次の(1)〜(7)の問いに答えよ。

(1) 次の表は，1960年代から現在にかけて整備された消費者関連の法律の一部である。空欄ア〜エに適するものの組合せとして最も適切なものはどれか。下の1〜5から一つ選べ。

【消費者関連の主な法律】

制定年	法律名
1962（昭和37）年	不当景品類及び不当表示防止法
1968（昭和43）年	消費者保護基本法
1976（昭和51）年	（　ア　）
1994（平成6）年	（　イ　）
2000（平成12）年	（　ウ　）
2000（平成12）年	特定商取引に関する法律
2004（平成16）年	消費者基本法
2009（平成21）年	消費者庁及び消費者委員会設置法
2012（平成24）年	（　エ　）

	ア	イ	ウ	エ
1	訪問販売等に関する法律	製造物責任法	消費者契約法	消費者教育推進に関する法律
2	訪問販売等に関する法律	製造物責任法	消費者教育推進に関する法律	消費者契約法
3	消費者契約法	訪問販売等に関する法律	製造物責任法	消費者教育推進に関する法律

| 4 | 製造物責任法 | 消費者教育推進に関する法律 | 消費者契約法 | 訪問販売等に関する法律 |
| 5 | 製造物責任法 | 訪問販売等に関する法律 | 消費者教育推進に関する法律 | 消費者契約法 |

(2)　景品表示法(平成26年11月改正)による不当表示には，優良誤認表示，有利誤認表示などがある。次の事例ア〜オのうち，優良誤認表示の説明として最も適切な組合せはどれか。下の1〜5から一つ選べ。

　ア　携帯電話通信の料金において，実際には，自社に不利となる他社の割引サービスを除外した料金比較であるにもかかわらず，あたかも「自社が最も安い」かのように表示

　イ　食品において，実際には，他社と同程度の内容量しかないにもかかわらず，あたかも「他社商品の2倍の内容量」であるかのように表示

　ウ　実際には，国産有名ブランド牛ではない国産牛肉であるにもかかわらず，あたかも「国産有名ブランド牛の肉」であるかのように表示

　エ　家電量販店の店頭価格について，競合店の平均価格から値引きすると表示しながら，その平均価格を実際の平均価格よりも高い価格に設定し，そこから値引きしていた

　オ　予備校の合格実績広告において，実際には，他校と異なる方法で数値化し，適正な比較をしていないにもかかわらず，あたかも「大学合格実績No.1」であるかのように表示

1　ア，イ　　2　ウ，オ　　3　エ，オ　　4　ア，エ
5　イ，ウ

(3)　次の図表は未成年者に関する消費生活相談件数が多い商品・サービスについて，「小学生」，「中学生」，「高校生」，「大学生等」に分類しまとめたものである。「中学生」の相談が多い商品・サービスをまとめたものとして最も適切なものはどれか。図表中の1〜4から一つ選べ。

未成年者に関する相談が多い商品・サービス（平成27（2015）年度）

順位	1 商品・サービス名	件数	2 商品・サービス名	件数	3 商品・サービス名	件数	4 商品・サービス名	件数
1	デジタルコンテンツ	3,774	デジタルコンテンツ	2,482	デジタルコンテンツ	3,956	デジタルコンテンツ	1,705
2	他の健康食品	382	テレビ放送サービス	813	他の健康食品	131	電子ゲームソフト	30
3	健康食品（全般）	123	インターネット接続回線	183	商品一般	55	他の玩具・遊具	21
4	商品一般	122	不動産賃借	170	携帯電話サービス	36	商品一般	16
5	相談その他（全般）	92	新聞	125	健康食品（全般）	35	歯科治療	13
6	運動靴	79	他の健康食品	119	相談その他（全般）	30	電子ゲーム機器　医療サービス	11
7	基礎化粧品	78	商品一般	87	学習塾	29		
8	コンサート	77	エステティックサービス	77	携帯電話	27	携帯電話サービス　スポーツ・健康教室	10
9	携帯電話サービス	72	相談その他（全般）	73	コンサート	24		
10	野菜飲料　自動二輪車	71	役務その他サービス	59	他の玩具・遊具	20	モバイルデータ通信	8
	総数	6,684	総数	5,841	総数	4,843	総数	2,012

(備考)　1.　PIO-NETに登録された消費生活相談情報(平成28(2016)年4月10日までの登録分)

　　　　2.　未成年者とは，契約当事者が20歳未満

　　　　3.　未成年者の「他の学生」を「大学生等」としている

　　　　　※消費者庁「消費者白書(平成28年度)」を基に作成

(4)　インターネット取引で用いられるア～オの決済方法のうち，「即時払い」に分類されるものの組合せとして最も適切なものはどれか。下の1～5から一つ選べ。

ア　クレジットカード　　イ　デビットカード

ウ　プリペイドカード　　エ　代金引換

オ　キャリア決済(携帯電話)

1　イ，オ　　2　ア，オ　　3　ウ，エ　　4　イ，エ

5　ア，ウ

(5)　日本の社会保障制度の説明として，誤っているものはどれか。次の1～5から一つ選べ。

1　生活の安定を図り，安心をもたらす「生活安定・向上機能」がある。

2 所得を個人や世帯の間で移転させることによって，生活の安定を図る「所得再分配機能」がある。

3 日本の公的年金制度は，賦課方式であり，予測できないリスクに対して世代を超えて社会全体で事前に備えるものである。

4 景気変動を緩和し，経済成長を支えていく「経済安定化機能」がある。

5 「社会福祉」や「公的扶助」「公衆衛生」は，保険料を主な財源として給付を行う仕組みである。

(6) 金融経済情勢に関する文章について，空欄ア〜エに適するものの組合せとして最も適切なものはどれか。下の1〜5から一つ選べ。

・デフレーションとは，物やサービスの価格が(ア)している状態をいう。お金の価値(物やサービスを買う力＝購買力)が(イ)している状態と見ることもできる。

・預金を保有している状態でデフレーションが進むと，購買力は(ウ)する。インフレーションが進むと，購買力は，(エ)する。

	ア	イ	ウ	エ
1	下落	上昇	増大	増大
2	上昇	下落	低下	低下
3	下落	上昇	増大	低下
4	下落	下落	低下	増大
5	上昇	下落	低下	増大

(7) 次の円グラフは家庭における食品ロスの内訳を示したものである。ア〜ウに適するものの組合せとして最も適切なものはどれか。あとの1〜5から一つ選べ。

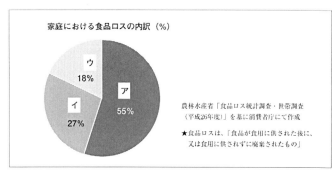

	ア	イ	ウ
1	過剰除去	直接廃棄	食べ残し
2	食べ残し	直接廃棄	過剰除去
3	過剰除去	食べ残し	直接廃棄
4	直接廃棄	過剰除去	食べ残し
5	直接廃棄	食べ残し	過剰除去

直接廃棄…消費期限や賞味期限を超えたことにより，食事として
　　　　使用・提供せずにそのまま廃棄

過剰除去…食べられる部分まで過剰に除去して廃棄(例：大根の
　　　　皮の厚剥き)

食べ残し…食事として使用・提供されていたが，食べ残して廃棄

(☆☆☆☆◎◎◎)

【高等学校】

【1】身近な消費生活と環境，家庭経済について，次の(1)～(7)の問いに
　答えよ。

(1)　次の表は，1960年代から現在にかけて整備された消費者関連の法
　　律の一部である。空欄ア～エに適するものの組合せとして最も適切
　　なものはどれか。あとの1～5から一つ選べ。

【消費者関連の主な法律】

制定年	法律名
1962（昭和37）年	不当景品類及び不当表示防止法
1968（昭和43）年	消費者保護基本法
1976（昭和51）年	（　ア　）
1994（平成6）年	（　イ　）
2000（平成12）年	（　ウ　）
2000（平成12）年	特定商取引に関する法律
2004（平成16）年	消費者基本法
2009（平成21）年	消費者庁及び消費者委員会設置法
2012（平成24）年	（　エ　）

	ア	イ	ウ	エ
1	訪問販売等に関する法律	製造物責任法	消費者契約法	消費者教育推進に関する法律
2	訪問販売等に関する法律	製造物責任法	消費者教育推進に関する法律	消費者契約法
3	消費者契約法	訪問販売等に関する法律	製造物責任法	消費者教育推進に関する法律
4	製造物責任法	消費者教育推進に関する法律	消費者契約法	訪問販売等に関する法律
5	製造物責任法	訪問販売等に関する法律	消費者教育推進に関する法律	消費者契約法

(2)　景品表示法(平成26年11月改正)による不当表示には，優良誤認表示，有利誤認表示などがある。次の事例ア〜オのうち，優良誤認表示の説明として最も適切な組合せはどれか。あとの1〜5から一つ選べ。

ア　携帯電話通信の料金において，実際には，自社に不利となる他社の割引サービスを除外した料金比較であるにもかかわらず，あたかも「自社が最も安い」かのように表示

イ　食品において，実際には，他社と同程度の内容量しかないにもかかわらず，あたかも「他社商品の2倍の内容量」であるかのように表示

ウ　実際には，国産有名ブランド牛ではない国産牛肉であるにもか

かわらず，あたかも「国産有名ブランド牛の肉」であるかのように表示

エ　家電量販店の店頭価格について，競合店の平均価格から値引きすると表示しながら，その平均価格を実際の平均価格よりも高い価格に設定し，そこから値引きしていた

オ　予備校の合格実績広告において，実際には，他校と異なる方法で数値化し，適正な比較をしていないにもかかわらず，あたかも「大学合格実績No.1」であるかのように表示

1　ア，イ　　2　ウ，オ　　3　エ，オ　　4　ア，エ

5　イ，ウ

(3)　次の図表は未成年者に関する消費生活相談件数が多い商品・サービスについて，「小学生」，「中学生」，「高校生」，「大学生等」に分類しまとめたものである。「高校生」の相談が多い商品・サービスをまとめたものとして最も適切なものはどれか。図表中の1～4から一つ選べ。

未成年者に関する相談が多い商品・サービス（ 平成27（2015）年度 ）

順位	1 商品・サービス名	件数	2 商品・サービス名	件数	3 商品・サービス名	件数	4 商品・サービス名	件数
1	デジタルコンテンツ	2,774	デジタルコンテンツ	2,482	デジタルコンテンツ	3,956	デジタルコンテンツ	1,706
2	他の健康食品	382	テレビ放送サービス	613	他の健康食品	121	電子ゲームソフト	30
3	健康食品（全般）	183	インターネット接続回線	183	商品一般	55	他の玩具・遊具	21
4	商品一般	122	不動産賃借	179	携帯電話サービス	36	商品一般	18
5	相談その他（全般）	82	新聞	125	健康食品（全般）	35	歯科治療	13
6	運動靴	79	他の健康食品	110	相談その他（全般）	29	電子ゲーム・玩具／医療サービス	11
7	基礎化粧品	78	商品一般	97	学習塾	28		
8	コンサート	77	エステティックサービス	77	携帯電話	27	携帯電話サービス／スポーツ・健康教室	10
9	携帯電話サービス	72	相談その他（全般）	72	コンサート	24		
10	野菜材料／自動二輪車	71	検査その他サービス	58	他の玩具・遊具	20	モバイルデータ通信	8
	総数	6,684	総数	5,841	総数	4,843	総数	2,012

(備考)　1.　PIO-NETに登録された消費生活相談情報(平成28(2016)年4月10日までの登録分)

　　　　2.　未成年者とは，契約当事者が20歳未満

3. 未成年者の「他の学生」を「大学生等」としている
　　　※消費者庁「消費者白書(平成28年度)」を基に作成

(4) インターネット取引で用いられるア～オの決済方法のうち,「即時払い」に分類されるものの組合せとして最も適切なものはどれか。下の1～5から一つ選べ。

ア　クレジットカード　　イ　デビットカード
ウ　プリペイドカード　　エ　代金引換
オ　キャリア決済(携帯電話)

1　イ,オ　　2　ア,オ　　3　ウ,エ　　4　イ,エ
5　ア,ウ

(5) 日本の社会保障制度の説明として,誤っているものはどれか。次の1～5から一つ選べ。

1　生活の安定を図り,安心をもたらす「生活安定・向上機能」がある。

2　所得を個人や世帯の間で移転させることによって,生活の安定を図る「所得再分配機能」がある。

3　日本の公的年金制度は,賦課方式であり,予測できないリスクに対して世代を超えて社会全体で事前に備えるものである。

4　景気変動を緩和し,経済成長を支えていく「経済安定化機能」がある。

5　「社会福祉」や「公的扶助」「公衆衛生」は,保険料を主な財源として給付を行う仕組みである。

(6) 金融経済情勢に関する文章について,空欄ア～エに適するものの組合せとして最も適切なものはどれか。あとの1～5から一つ選べ。

・デフレーションとは,物やサービスの価格が(　ア　)している状態をいう。お金の価値(物やサービスを買う力＝購買力)が(　イ　)している状態と見ることもできる。

・預金を保有している状態でデフレーションが進むと,購買力は(　ウ　)する。インフレーションが進むと,購買力は,(　エ　)する。

	ア	イ	ウ	エ
1	下落	上昇	増大	増大
2	上昇	下落	低下	低下
3	下落	上昇	増大	低下
4	下落	下落	低下	増大
5	上昇	下落	低下	増大

(7)　次の円グラフは家庭における食品ロスの内訳を示したものである。ア～ウに適するものの組合せとして最も適切なものはどれか。下の1～5から一つ選べ。

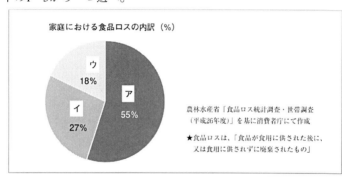

家庭における食品ロスの内訳（%）

農林水産省「食品ロス統計調査・世帯調査（平成26年度）」を基に消費者庁にて作成

★食品ロスは、「食品が食用に供された後に、又は食用に供されずに廃棄されたもの」

	ア	イ	ウ
1	過剰除去	直接廃棄	食べ残し
2	食べ残し	直接廃棄	過剰除去
3	過剰除去	食べ残し	直接廃棄
4	直接廃棄	過剰除去	食べ残し
5	直接廃棄	食べ残し	過剰除去

直接廃棄…消費期限や賞味期限を超えたことにより，食事として使用・提供せずにそのまま廃棄

過剰除去…食べられる部分まで過剰に除去して廃棄(例：大根の皮の厚剥き)

食べ残し…食事として使用・提供されていたが，食べ残して廃棄

（☆☆☆☆◎◎◎）

解答・解説

【中高共通】

【1】(1) 2　　(2) 4　　(3) 3　　(4) 2　　(5) 2　　(6) 1
　　(7) 2

〈解説〉(1)　てんぷらでグルテンの粘り気があると，衣はさくりとせず，具材の水分が抜けきれずぽてっとしたものになる。グルテンの形成を抑えるために，正解以外に，粉を溶く器具も冷やす，衣を作る際は手早く混ぜる，などがある。　(2)　イの「具材がしずむことを防止する」から「かき玉汁」である。アの「とうもろこしでんぷん(コーンスターチ)を」から「ブラマンジェ」である。ブラマンジェは，最も古い冷菓の1つで，ゼラチンを使用することのなかった時代に，アーモンドの香りを移した牛乳をコーンスターチでゲル状に固めて作った。最近ではゼラチンを使うことが多く，生クリームなども加えることも多い。(3)　三杯酢は，本来は酢，しょうゆ，酒を等量に合わせ，煮たたせたあと冷やしたもの。砂糖のかわりにみりんを混ぜるものもある。(4)　米を炊飯する際の水加減の目安は米の容量の1〜2割増しである。(5)　ししとうはカロテン含有量600μg未満だが，緑黄色野菜とみなす。(6)　植物性色素は，カロテン類，アントシアニン系，クロロフィルなど，動物性色素は，アスタキサンチンなどである。　(7)　ウ「総合食料自給率」は，カロリーベースで計算したもので39％である。他に生産額ベースによる自給率(68％)，重量ベースによる自給率がある。「スマイルケア食」とは，高齢者で咀嚼や飲み込む機能が弱まった人向けの食品のこと。

【2】(1) 1　　(2) 5　　(3) 3　　(4) 2　　(5) 1　　(6) 4
　　(7) 3　　(8) 2

〈解説〉(1)　誤飲したもので処置が違う。揮発性物質の際は，肺に入らないようにする。「水を飲ませて吐かせる」例は，香水・大人の薬な

どの場合。「牛乳を飲ませて吐かせない」例は住宅用洗剤の場合である。　(2)　「風疹」は「3日ばしか」とも言われるように3～4日で発疹が消失する。1は「ポリオ」で「小児麻痺」、「急性灰白髄炎」ともいう。2は「流行性耳下腺炎(おたふく風邪)」。3は「溶連菌感染症」の可能性がある。4は「水ぼうそう」。　(3)　一般に，日本脳炎ウイルスに感染した場合，およそ1000人に1人が日本脳炎を発症し，発症した人の20～40％が亡くなるとされており，ワクチン接種により，日本脳炎の罹患リスクを75～95％減らすことができるといわれている。

(4)　児童虐待に関する相談対応件数は年々増加しており，中でも心理的虐待が最も多く，身体的虐待が続く。被虐待児の4割以上が学齢前である。　(5)　2014年の「放課後子ども総合プラン」によって，放課後安心安全に過ごせる児童クラブが開設された。共稼ぎ家庭などの「小1の壁」を打破することにつながり，放課後の児童の居場所ができた。　(6)　母子健康手帳の最も重要な意義は，妊娠期から乳幼児期までの健康に関する重要な情報が，1つの手帳で管理されるということである。母子保健法第15条では，妊娠した者は速やかに市町村長に妊娠の届出をするようしなければならないとされている。　(7)　本調査は，18歳以上の人1万人を調査対象としている。調査項目は，現在の生活について(生活の向上感，満足度等)，今後の生活について(生活の見通し，力点等)などである。現在の生活に「満足」とした人は，73.9％と前回の調査を上回った。　(8)　(7)と同資料からの出題。目的で，「お金を得るため」が一番高い。「生きがいを見つけるため」働くのは，高年齢世代や女性の場合が考えられ，高齢者割合の高い日本では第2位になっている。

【3】(1)　4　　(2)　5　　(3)　3　　(4)　5　　(5)　2　　(6)　4
(7)　1
〈解説〉(1)　「熱容量が大きい」ことは，すぐに室温が上がること，2と4が該当するが，「断熱が良い」のは，暖房機を停止しても暖まった状態が持続することでもある。2つの条件に合致するのは4である。

(2) 1〜4は「環境共生住宅」で，4は「スマートハウス」「ヘムス住宅」と呼ばれている。 (3) 「免震構造」は，揺れを伝えない構造のことで，建物と地面の間に免震装置を設置する。装置には，3にあげられたものの他に「ダンパー」もある。2は「耐震構造」(揺れに耐える構造)。1と4は「制震構造」(揺れを吸収する構造)。 (4) 家庭内における不慮の事故で多いのは，「溺死・溺水」「窒息」「転倒・転落」の3つで，0〜4歳児(特に0歳児)で最も多いのが「窒息死」，65歳以上で最も多いのが「溺死・溺水」である。 (5) アの「第二種低層住居専用地域」での大学や病院の建築はできない。イの「第二種住居地域」ではカラオケボックスは建築できる。「第一種住居地域」でのカラオケボックス建築はできない。ウは正しい。「工業専用地域内」では，他に派出所・公衆浴場・診療所の建設ができるが，幼稚園，小・中学校・高校，大学等，図書館，病院は建設できない。エの「工業地域内」では料理店の建築はできない。住宅や他の店舗は建築できる。 (6)「住生活基本法」は，国民の豊かな住生活の実現を図るため，住生活の安定の確保及び向上の促進に関する施策について，その基本理念，国等の責務，住生活基本計画の策定その他の基本となる事項について定められている。 (7) 2 「ベターリビング部品」マーク。建設省が認定した優良住宅部品(BL部品)につけられる。 3 コード，電流制限器，電動式おもちゃ等の電気用品につける安全マークの「PSEマーク」。
4 ベビーカー，ブランコ，ヘルメット，圧力鍋等につけられる安全マーク「SGマーク」。 5 「住宅防火安心マーク」。住宅用消火器，寝具，カーテン，衣類などの防炎品につけられる。このマークのついた住宅用消火器は，公共施設などで見かける消火器と比べ，軽量・小型で噴射までの手順も短縮されており，操作が簡単である。

【4】 (1) ア ① C ② D ③ A ④ E イ B, C, D
(2) ア A, C, E イ ① 弱い ② 酸素 ③ 塩素
④ 平干し ⑤ 200 (3) ア ファストファッション
イ ○ ウ ケミカルリサイクル エ ○ (4) ウ

(5)　方法…水分がしみ込むまで水につけ、しわにならないように脱水して陰干しにし、なま乾きのうちにアイロンをかけて整える。

理由…着用時に型くずれをおこしたり、洗濯で縮んだりすることを防ぐため。

〈解説〉(1)　ア　①・②はアイロン標準温度で判断する。標準温度200℃は「綿」である。　③・④で、③の「公定水分率」は化学繊維の中で高い。公定水分率は吸湿性を表わし、レーヨン・キュプラが高いことから、レーヨンである。選択肢にはないが、全繊維の中で一番高いのは麻で12.0％である。　(2)　ア　B　新JIS記号は22種類から41種類に増えている。　D　商業クリーニングの記号に「ウエットクリーニング」の記号が加わった。なお、Cの「タンブル乾燥」とは回転式の乾燥機のことである。　イ　Ⓟについてだが、ドライクリーニングは溶剤によって「P」と「F」に分かれる。「P」はパークロロエチレンなど、「F」は石油系を示す。　(3)　ア　「エシカル(Ethical)ファッション」とは、望ましい労働環境や貧困地域支援、産業振興なども視野に入れ、環境に配慮した素材や廃棄される素材を再利用して作られたファッションのこと。アは「ファストファッション」の説明。流行服を低価格、しかも短いサイクルで世界的に大量生産・販売する。　ウ　文中に「化学処理によって原料化学品に戻し」とあるので「ケミカルリサイクル」の説明。「マテリアルリサイクル」は製品を原料として再生利用すること。　(4)　ウ　送り歯の高さ調節は「ドロップレバー」で行う。布の厚さによって送り歯の高さを変更させ、厚地の場合は高くして布送りをスムーズにする。　(5)　綿100％の布は1時間くらい水につけ、軽く脱水して干す。なま乾きのうちに布目を正しながらアイロンをかける。

【中学校】

【1】(1)　1　　(2)　2　　(3)　3　　(4)　4　　(5)　5　　(6)　3

(7)　3

〈解説〉(1)　「訪問販売」のトラブルに対応すべく「訪問販売等に関する

法律」ができ，時代経過と共に様々な取引形態が出現し「特定商取引法」の成立となった流れを考えると，アは，「訪問販売等に関する法律」が適切である。　イ　「製造物責任法(PL法)」は，製造物(商品)の欠陥により人の生命，身体，財産に被害が生じた場合に製造業者等の損害賠償の責任について定めることにより，製造物の結果による被害者の保護を図るもの。　ウ　「消費者契約法」は，事業者の不当な一定の行為により消費者が誤認，困惑した場合について契約を取り消したり，契約の条項を無効とすることで消費者の利益の擁護を図るもの。エ　「消費者教育推進に関する法律」は消費者の自立支援の1つと考えられている。　(2)　「優良誤認表示」は，商品や役務の品質や規格に関するもの。「有利誤認表示」は，「商品または役務の価格」を主な対象としている。ウは，有名ブランド牛ではないのにブランド牛のように表示，オは，異なるデータを使いあたかも他校より合格実績があるように表示しており「優良誤認表示」である。「有利誤認表示」に該当するのはア・エはもちろん，イの「他社商品の2倍の内容量」の数量について同様である。　(3)　すべての選択肢の1位の「デジタルコンテンツ」はアダルト情報サイト，オンラインゲームなどを指し，携帯やパソコンなどのワンクリック詐欺，情報通信の架空・不当請求などの相談である。また，「商品一般」は，はがき・封書などによる架空請求で具体的な商品を特定していないものである。2には「不動産賃借」，「エステティックサービス」の相談項目があることから「大学生等」である。1は「健康食品」，「商品一般」，「基礎化粧品」の相談項目が上位にあることから「高校生」である。4の「電子ゲームソフト」に夢中になる年齢から推察すると「小学生」である。3には「学習塾」の相談項目があることから，親任せでなく，本人自ら学習塾の契約・解約に関心を持ち，トラブルに発展することも想像でき「中学生」である。　(4)　インターネット取引の決済では，前払い，即時払い，後払いの方法がある。前払いは銀行振り込み，プリペイドカード，後払いはクレジットカード，キャリア決済(携帯電話)である。キャリア決済とは携帯電話の支払いにまとめて合算される決済方法のこと。

(5)　5は間違いで，財源は税金である。なお，3の「賦課方式」は，その時々の現役世代が負担する保険料を財源として年金を給付する方式のことである。　(6)　グローバル化，情報化などの社会変化に伴う消費構造の変化や消費行動の多様化などの現状の課題について認識するために，金融経済の基本は押さえておくことが必要である。　(7)　日本の食品ロスの半分は一般家庭からである。過剰廃棄・食べ残し・直接廃棄の推定量は年間302万トンで，1人1日茶碗1杯分を捨てている計算である。食品ロスを減らすには，買い過ぎない・使い切る・食べ切る・消費期限，賞味期限を理解して購入などに取り組むことである。

【高等学校】

【１】(1)　1　　　(2)　2　　　(3)　1　　　(4)　4　　　(5)　5　　　(6)　3
　　(7)　3

〈解説〉(1)　「訪問販売」のトラブルに対応すべく「訪問販売等に関する法律」ができ，時代経過と共に様々な取引形態が出現し「特定商取引法」の成立となった流れを考えると，アは，「訪問販売等に関する法律」が適切である。　イ　「製造物責任法(PL法)」は，製造物(商品)の欠陥により人の生命，身体，財産に被害が生じた場合に製造業者等の損害賠償の責任について定めることにより，製造物の結果による被害者の保護を図るもの。　ウ　「消費者契約法」は，事業者の不当な一定の行為により消費者が誤認，困惑した場合について契約を取り消したり，契約の条項を無効とすることで消費者の利益の擁護を図るもの。エ　「消費者教育推進に関する法律」は消費者の自立支援の1つと考えられている。　(2)　「優良誤認表示」は，商品や役務の品質や規格に関するもの。「有利誤認表示」は，「商品または役務の価格」を主な対象としている。ウは，有名ブランド牛ではないのにブランド牛のように表示，オは，異なるデータを使いあたかも他校より合格実績があるように表示しており「優良誤認表示」である。「有利誤認表示」に該当するのはア・エはもちろん，イの「他社商品の2倍の内容量」の数量についても同様である。　(3)　すべての選択肢の1位の「デジタル

コンテンツ」はアダルト情報サイト，オンラインゲームなどを指し，携帯やパソコンなどのワンクリック詐欺，情報通信の架空・不当請求などの相談である。また，「商品一般」は，はがき・封書などによる架空請求で具体的な商品を特定していないものである。2には「不動産賃借」，「エステティックサービス」の相談項目があることから「大学生等」である。1は「健康食品」，「商品一般」，「基礎化粧品」の相談項目が上位にあるので「高校生」である。4の「電子ゲームソフト」に夢中になる年齢から推察すると「小学生」である。3には「学習塾」の相談項目があることから，親任せでなく，本人自ら学習塾の契約・解約に関心を持ち，トラブルに発展することも想像でき「中学生」である。　(4)　インターネット取引の決済では，前払い，即時払い，後払いの方法がある。前払いは銀行振り込み，プリペイドカード，後払いはクレジットカード，キャリア決済(携帯電話)である。キャリア決済とは携帯電話の支払いにまとめて合算される決済方法のこと。

(5)　5は間違いで，財源は税金である。なお，3の「賦課方式」は，その時々の現役世代が負担する保険料を財源として年金を給付する方式のことである。　(6)　グローバル化，情報化などの社会変化に伴う消費構造の変化や消費行動の多様化などの現状の課題について認識するために，金融経済の基本は押さえておくことが必要である。　(7)　日本の食品ロスの半分は一般家庭からである。過剰廃棄・食べ残し・直接廃棄の推定量は年間302万トンで，1人1日茶碗1杯分を捨てている計算である。食品ロスを減らすには，買い過ぎない・使い切る・食べ切る・消費期限，賞味期限を理解して購入などに取り組むことである。

2017年度　実施問題

【中高共通】

【1】衣生活について，次の(1)～(8)の問いに答えよ。

(1)　次の表は，衣服の保管のために使用する防虫剤と乾燥剤の種類と特徴について示したものである。表中のア～オに適するものの組合せとして最も適切なものはどれか。下の1～5から一つ選べ。

	種類	特徴
防虫剤	ア	揮発性が低く殺虫力は弱いが，作用が穏やかで香りがよい。金糸、銀糸などを変色、損傷しにくい。主に和服や高級衣服の保管に利用される。
	イ	コールタールから得られる物質で特有の臭気をもつ。持続性があるので長期の保存にも使うことができる。金属にも損傷を及ぼさない。
	ウ	昇華しやすく、忌避効果は大で速効性がある。強い刺激臭がある。金属が変色することがあるので、金、銀糸やラメなどを含む衣服には使用を避ける。持続性は小さい。
	エ	ピレスロイド系殺虫剤で衣料用防虫剤として急速に普及している。ほとんど無臭で衣服に臭いが残らず使いやすい。他の防虫剤との併用が可能である。
乾燥剤	オ	吸湿すると個体から液体に変化するため注意が必要である。

	ア	イ	ウ	エ	オ
1	パラジクロロベンゼン	ナフタレン	エムペントリン	しょうのう	シリカゲル
2	しょうのう	エムペントリン	パラジクロロベンゼン	ナフタレン	シリカゲル
3	ナフタレン	しょうのう	エムペントリン	パラジクロロベンゼン	塩化カルシウム
4	エムペントリン	しょうのう	ナフタレン	パラジクロロベンゼン	シリカゲル
5	しょうのう	ナフタレン	パラジクロロベンゼン	エムペントリン	塩化カルシウム

(2)　しみ抜きについての記述として誤っているものはどれか。次の1～5から一つ選べ。

1　しょうゆのしみは，水を含ませた布でたたいて落とす。落ちなければ，洗剤液でたたき出す。

2　墨のしみは，洗剤とご飯粒を練り合わせたものを塗り，もみ出す。

3　血液のしみは，水を含ませた布でたたくかつまみ洗いをする。その後，熱湯につける。

4　チューインガムは，氷で冷やし固め，固形物を引きはがす。その後，ベンジンでたたいて落とす。

5　口紅のしみは，ベンジンなどで処理して油性成分を除去した後，アルコールで色素を溶出させる。

(3)　次の文は，針や糸に関する記述である。ア〜エに入る語句の組合せとして最も適切なものはどれか。下の1〜5から一つ選べ。

・ミシン針の太さは番号が大きくなるほど（　ア　）くなる。

・紡績糸の番手は番号が大きくなるほど（　イ　）くなる。

・メリケン針は番号が大きくなるほど（　ウ　）くなる。

・デニールは数字が大きくなるほど（　エ　）くなる。

	ア	イ	ウ	エ
1	細	細	太	太
2	太	細	太	細
3	太	細	細	細
4	細	太	太	細
5	太	細	細	太

(4)　次のア〜エは布地について説明したものである。それぞれの布地の名称の組合せとして最も適切なものはどれか。あとの1〜5から一つ選べ。

ア　格子柄・勾配柄を出した織物。たて糸，よこ糸に色糸またはさらし糸を用いている。

イ　無地調先染め織物。光の当たり具合で，たての色が勝ったり，よこの色が勝ったりすることによる効果により玉虫のような光沢を持つ。

ウ　たて糸，よこ糸とも2本ずつ引き揃えて平織に織るななこ組織の織物。ソフトな風合いである。

エ　たてに無撚糸を，よこに左撚りと右撚りの強撚糸を2本ずつ交互に打ち込んで織り上げた後，精錬して細かいしぼを立てた薄い平織物。やわらかくしなやかなタッチが特徴である。

オ　たてパイル織物で，そのパイルをカットして織物の表面を毛羽で覆った織物。柔らかな感触と美しい光沢，ドレープ性がある。ベルベットともいわれる。

	ア	イ	ウ	エ	オ
1	ビロード	オックスフォード	ギンガム	シャンブレー	デシン
2	ギンガム	デシン	シャンブレー	ビロード	オックスフォード
3	デシン	ギンガム	シャンブレー	オックスフォード	ビロード
4	ギンガム	シャンブレー	オックスフォード	デシン	ビロード
5	ギンガム	ビロード	デシン	シャンブレー	オックスフォード

(5)　SR加工の説明として，最も適切なものはどれか。1～5から一つ選べ。

1　収縮を防ぐために，セルロース繊維製品に樹脂をしみ込ませて熱処理を行い，防しわ性や防縮性を向上させる。

2　綿製品に絹のような光沢と風合いを付与する。

3　繊維に抗菌剤を付与して，菌の働きにより汗や脂の分解が抑制され，臭気の発生を抑えることができる。

4　衣服に付いた汚れが水洗濯で落ちやすくなる。

5　水や雨滴などの外部からの侵入を防ぎ，身体からの水蒸気を逃がし，衣服内の湿度を低く抑える。

(6)　次の図はたて縞柄で裁断するフレアスカートの裁ち合わせ図である。完成したフレアスカートの縞の柄合わせとして最も適切なものはどれか。あとの1～5から一つ選べ。

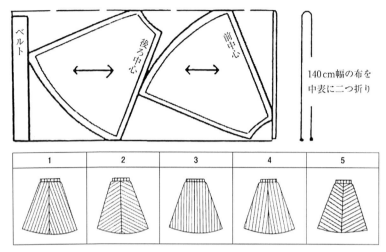

(7) 色彩のはたらきとファッションの記述として誤っているものはどれか。次の1～5から一つ選べ。

1 色相，明度，彩度を色の3属性という。

2 色調のことをトーンという。トーンは色相と明度が複合された色の表現方法である。

3 明度が高い色は膨張して見え，明度が低い色は収縮して見える。

4 彩度の高い色は派手な印象を与え，彩度の低い色は地味な印象を与える，

5 色相やトーンをそろえてコーディネートすると，全体にまとまりが良く落ち着いた印象になる。

(8) 男性と女性の昼間の慶事の正式礼装(フォーマルウェア)の組合せとして最も適切なものはどれか。次の1～5から一つ選べ。

	男性	女性
1	モーニングコート	アフタヌーンドレス
2	燕尾服	イブニングドレス
3	タキシード	セミイブニングドレス
4	ブラックスーツ	セミアフタヌーンドレス

| 5 | ダークスーツ | アフタヌーンスーツ |

(☆☆☆◎◎◎)

【2】保育及び家族と家庭生活について，次の(1)～(7)の問いに答えよ。

(1) モロー反射についての記述として最も適切なものはどれか。次の1～5から一つ選べ。

1 仰臥位で頭を30度持ち上げて急に数cm下げると，手足を伸展したあと，抱きつくように屈曲する。

2 仰臥位で頭を一方に向けると，向けた側の上下肢は伸展し，反対側の上下肢は屈曲する。

3 口唇及び口角を刺激すると，刺激の方向に口及び頭を向ける。

4 口腔内に指や乳首を入れると吸いつく。

5 手のひらを圧迫すると握りしめる。

(2) 次のア～エの乳幼児の遊びの種類に関する記述の組合せとして最も適切なものはどれか。下の1～5から一つ選べ。

ア ごっこ遊びのように周囲の物事を真似る遊びで，2歳頃から発現する。

イ 手足や身体全体を使う遊びで，乳児期から発現する。

ウ 絵本や音楽を見聞きする遊びで，1～2歳から発現する。

エ 絵を描いたり物を作ったりする遊びで，2～3歳から発現する。

	ア	イ	ウ	エ
1	受容遊び	構成遊び	模倣遊び	運動遊び
2	模倣遊び	運動遊び	受容遊び	構成遊び
3	構成遊び	運動遊び	模倣遊び	受容遊び
4	運動遊び	模倣遊び	受容遊び	構成遊び
5	構成遊び	運動遊び	受容遊び	模倣遊び

(3) 次のア～ウの子どもに関わる法規等に関する記述と名称の組合せとして最も適切なものはどれか。あとの1～5から一つ選べ。

ア 一時的若しくは恒久的にその家庭環境を奪われた児童又は児童

190

自身の最善の利益にかんがみその家庭環境にとどまることが認められない児童は，国が与える特別の保護及び援助を受ける権利を有する。

イ　すべての児童は，心身ともに健やかにうまれ，育てられ，その生活を保障される。

ウ　すべて児童は，ひとしくその生活を保障され，愛護されなければならない。

	ア	イ	ウ
1	児童憲章	児童の権利に関する条約	児童福祉法
2	児童福祉法	児童憲章	児童の権利に関する条約
3	児童の権利に関する条約	児童福祉法	児童憲章
4	児童福祉法	児童の権利に関する条約	児童憲章
5	児童の権利に関する条約	児童憲章	児童福祉法

(4)　次の表は，予防接種法施行令(平成27年4月10日改正)における定期の予防接種を行う疾病及びその対象者を示したものである。表中のア～オと疾病の組合せとして最も適切なものはどれか。下の1～5から一つ選べ。

定期の予防接種を行う疾病	定期の予防接種の対象者
ア	1　生後3月から生後90月に至るまでの間にある者 2　11歳以上13歳未満の者
イ	1　生後6月から生後90月に至るまでの間にある者 2　9歳以上13歳未満の者
ウ	生後1歳に至るまでの間にある者
エ	1　生後12月から生後24月に至るまでの間にある者 2　5歳以上7歳未満の者であって，小学校就学の始期に達する日の1年前の日から当該始期に達する日の前日までの間にある者
オ	生後12月から生後36月に至るまでの間にある者

	ア	イ	ウ	エ	オ
1	ジフテリア	日本脳炎	麻しん・風しん	水痘	結核
2	日本脳炎	麻しん・風しん	水痘	ジフテリア	結核
3	ジフテリア	日本脳炎	結核	麻しん・風しん	水痘
4	ジフテリア	水痘	結核	日本脳炎	麻しん・風しん
5	日本脳炎	麻しん・風しん	水痘	結核	ジフテリア

(5)　児童相談所に関する記述として誤っているものはどれか。次の1
　　〜5から一つ選べ。

　1　児童相談所とは，児童の福祉に関する相談，調査，判定，指導
　　等を行うため，児童福祉法により都道府県，指定都市及び中核市
　　に設置された相談所をいう。

　2　児童相談所における相談を種類別にみると，「障害相談」が最も
　　多く，次いで「養護相談」，「育成相談」の順となっている。

　3　児童相談所における「非行相談」とは，虚言癖，浪費癖，家出，
　　浮浪，乱暴，性的逸脱等のぐ犯行為，問題行動のある児童，警察
　　署からぐ犯少年として通告のあった児童，触法行為のあったとさ
　　れる児童，犯罪少年に関して家庭裁判所から送致のあった児童に
　　関する相談をいう。

　4　児童相談所における相談のうち，「養護相談」の構成割合は年々
　　減少しており，「非行相談」「保育相談」の構成割合は年々増加し
　　ている。

　5　児童虐待の防止等に関する法律(平成26年6月13日改正　法律第
　　69号)では，「児童虐待を受けたと思われる児童を発見した者は，
　　速やかに，これを市町村，都道府県の設置する福祉事務所若しく
　　は児童相談所又は児童委員を介して市町村，都道府県の設置する
　　福祉事務所若しくは児童相談所に通告しなければならない。」と
　　規定されている。

(6)　次の図は，日本，米国，スウェーデン，韓国，ドイツにおける女
　　性の年齢階級別労働力率を示したものである。ア〜ウに適する国名
　　の組合せとして最も適切なものはどれか。あとの1〜5から一つ選べ。

図　女性の年齢階級別労働力率(国際比較)

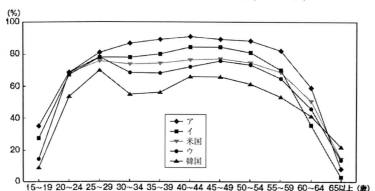

(備考) 1.「労働力率」は、15歳以上人口に占める労働力人口（就業者＋完全失業者）の割合。

　　　 2. 米国の「15～19歳」は、16～19歳。

　　　 3. 日本は総務省「労働力調査（基本集計）」（平成24年）、その他はILO "LABORSTA"、"ILOSTAT"
　　　　　より作成。

　　　 4. 日本は2012年（平成24年）、その他の国は2010年（平成22年）の数値（ただし、ドイツの65歳
　　　　　以上は2008年（平成20年））。

内閣府男女共同参画局「男女共同参画白書 平成25年版」より

	ア	イ	ウ
1	日本	スウェーデン	ドイツ
2	スウェーデン	日本	ドイツ
3	スウェーデン	ドイツ	日本
4	ドイツ	スウェーデン	日本
5	ドイツ	日本	スウェーデン

(7)　民法(平成25年12月11日改正)に規定されている家族や家庭に関す
　　る記述として最も適切なものはどれか。次の1～5から一つ選べ。

　1　「次に掲げる者は，親族とする。1　三親等以内の血族　2　配偶
　　　者　3　六親等以内の姻族」と規定されている。

　2　「男は，18歳に，女は，16歳にならなければ，婚姻をすることが
　　　できない。ただし，父母の同意があればこの限りではない。」と
　　　規定されている。

3　「成年被後見人が婚姻をするときには，いかなる場合においても，その成年後見人の同意を必要とする。」と規定されている。

4　「未成年者が婚姻をしたときは，これによって成年に達したものとみなす。」と規定されている。

5　「直系血族及び兄弟姉妹は，互いに扶養をする義務がある。家庭裁判所は，特別の事情があるときは，四親等以内の親族間においても扶養の義務を負わせることができる。」と規定されている。

(☆☆☆◎◎◎)

【3】身近な消費生活と環境，家庭経済について，次の(1)〜(6)の問いに答えよ。

(1)　2009年9月に設置された消費者庁の主な役割についての記述として誤っているものはどれか。次の1〜5から一つ選べ。

1　消費者関連法令を執行すること。

2　消費者からの消費生活に関する相談に直接応じ，助言や各種情報の提供を行うこと。

3　消費者事故等に関する情報を一元的に集約し，調査・分析を行うこと。

4　各府省庁に対し措置要求を行うこと。

5　各省庁の規制がなされていない「隙間事案」について事業者に対する勧告等の措置を講じること。

(2)　クーリング・オフについて説明した次のア〜オの文のうち，正しいものの組合せとして最も適切なものはどれか。あとの1〜5から一つ選べ。

ア　キャッチセールスは，契約日から20日以内でクーリング・オフをすることができる。

イ　クーリング・オフは，はがき等の書面に契約を解除することを明記し，特定記録郵便や簡易書留などで販売業者に送る。

ウ　契約書に「キャンセル料」や「違約金」の支払いについて書かれている場合は，それを支払う必要がある。

　エ　送付の記録や関係書類は，3年間保管する必要がある。

　オ　通信販売は，クーリング・オフをすることができない。

1　ア，ウ　　　2　ア，エ　　　3　イ，ウ　　　4　イ，オ

5　エ，オ

(3)　4万円の商品を元金定額リボルビング払いで購入した。毎月1万円の定額払い，手数料を月利1％とした場合の支払総額として最も適切なものはどれか。次の1～5から一つ選べ。

1　40,040円　　　2　40,100円　　　3　40,400円

4　41,000円　　　5　41,600円

(4)　次のア～エの各文は消費生活と環境について述べたものである。ア～エが示す内容に適する語句の組合せとして最も適切なものはどれか。下の1～5から一つ選べ。

　ア　温室効果ガスの量を把握し，削減努力を行った結果，どうしても出てしまう量を他の場所で実現した削減量・吸収量で埋め合わせすること。

　イ　国や企業などが原材料や部品など物品を調達する際に，環境負荷の小さいものを優先的に選択すること。また，消費者が製品やサービスを購入するときに，環境負荷の小さいものを選択すること。

　ウ　発展途上国などの立場の弱い生産者や労働者が，適切な労働環境の下で働き，正当な報酬を受け，生活を持続的に向上させようとする目的で，農作物や原料，製品などを適正な価格で継続的に取引をすること。

　エ　商品等のライフサイクル全体における環境負荷を科学的，定量的，客観的に評価する手法のこと。

	ア	イ	ウ	エ
1	カーボン・オフセット	サスティナビリティ	フェアトレード	マテリアルバランス
2	カーボンフットプリント	ゼロエミッション	サプライチェーン	ライフサイクルアセスメント
3	カーボン・オフセット	グリーン購入	フェアトレード	ライフサイクルアセスメント

| 4 | カーボン
フットプリント | グリーン購入 | サプライチェーン | マテリアルバランス |
| 5 | カーボン
フットプリント | サスティナビリティ | フェアトレード | ライフサイクル
アセスメント |

(5) 特定家庭用機器再商品化法(家電リサイクル法)(平成13年4月1日施行)で定められている対象機器でないものはどれか。次の1～5から一つ選べ。

1　冷蔵庫　　2　洗濯機　　3　テレビ　　4　パソコン
5　エアコン

(6) 家計の収入と支出について，ア，イの問いに答えよ。

ア　実収入以外の受取と消費支出の組合せとして最も適切なものはどれか。次の1～5から一つ選べ。

	実収入以外の受取	消費支出
1	受贈金	税金
2	勤め先収入	交通・通信費
3	預貯金引き出し	保健医療費
4	受贈金	有価証券購入
5	預貯金引き出し	預貯金

イ　実収入から非消費支出を差し引いたものを何というか。次の1～5から一つ選べ。

1　経常収入　　2　勤め先収入　　3　特別収入　　4　黒字
5　可処分所得

(☆☆☆◎◎◎)

【4】次の献立表は「赤飯，ブリの塩焼き，豆腐のみそ汁，筑前煮」の材料と分量(1人分)を示したものである。あとのア～オの問いに答えよ。

材料(1人分)

<赤飯>		<筑前煮>	
もち米	50 g	鶏肉（もも）	40 g
小豆	8 g	しょうゆ	3 g
黒ゴマ	0.5 g	砂糖	2 g
塩	0.4 g	酒	3 g
		にんじん	20 g
<ブリの塩焼き>		タケノコ	20 g
ブリの切り身	70 g	レンコン	20 g
塩	1 g	ゴボウ	20 g
油	1 g	こんにゃく	15 g
大根	25 g	干しシイタケ	2 g
		さやいんげん	5 g
<豆腐のみそ汁>		油	5 g
煮出し汁（煮干しだし）	150ml	煮出し汁	45ml
ねぎ	2.5 g	（こんぶとかつおぶしの混合だし）	
豆腐	12.5 g	干しシイタケの戻し汁	5ml
みそ	エ（ B ）g	酒	3 g
		砂糖	4 g
		しょうゆ	8 g

ア 「赤飯」について，次のA，Bの問いに答えよ。

　A もち米の特徴について，でんぷんの種類とその割合，性質の面から簡潔に説明せよ。

　B 小豆をゆでる際に行う「渋切り」とは，どのような操作のことか簡潔に説明せよ。

イ うるち米から作られる米粉及び加工品はどれか。次の①〜⑤から一つ選べ。

　① 白玉粉　② 寒梅粉　③ 上新粉　④ 道明寺粉

　⑤ 求肥

ウ 「ブリの塩焼き」について，ブリやまぐろなどの赤身魚に多く含まれ，細菌の作用によりアレルギー様食中毒の原因となる必須アミノ酸を答えよ。

エ 「豆腐のみそ汁」について，次のA，Bの問いに答えよ。

　A 大豆およびその加工品に関する記述として誤っているものはどれか。次の①〜⑤からすべて選べ。

　　① 大豆の成分は，たんぱく質約35％，脂質約20％，炭水化物約28％である。

　　② 大豆のたんぱく質のアミノ酸組成は，必須アミノ酸であるリジンが多く，栄養価が高い。

③　大豆の脂質には，不飽和脂肪酸のリノール酸が多い。

④　蒸した大豆をつぶし，塩・麹を加え，熟成させた加工品はしょうゆである。

⑤　大豆に含まれるレシチンは凝固剤としてさまざまな加工食品の製造に利用されている。

B　煮出し汁150mlに対して0,8%の塩味をつける場合，みその塩分含量を13%とすると使用するみその分量は何グラムか算出せよ。ただし，計算過程の数字も含めすべて，小数第二位を四捨五入し答えよ。

オ　「筑前煮」について，次のA～Dの問いに答えよ。

A　煮出し汁の一部として使用する干しシイタケの戻し汁に含まれている二つの成分とその利点を答えよ。

B　肉は熟成するとうまみが生成する。その理由を屠殺後の経過に沿って簡潔に説明せよ。

C　鶏肉の熟成期間(2～4℃の場合)はどのくらいか。次の①～④から一つ選べ。

①　1～4時間　　②　0.5～1日　　③　3～5日

④　10～14日

D　筑前煮を調理する際，にんじん，タケノコ，レンコン，ゴボウは乱切りにする。その利点について理由とともに説明せよ。

(☆☆☆◎◎◎)

【中学校】

【1】住生活について，次の(1)～(6)の問いに答えよ。

(1)　次のア～オの平面表示記号(JIS建築製図通則 A 0150)は，それぞれ何を表すものか。ア～オに適するものの組合せとして最も適切なものはどれか。あとの1～5から一つ選べ。

ア	イ	ウ	エ	オ

	ア	イ	ウ	エ	オ
1	片開き窓	引込戸	両引き戸	両開き扉	雨戸
2	片開き扉	引違い窓	引違い戸	両開き窓	折畳戸
3	片開き窓	引込戸	両引き戸	両開き扉	折畳戸
4	片開き扉	引違い窓	引違い戸	両開き窓	雨戸
5	片開き扉	引違い戸	両引き戸	両開き扉	雨戸

(2) 敷地面積200.29m²，延床面積125.03m²，建築面積73.28m²の建物の建ぺい率(小数第2位を四捨五入した数)として最も適切なものはどれか。次の1～5から一つ選べ。

1 25.8%　　2 36.6%　　3 62.4%　　4 97.4%　　5 99.0%

(3) コーポラティブハウスについて説明した文として最も適切なものはどれか。次の1～5から一つ選べ。

1 住宅の購入を希望する人たちが，建設組合を結成して共同で自由な設計で建てた住まい。

2 独立した専用の住居といくつかの共用スペースを持ち，生活の一部を共同化する合理的な住まい。

3 高齢者等の生活特性に配慮したバリアフリー化された公共賃貸住宅の供給と生活援助員による日常生活支援サービスの提供とを併せて行う高齢者世帯向けの住宅。

4 地球環境保全を促進する観点から，地域の特性に応じ，エネルギー・資源・廃棄物等の面で適切な配慮がなされるとともに，周辺環境と調和し，健康で快適に生活できるよう工夫された住宅及び住環境。

5 高齢者や幼児，妊婦などすべての人が生活するうえで，行動を阻害する障壁を取り除いた住宅。

(4) 次のア～エは屋根の形を図示したものである。それぞれの名称の組合せとして最も適切なものはどれか。あとの1～5から一つ選べ。

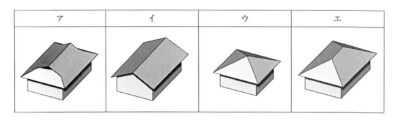

	ア	イ	ウ	エ
1	入母屋造	寄棟造	宝形造	切妻造
2	寄棟造	入母屋造	切妻造	宝形造
3	入母屋造	切妻造	宝形造	寄棟造
4	宝形造	寄棟造	入母屋造	切妻造
5	切妻造	宝形造	寄棟造	入母屋造

(5) シックハウス症候群についての記述として誤っているものはどれか。次の1〜5から一つ選べ。

1　シックハウス症候群は，建材や調度品などから発生する化学物質，カビ・ダニなどによる室内空気汚染等とそれによる健康被害のことである。

2　シックハウス症候群の症状は，どのようなメカニズムで起こるのかまだ十分解明されていない。

3　タバコの煙は，シックハウス症候群の原因となりうると考えられている。

4　シックハウス症候群対策として，換気は有効な手段であると考えられている。

5　シックハウス症候群対策として，太陽光の照射は，望ましい手段ではないと考えられている。

(6) 次は，中学校学習指導要領(平成20年3月告示)「第2章　第8節　技術・家庭」の家庭分野の内容に示されている「C　衣生活・住生活と自立」の一部である。文中の空欄①〜⑤に入る正しい語句の組合せはどれか。あとの1〜5から一つ選べ。

(2) 住居の機能と住まい方について，次の事項を指導する。

ア　家族の[　①　]について考え，住居の[　②　]な機能について知ること。

イ　[　③　]の安全を考えた[　④　]の整え方を知り，[　⑤　]な住まい方を工夫できること。

	①	②	③	④	⑤
1	住生活	基本的	中学生	室内環境	安全
2	住空間	一般的	中学生	住空間	快適
3	住空間	基本的	家族	室内環境	快適
4	室内環境	一般的	家族	住空間	安全
5	住生活	基本的	中学生	住空間	健康

(☆☆☆◎◎◎)

【高等学校】

【1】住生活について，次の(1)～(6)の問いに答えよ。

(1) 次のア～オの平面表示記号(JIS建築製図通則　A　0150)は，それぞれ何を表すものか。ア～オに適するものの組合せとして最も適切なものはどれか。下の1～5から一つ選べ。

ア	イ	ウ	エ	オ

	ア	イ	ウ	エ	オ
1	片開き窓	引込戸	両引き戸	両開き扉	雨戸
2	片開き扉	引違い窓	引違い戸	両開き窓	折畳戸
3	片開き窓	引込戸	両引き戸	両開き扉	折畳戸
4	片開き扉	引違い窓	引違い戸	両開き窓	雨戸
5	片開き扉	引違い戸	両引き戸	両開き扉	雨戸

(2) 敷地面積200.29m²，延床面積125.03m²，建築面積73.28m²の建物の建ぺい率(小数第2位を四捨五入した数)として最も適切なものはどれ

201

か。次の1〜5から一つ選べ。

1　25.8%　　2　36.6%　　3　62.4%　　4　97.4%　　5　99.0%

(3)　コーポラティブハウスについて説明した文として最も適切なものはどれか。次の1〜5から一つ選べ。

1　住宅の購入を希望する人たちが，建設組合を結成して共同で自由な設計で建てた住まい。

2　独立した専用の住居といくつかの共用スペースを持ち，生活の一部を共同化する合理的な住まい。

3　高齢者等の生活特性に配慮したバリアフリー化された公共賃貸住宅の供給と生活援助員による日常生活支援サービスの提供とを併せて行う高齢者世帯向けの住宅。

4　地球環境保全を促進する観点から，地域の特性に応じ，エネルギー・資源・廃棄物等の面で適切な配慮がなされるとともに，周辺環境と調和し，健康で快適に生活できるよう工夫された住宅及び住環境。

5　高齢者や幼児，妊婦などすべての人が生活するうえで，行動を阻害する障壁を取り除いた住宅。

(4)　次のア〜エは屋根の形を図示したものである。それぞれの名称の組合せとして最も適切なものはどれか。下の1〜5から一つ選べ。

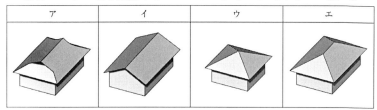

	ア	イ	ウ	エ
1	入母屋造	寄棟造	宝形造	切妻造
2	寄棟造	入母屋造	切妻造	宝形造
3	入母屋造	切妻造	宝形造	寄棟造
4	宝形造	寄棟造	入母屋造	切妻造

| 5 | 切妻造 | 宝形造 | 寄棟造 | 入母屋造 |

(5) シックハウス症候群についての記述として誤っているものはどれか。次の1～5から一つ選べ。

1 シックハウス症候群は，建材や調度品などから発生する化学物質，カビ・ダニなどによる室内空気汚染等とそれによる健康被害のことである。

2 シックハウス症候群の症状は，どのようなメカニズムで起こるのかまだ十分解明されていない。

3 タバコの煙は，シックハウス症候群の原因となりうると考えられている。

4 シックハウス症候群対策として，換気は有効な手段であると考えられている。

5 シックハウス症候群対策として，太陽光の照射は，望ましい手段ではないと考えられている。

(6) 次は，高等学校学習指導要領(平成21年3月告示)「第2章 第9節 家庭 第2款 各科目 第2 家庭総合」の内容に示されている「(4)生活の科学と環境」の一部である。文中の空欄①～⑤に入る正しい語句の組合せはどれか。下の1～5から一つ選べ。

> ウ 住生活の科学と文化
>
> 　住居の[①]，住空間の[②]，住環境などについて[③]に理解させ，住生活の[④]に関心をもたせるとともに，必要な知識と技術を習得して，安全と環境に配慮し，[⑤]に住生活を営むことができるようにする。

	①	②	③	④	⑤
1	機能	計画	科学的	文化	主体的
2	機能	科学	文化的	安全	協働的
3	文化	科学	計画的	文化	協働的
4	文化	科学	計画的	安全	主体的
5	機能	計画	科学的	文化	協働的

(☆☆☆◎◎◎)

解答・解説

【中高共通】

【１】(1)　5　　(2)　3　　(3)　5　　(4)　4　　(5)　4　　(6)　2
(7)　2　　(8)　1

〈解説〉(1)　選択肢中のシリカゲルは二酸化ケイ素を主成分とする粒状の乾燥剤で，袋菓子の乾燥剤として用いられることが多い。透明な粒と青色の粒があり，青いものは水分の指示薬としてコバルト塩を添加しており，湿気を吸収するとピンク色に変化する。なお，塩化カルシウムはシリカゲルの3倍の吸湿力がある。　　(2)　血液のしみ抜きは，しみの部分に中性洗剤をつけ，もみ洗いをし，最後に水ですすぐ。それでも落ちない場合は，酸素系漂白剤を使用する。血液成分はたんぱく質なので，熱湯では凝固してしまい，しみ抜きはできない。
(3)　番手は重さを基準にしたもので，番号が大きくなるほど細くなる。一方，デニールは長さを基準にしており，数字が大きくなるほど太くなる。　　(4)　ギンガムとビロードは布地の特徴を問う問題では最頻出のものなので，本問の説明を覚えておくとよい。なお，ウの文中の「ななこ組織」について，ななこ織(魚子織)は，複数の糸を引き揃えて織る平織のため布表面が魚卵のように粒だって見えることからこの名称がある。また，バスケットボールのようにも見えるので，バスケット・ウィーブともいう。オックスフォードはワイシャツやスリップ地に多く使われている布地である。　　(5)　1は形態安定加工，2はシルクプロテイン加工，3は抗菌防臭加工，5は透湿防水のこと。なお，防汚加工にはSR加工(汚れを落としやすくする)，SG加工(汚れをつきにくくする)，SH加工(汚れを目立ちにくくする)がある。　　(6)　布地の方向と布地の前中心に対する角度から判断する。　　(7)　2　トーンは，彩

度(あざやかさ)と明度(明るさ)が複合された色の表現方法である。

(8)　2は夜の慶事の正式礼装，3は夜の慶事の準礼装，4は昼間の慶事の準礼装，5は昼夜を通じた略礼装のことである。

【2】 (1)　1　　(2)　2　　(3)　5　　(4)　3　　(5)　4　　(6)　3
(7)　4

〈解説〉(1)　2は非対称性緊張性頸反射，3は探索反射，4は吸啜反射，5は把握反射である。　　(2)　出題されたのは遊びの内容による分類で，心身の発達に応じて感覚遊び→運動遊び→受容遊び→模倣遊び→構成遊び→集団遊びが見られるようになる。また，遊び相手の変化による分類(一人遊び→傍観的行動→平行遊び→連合遊び→協同遊び)もおさえておきたい。　　(3)　アは児童の権利に関する条約第20条，イは児童憲章第1条，ウは改正前の児童福祉法第1条第2項である。なお，児童福祉法については2016年6月に一部改正が行われ，第1条は第1，2項の別がなくなり，「全て児童は，児童の権利に関する条約の精神にのつとり，適切に養育されること，その生活を保障されること，愛され，保護されること，その心身の健やかな成長及び発達並びにその自立が図られることその他の福祉を等しく保障される権利を有する」となったので注意すること。　　(4)　定期予防接種については，3種混合ワクチン(ジフテリア，破傷風，百日咳)やこれにポリオを加えた4種混合ワクチン，BCG(結核)などがある。接種の対象となる時期をむかえたら，できるだけ早く受けることを勧めている。　　(5)　児童相談所の業務には相談，一時保護，措置の3大機能があり，相談には障害相談，養護相談，育成相談，非行相談などがある。育成相談は不登校，しつけ相談，性格行動相談などをいう。養護相談とは保護者の家出や失踪，離婚，入院などによる養育困難児，虐待児童の相談である。養護相談の構成割合は年々増加傾向にある。　　(6)　スウェーデンでは昔から男女共同参画が実践され，性別にかかわらず家庭との両立を想定した働き方が当たり前と考えられており，出産・育児を機に離職するのは考えにくく，アが該当する。一方，日本と韓国は依然として性別役割分業

意識が高いことからＭ字型カーブを描く。それに加え，近年の日本では晩婚化，未婚化，子どもを産まないカップルの増加などによりＭ字カーブは上方へ移動している。この点からウが日本で，残るイがドイツである。　(7)　1　民法第725条で規定される親族の範囲は，6親等以内の血族，配偶者，3親等以内の姻族である。　2　未成年者の婚姻について，民法第737条では「父母の同意を得なければならない」としている。ただし，その同意は父母の一方で足りる。　3　民法第738条により，「成年後見人の同意を要しない」。　5　民法第第877条の規定による。「四親等以内」ではなく「三親等以内」が正しい。

【３】(1)　2　　(2)　4　　(3)　4　　(4)　3　　(5)　4　　(6)　ア　3　イ　5

〈解説〉(1)　2の説明に該当するのは，消費生活センターである。

(2)　ア　キャッチセールスのクーリング・オフは8日間。　ウ　契約書に「キャンセル料」や「違約金」が記載されていても支払う必要はない。　エ　クーリング・オフの関係書面は5年間保存である。

(3)　初回手数料は，40,000×0.01＝400〔円〕，2回目手数料は，30,000×0.01＝300〔円〕，3回目手数料は，20,000×0.01＝200〔円〕，4回目手数料は，10,000×0.01＝100〔円〕で，手数料合計は1000円である。　(4)　選択肢の正答以外の語句について解説する。サスティナビリティ(持続可能性)は，次世代のために自然の再生可能な範囲で資源を利用できるようにすること。マテリアルバランスは，事業活動で必要とされる資源・エネルギーの量と，それに伴う廃棄・排出量との関係のこと。カーボンフットプリントは，商品やサービスの原材料調達から廃棄・リサイクルに至るまでのライフサイクル全体を通して排出される温室効果ガスの排出量を二酸化炭素に換算して，商品やサービスにわかりやすく表示するしくみのこと。ゼロエミッションは，産業における生産や廃棄，消費に伴って発生する廃棄物をゼロにすることを目的とする取り組みのこと。サプライチェーンは，ある製品の原材料が生産されてから消費者に届くまでのすべての工程のこと。

(5) パソコンは資源の有効な利用の促進に関する法律(パソコンリサイクル法)によって回収される。 (6) ア 1 受贈金は実収入(特別収入),税金は非消費支出。 2 勤め先収入は実収入(経常収入)。4・5 有価証券購入と預貯金は実支出以外の支払。 イ 可処分所得は個人が自由に使える所得であり,貯蓄や消費等に振り分けられる。

【4】ア A もち米にはアミロペクチンというでんぷんが100%含まれているが,アミロースは含まれていないため,粘り気が強いのが特徴である。 B 渋切りとは,水からゆでて,沸騰後に湯をこぼし,新しい水を加えて,再びゆでることによって,あく(渋みや苦み)を取り除く操作のことである。 イ ③ ウ ヒスチジンエ A ④,⑤ B 9.2g オ A ・成分…レンチオニン利点…特有の香りを生成することにより,風味がよくなる利点がある。・成分…グアニール酸(グアニル酸) 利点…こんぶとかつおぶしの混合だしとの相乗効果により,単独の時よりもうま味を増す利点がある。 B 肉は死後硬直後,筋肉がたんぱく質の分解酵素の働きにより,再び軟化するため,うま味が生成される。 C ② D 表面積が大きくなることにより,火が通りやすくなり,調味料も浸透しやすくなるという利点がある。

〈解説〉ア A アミロペクチンはブドウ糖が枝分かれ(樹枝状)になっていて,からみ合うため粘りが強いのである。 イ 上新粉以外はすべてもち米が原料。寒梅粉は落雁の材料になる。 ウ 赤身魚(カジキ,マグロ,ブリ,鯖など)に含まれるヒスチジンがヒスタミンに変化すると,ヒスタミン食中毒を起こす。赤身魚を常温で長時間置いたり,凍結・解凍を繰り返したりすると,ヒスタミン産生菌の増殖や菌の持つ酵素の働きでヒスタミンに変化する。 エ A ④ 説明は「みそ」である。米麹を使うと米味噌,麦麹を使うと麦みそになる。しょうゆの製造には小麦粉が必要である。 ⑤ レシチンは,大豆,ピーナッツ,レバー,卵黄に含まれる成分である。細胞1つ1つに含まれ細胞内外の出し入れに関与している。脳神経,神経組織を構成する物質であ

る。大豆レシチンはコレステロールを低下させる，記憶力を高める，認知症の予防・改善になるホスファチジルコリンを含み肝臓を保護するなど様々な作用がわかっており，サプリメントに利用されている。　B　この煮出し汁に含まれる食塩の量は，150×0.008＝1.2〔g〕。したがって，1.2gの塩分になるようにみその量を決めればよい。求めるみその量をx〔g〕とおくと，みそ100g中に13gの塩分があるので，100：13＝x：1.2　これを解くと，x≒9.23〔g〕　第2位四捨五入して，求めるみその量は9.2g。　オ　A　解答例にあげた2つの成分は，生シイタケを乾燥させる過程で増加するため，干しシイタケに多く含まれる成分となる。　C　死後硬直後，4℃の貯蔵状態で食肉になるまでの期間(熟成期間)は，牛肉は5〜10日，豚肉は3〜5日，鶏肉は0.5〜1日である。

【中学校】

【１】(1)　2　　(2)　2　　(3)　1　　(4)　3　　(5)　5　　(6)　3
〈解説〉(1)　ア，エの違いは「片開き」と「両開き」の違いだけでなく，アの場合は「扉」，エの場合は窓であることもおさえておきたい。同様に，イとウについても「窓」と「戸」の区別をしっかりつけておくこと。　(2)　建ぺい率は，$\dfrac{建築面積}{敷地面積}\times100$で求めるので，$\dfrac{73.28}{200.29}\times100＝36.58\cdots$より，小数第2位を四捨五入し，36.6％となる。
(3)　2はコレクティブハウス，3はグループホーム，4は環境共生住宅，5はバリアフリー住宅の説明である。　(4)　イは一般的な屋根の形でよく知られているが，最近ではウやエのような形も多くみられる。アは神社などで見られる造りである。　(5)　太陽光には乾燥(相対湿度を下げる)と殺菌(紫外線による微生物の殺滅)の効果があり，室内に日照を取り入れることで，カビの育成を防ぐ効果がある。　(6)　①・②中学校技術・家庭科家庭分野で学習する住居の機能は，基本的なものである。平面図や平面表示記号を用いずに，簡単な図(＝鳥瞰図)を用いて住空間のイメージを持ちやすいように工夫する。　③・④・⑤小学校家庭科では，暑さ・寒さ，通風・換気および採光による室内環境を学習する。これを踏まえて中学校技術・家庭科家庭分野では，安

全の視点から室内環境を整え快適な住まい方を工夫できるようにする学習を行う。

【高等学校】

【1】(1) 2　　(2) 2　　(3) 1　　(4) 3　　(5) 5　　(6) 1

〈解説〉(1)　ア，エの違いは「片開き」と「両開き」の違いだけでなく，アの場合は「扉」，エの場合は窓であることもおさえておきたい。同様に，イとウについても「窓」と「戸」の区別をしっかりつけておくこと。　　(2)　建ぺい率は，$\dfrac{建築面積}{敷地面積} \times 100$で求めるので，$\dfrac{73.28}{200.29} \times 100 = 36.58\cdots$より，小数第2位を四捨五入し，36.6％となる。

(3)　2はコレクティブハウス，3はグループホーム，4は環境共生住宅，5はバリアフリー住宅の説明である。　　(4)　イは一般的な屋根の形でよく知られているが，最近ではウやエのような形も多くみられる。アは神社などで見られる造りである。　　(5)　太陽光には乾燥(相対湿度を下げる)と殺菌(紫外線による微生物の殺滅)の効果があり，室内に日照を取り入れることで，カビの育成を防ぐ効果がある。

(6)　③・④「(4)生活の科学と環境」の4つの内容のうち3つが「科学と文化」という文言を含み，各指導事項の観点でありキーワードである。このことを踏まえて覚えたい。　　⑤　共通教科「家庭」の目標には「主体的に家庭や地域の生活を創造する能力」とあり，「家庭」の3科目の目標にもすべて「主体的に解決する」という文言が使われていることを考えると，指導事項の最終的なねらいを示す文末表現としては「主体的」が適切。

2016年度　実施問題

【中高共通】

【１】消費生活と環境について，次の(1)～(3)の問いに答えよ。

(1)　次の昭和45(1970)年，平成23(2011)年の「家計の消費支出構造(二人以上の世帯)」のグラフを見て，ア，イの問いに答えよ。

ア　①，②にあてはまる費目名を答えよ。

イ　2つのグラフを比較して，家計の消費支出構造の変化の特徴について，次の4つの語句をすべて用いて説明せよ。

対サービス・対財支出・情報化・サービス化

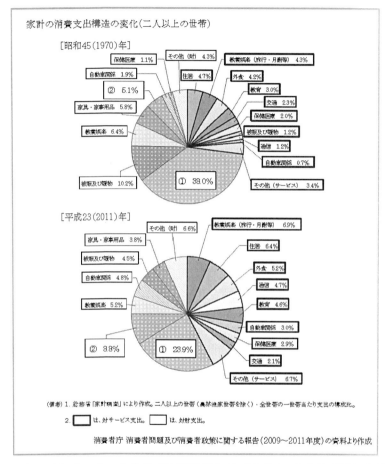

家計の消費支出構造の変化(二人以上の世帯)

[昭和45(1970)年]

保健医療 1.1%
自動車関係 1.9%
② 5.1%
家具・家事用品 5.8%
教養娯楽 6.4%
被服及び履物 10.2%
① 38.0%
その他(財) 4.3%
住居 4.7%
教養娯楽(旅行・月謝等) 4.3%
外食 4.2%
教育 3.0%
交通 2.3%
保健医療 2.0%
被服及び履物 1.2%
通信 1.2%
自動車関係 0.7%
その他(サービス) 3.4%

[平成23(2011)年]

家具・家事用品 3.8%
被服及び履物 4.5%
自動車関係 4.8%
教養娯楽 5.2%
② 3.8%
① 23.9%
その他(財) 6.6%
教養娯楽(旅行・月謝等) 6.9%
住居 6.4%
外食 5.2%
通信 4.7%
教育 4.6%
自動車関係 3.0%
保健医療 2.9%
交通 2.1%
その他(サービス) 6.7%

(備考) 1. 総務省「家計調査」により作成。二人以上の世帯(農林漁家世帯を除く)・全世帯の一世帯当たり支出の構成比。

2. ☐ は、対サービス支出。 ▨ は、対財支出。

消費者庁 消費者問題及び消費者政策に関する報告(2009〜2011年度)の資料より作成

(2) インターネットをめぐる消費者トラブルの1つである「ワンクリック請求」によるトラブルに巻き込まれないために気を付けることを生徒に説明する。その内容を簡潔に3つ述べよ。

(3) 次のア〜ウは，環境に関する表示である。それぞれの説明として正しいものをあとのA〜Eから選び記号で記せ。

ア

イ

ウ

A　二酸化炭素排出量削減のために，古紙を再利用している製品であることを示すマーク。

B　適切な森林管理が行われていることを認証する「森林管理の認証」と森林管理の認証を受けた森林からの木材・木材製品であることを認証する「加工・流通過程の管理の認証」の2種類の認証からなる制度を示すマーク。

C　間伐材を用いた製品の普及啓発のために，間伐材製品につけられるマーク。

D　地球温暖化に関る環境負荷を定量的に算定，表示し，「見える化」された情報を用いて，事業者，消費者が共により低炭素な社会へ自ら変革していくことをめざすことを示すマーク。

E　環境負荷の少ないグリーン電力が使用されていることを消費者等に明示するためのマーク。

(☆☆☆◎◎◎)

【2】保育及び家族・家庭生活について，次の(1)～(4)の問いに答えよ。
　(1)　保育所と幼稚園の設置について，空欄ア～カに入る適切な語句や数字を記せ。

	保育所	幼稚園
根拠法令	（　ア　）	（　イ　）
対象児	（　ウ　）歳～就学前の保育に欠ける児童	満（　エ　）歳～就学前の幼児
保育時間	1日（　オ　）時間を原則※延長保育、一時保育を実施	1日（　カ　）時間を標準※預かり保育を実施

(2)　次の文は,「認定こども園」について,述べたものである。空欄
　　ア～エにあてはまる語句として最も適切なものを下の語群A～Jより
　　選び,記号で答えよ。

　　　幼稚園,保育所等のうち,以下の機能を備え,認定基準を満たす
　　施設は,都道府県知事から「認定こども園」の認定を受けることが
　　できます。

　　①　(ア)の子どもに(イ)・(ウ)を提供する機能
　　②　地域における(エ)を行う機能

　　【語群】

A	育児	B	保育	C	幼児教育
D	初等普通教育	E	介護	F	子育て支援
G	研修	H	3歳未満	I	就学前
J	就学後				

(3)　次の図は,「世帯の家族類型別一般世帯の割合の推移(平成7年～
　　22年)」を表している。図中の(ア)～(オ)は,家族類型の名称を示
　　している。(イ)と(オ)にあてはまるものを下のA～Eから選び,記
　　号で答えよ。

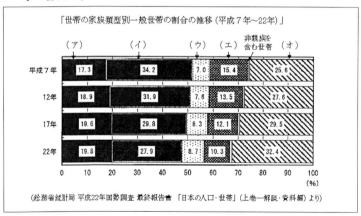

A　ひとり親と子どもからなる世帯
B　夫婦のみの世帯

C　単独世帯

D　夫婦と子どもからなる世帯

E　核家族以外の世帯

(4)　仕事と生活の調和について，次のア，イの問いに答えよ。

ア　「仕事と生活の調和(ワーク・ライフ・バランス)憲章」(内閣府
仕事と生活の調和推進官民トップ会議　平成22年6月)に，「仕事
と生活の調和が実現した社会の姿」として，具体的に次の3つが
記されている。空欄①～④にあてはまる語句として最も適切なも
のを下の語群A～Jより選び，記号で答えよ。

・就労による(　①　)が可能な社会

・(　②　)で豊かな生活のための(　③　)が確保できる社会

・多様な(　④　)・生き方が選択できる社会

【語群】

A　価値観　　　　B　働き方　　　C　安心　　　D　健康

E　時間　　　　　F　費用　　　　G　安全　　　H　精神的自立

I　経済的自立　　J　生活自立

イ　「仕事と生活の調和(ワーク・ライフ・バランス)レポート2013」
(内閣府　仕事と生活の調和連携推進・評価部会及び仕事と生活
の調和関係省庁連携推進会議　平成25年12月)に，「仕事と生活の
調和実現の状況と課題」が記されている。目標設定時から2020年
の目標値に向けて，「進捗していないもの」を次のA～Dから2つ
選び，記号で記せ。

A　第1子出産前後の女性の継続就業率

B　労働時間等の課題について労使が話し合いの機会を設けてい
る割合

C　在宅型テレワーカーの数

D　時間当たり労働生産性の伸び率

(☆☆☆◎◎◎)

【3】 住生活に関する次の4つの文を読み，下の(1)～(4)の問いに答えよ。

○ 住まいは，それぞれの地域の気候風土に応じてつくられてきた。(ア)日本は南北に長く，寒冷な地方から亜熱帯の地方までさまざまな気候があり，これが地域の住まいに影響を与えてきた。

○ 建物内部の環境を決定する要素としては，面積，容積，高さ，形状などの建物の空間的要素と，熱，空気，(イ)音，光，水などの物理的・化学的な環境要素があげられる。

○ 住まいの空間を考えるときは，おもに平面図が使用される。平面図は，建築の設計図の一つであり，(ウ)使用する記号や線の太さ，記載事項などについてJIS(日本工業規格)で定められている。

○ 戦後，住宅金融公庫法，公営住宅法，日本住宅公団法を柱に，住宅不足の解消や居住水準の向上をめざす住宅政策が進められてきた。しかし，近年の深刻な少子高齢化の進行，人口や世帯人員の減少などの社会状況の変化に対応するため，新たに住生活基本法(平成18年6月8日法律第61号)が制定された。住生活基本法に基づき，政策を推進するための基本的な計画である(エ)「住生活基本計画(全国計画)」(平成23年3月15日　国土交通省)もまとめられた。

(1) 下線部(ア)に関して「冬は寒く雪が多い地域」および「夏は暑く台風が多い地域」にみられる住まいの特徴について，それぞれ2つずつ簡潔に記せ。

(2) 下線部(イ)に関して「騒音に係る環境基準について」(環境省告示第54号　平成24年3月改正)によると，生活環境を保全し，人の健康の保護に資する上で維持されることが望ましい基準について，住居地域においては昼間(①)デシベル以下，夜間(②)デシベル以下としている。空欄①，②に適する数値の組み合わせが正しいものを次のA～Eから選び，記号で答えよ。

A ① 50　② 40　B ① 55　② 45
C ① 65　② 55　D ① 50　② 60
E ① 40　② 60

(3)　下線部(ウ)に関して，次に示す平面表示記号(JIS建築製図通則 JIS　A　0150)は何を表しているか答えよ。

①　　━□━│━□━　　　②　　━━━▭━━▬━━　　　③

(4)　下線部(エ)では次の①～④の水準が示されている。空欄A，Bに当てはまる水準を答えよ。また，「最低居住面積水準」と「誘導居住面積水準」について，それぞれ下線部(エ)に示されている内容に即して説明せよ。

①　（　A　）

②　（　B　）

③　最低居住面積水準

④　誘導居住面積水準

(☆☆☆◎◎◎)

【中学校】

【1】食生活について，次の(1)，(2)の問いに答えよ。

(1)　次の表は，「炊き込み飯，いわしのかば焼き，ポテトサラダ」の材料と分量(1人分)を示したものである。あとのア～オの問いに答えよ。

炊き込み飯（1人分：g）		いわしのかば焼き（1人分：g）		ポテトサラダ（1人分：g）	
米	60	いわし	約160(中2尾)	じゃがいも	70(約1/2個)
水	78	かたくり粉	6	塩	0.4
しょう油	6	あさつき	5	こしょう	少々
酒	6	サラダ油	6	酢	2.5
油揚げ	2	砂糖	9	人参	7
鶏肉（もも）	10	しょう油	12	きゅうり	15
人参	5	みりん	9	たまねぎ	10
干ししいたけ	0.5	酒	6	卵	20
こんにゃく	5			塩	0.2
ごぼう	5			こしょう	少々
さやいんげん	3			マヨネーズ	12
				パセリ	0.3
				サラダ菜	7(1枚)

ア　油揚げは，熱湯をかけたり湯通しをして「油抜き」の下ごしらえを行う。「油抜き」をする理由を2つ記せ。

イ　じゃがいもは水からゆでる。その目的を加熱による変化に触れながら簡潔に記せ。

ウ　A～Eの食品は6つの食品群による分類では何群になるか，1～6の数字で記せ。

A)　油揚げ　　　B)　干ししいたけ　　C) さやいんげん

D)　じゃがいも　　E)　マヨネーズ

エ　この分量で5人分の炊き込み飯を作る場合，準備するごぼうの量を算出せよ。ただし，ごぼうの廃棄率は10％とする。また，計算式も記せ。(小数第1位を四捨五入し，求めること)

オ　いわしの手開きについて，A～Gを適切な順番に並べ，記号で記せ。

A　腹に切り込みを入れる

B　中骨の上に両親指を入れ，指をすべらせて身を開く

C　中骨を尾の際で折り，身を押さえながら，引っ張って取る

D　はらわたの残りや血を流す

E　腹骨をそぎ取る

F　胸びれの下に包丁を入れ，頭を切り落とす

G　包丁の先ではらわたをかき出す

(2)　食品の表示について，次のア～ウの問いに答えよ。

ア　次の文章は，食品表示法(平成27年4月1日施行)の第3条基本理念を一部抜粋したものである。空欄A～Dに入る適切な言葉を記せ。

　　販売の用に供する食品に関する表示の適正を確保するための施策は，消費者基本法(昭和43年法律第78号)第2条第1項に規定する消費者政策の一環として，消費者の(　A　)及び自主的かつ合理的な(　B　)の機会が確保され，並びに消費者に対し必要な(　C　)が提供されることが消費者の権利であることを尊重するとともに，消費者が自らの利益の擁護及び増進のため自主的かつ合理的に行動することができるよう消費者の(　D　)を支援する

ことを基本として講ぜられなければならない。

イ　次の表示について，下のA，Bの問いに答えよ。

名　　　称	ロースハム（スライス）
原材料名	豚ロース肉、水あめ、食塩、①リン酸塩（Ｎa）、調味料（アミノ酸） 酸化防止剤（ビタミンC）、発色剤（亜硝酸Ｎa）
内 容 量	○○ g
②賞味期限	表面上部に記載
保存方法	10℃以下で保存して下さい
製 造 者	○○株式会社　○○県○○市○○町○－○

A　下線部①の目的と効果をa〜eの中から1つ選び，記号で答えよ。

【目的と効果】

a　ハムに味をつける

b　食品の酸化や劣化を防いで品質を保つ

c　ハムの色を鮮やかにする

d　カビや細菌などの発育を抑制する

e　肉の保水性を高めて肉片同士がくっつきやすくする

B　下線部②の意味として適切なものをa〜dの中から全て選び，記号で答えよ。

a　定められた方法により保存した場合において，腐敗，変敗その他の品質(状態)の劣化に伴い安全性を欠くこととなる恐れがないと認められる期限を示す年月日

b　定められた方法により保存した場合において，期待される全ての品質の保持が十分に可能であると認められる期限を示す年月日

c　この期限を過ぎた食品であっても，必ずしも食べられなくなるわけではないので，食品が食べられるかどうかについては，消費者が個別に判断する必要がある

d　この期限を過ぎた食品は食べないようにする

ウ　食物アレルギー症状を引き起こすことが明らかになった食品の
うち，特に発症数，重篤度が高いため，特定原材料として表示を
義務付けられている7品目について，卵，乳以外の5つの品目の名
称を記せ。

(☆☆☆◎◎◎)

【2】衣生活について，次の(1)～(3)の問いに答えよ。

(1)　次の表は，下のA～Dの繊維の断面及び側面の電子顕微鏡写真で
ある。ア～エの繊維名をA～Dから1つずつ選び，記号で答えよ。

繊維名	ア	イ	ウ	エ
断面				
側面				

(一般社団法人化学繊維技術改善研究委員会「繊維素材のデータ
ベース」より)

【繊維名】

　A　綿　　B　麻(亜麻)　　C　毛(羊毛)　　D　絹

(2)　次は，繊維の燃焼性実験を行う際に生徒へ示すプリントの一部で
ある。あとのア，イの問いに答えよ。

　　[器具]　ピンセット，ガスバーナー，点火具，シャーレ

　　[準備]　試料とする布を1cm×10cmに切る。

　　[方法]　・ガスバーナーの炎を細く小さく出し，淡青色に近づけ
る。

　　　　　　・試料をピンセットでつまみ，静かに炎に近づけていき

　　　　　ながら，それぞれの試料について，次の①〜⑤の項目
　　　　　を観察する。

　　　[観察項目]
　　　　　①　炎に近づけて，収縮や溶融などの変化があるか。
　　　　　②　炎の中に入れて燃えるか，燃焼速度，炎の色，煙の
　　　　　　状態はどうか。
　　　　　③　（　a　）
　　　　　④　（　b　）
　　　　　⑤　（　c　）
　　ア　空欄a〜cに入る適切な観察項目をそれぞれ簡潔に記せ。
　　イ　安全に実験を行うという観点から試料として合成繊維を用いる
　　　場合，特に留意しなければならないことについて合成繊維の燃焼
　　　時の特徴に触れながら生徒に指導する。その内容を簡潔に2つ述
　　　べよ。
(3)　次は，被服製作実習を行う際に生徒へ示すプリントの一部である。
　　あとのア〜エの問いに答えよ。
　　　題材「ハーフパンツ」

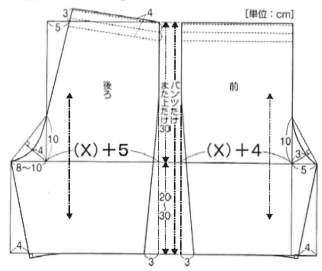

■ 型紙をつくる

① 採寸する。

② 模造紙に上図のように製図する。

③ 模造紙から型紙を切り取る。

■ 裁断・しるしつけ

① 着用・洗濯後に変形の可能性がある布を使用する場合は，裁断をする前に(A)をする。

② 布を(B)に二つ折りにして，型紙を配置し，まち針をうつ。

大柄な布や方向性のある柄の布の場合は(C)をする。

③ (D)の分量を取り，断ち切り線の印をつける。

④ 裁ちばさみを用いて，裁ち切り線どおりに布を裁断する。

⑤ 布の間に布用両面複写紙をはさみ，(E)を用いて出来上がりの線のしるしをつける。

ア 図中のXに適する数式を次のa〜dから1つ選び，記号で答えよ。

a) 胴囲÷2　　b) 腰囲÷2　　c) 胴囲÷4　　d) 腰囲÷4

イ 空欄A〜Eに適する語句を答えよ。

ウ 裁断・しるしつけの④の工程について，断ち切り線どおりに布を裁断するための裁ちばさみの使い方の留意点を簡潔に2つ述べよ。

エ 裁断・しるしつけの⑤の工程について，角のしるしのつけ方の留意点を簡潔に述べよ。

(☆☆☆◎◎◎)

【3】次の指導計画について，あとの(1)，(2)の問いに答えよ。

■ 題材名　：「食生活を振り返ろう」

■ 対象生徒：中学校　第1学年　40名

■ 題材の目標　食事の役割と中学生の栄養の特徴について理解を深めるとともに，自分の食生活に関心を持ち，健康に良い食習慣について考え，工夫することができる。

221

■　題材の指導計画　　　　　　　　　　(総授業時数8時間)

第1次　食生活を振り返ろう　　　　　　　　　　　　2時間
第2次　栄養素のはたらきと食品との関係を知ろう　　4時間
第3次　中学生の栄養の特徴を知ろう　　　　　　　　2時間

〔第1次の指導と評価の計画〕

時	ねらい(◎)及び学習活動(・)	指導上の留意点	評価規準・方法
1	◎(ア)食事が果たす役割を理解する。 ・小学校の学習を振り返る。 ・食事の場面を思い出しながら、食事の役割について考え、発表する。	・小学校での食事の学習を振り返らせる。 ・食事場面が写っているVTRを視聴させ、食事の役割について考えさせる。	・食事が果たす役割について理解している。 ＜ペーパーテスト＞ (知識・理解) ・食事の役割について考えようとしている。 ＜授業中の態度・発言＞ (関心・意欲・態度)
2	◎心身の健康によい食習慣について考えることができる。 ・栄養のバランスがよい食事をとることの大切さを知る。 ・1日3食を規則正しくとることの必要性を理解する。 (イ)	・体に必要な栄養素を摂取するために食品をバランスよく食べることが大切なことを知らせる。 ・規則正しい食事が生活のリズムをつくり、健康な体になることを知らせる。	・栄養のバランスがよい食事や規則正しい食事が大切であることを理解している。 ＜ペーパーテスト＞ (知識・理解) ・自分の食生活に関心を持ち、健康によい食習慣について考え、工夫している。 ＜ワークシート＞ (工夫・創造)

(1)　下線部(ア)にある食事の役割を5つ答えよ。

(2)　「心身の健康によい食習慣」について1時間(50分)で指導する。どのような授業を計画するか，空欄　イ　で行う学習活動について具体的に述べよ。

(☆☆☆◎◎◎)

222

【4】次の文章は，中学校学習指導要領(平成20年3月告示)「第2章　第8
　章　技術・家庭」の家庭分野の内容に示されている「B　食生活と自
　立」とその内容の取扱いの一部である。文中の空欄①〜⑤に入る語句
　を，学習指導要領に示されたとおりに答えよ。

　B　食生活と自立
　　(1)　中学生の食生活と栄養について，次の事項を指導する。
　　　ア　自分の食生活に関心をもち，生活の中で食事が果たす役割を
　　　　理解し，健康によい食習慣について考えること。
　　　イ　栄養素の種類と働きを知り，中学生に必要な栄養の特徴につ
　　　　いて考えること。
　　(2)　日常食の献立と食品の選び方について，次の事項を指導する。
　　　ア　食品の(　①　)や中学生の1日に必要な食品の種類と概量につ
　　　　いて知ること。
　　　イ　中学生の1日分の(　②　)を考えること。
　　　ウ　食品の(　③　)を見分け，用途に応じて選択できること。
　3　内容の取扱い
　　(2)　内容の「B　食生活と自立」については，次のとおり取り扱う
　　　ものとする。
　　　ア　(1)のイについては，水の働きや(　④　)についても触れるこ
　　　　と。
　　　イ　(2)のウについては，主として調理実習で用いる生鮮食品と
　　　　(　⑤　)の良否や表示を扱うこと。

(☆☆☆◎◎◎◎)

【高等学校】

【1】食生活について，次の(1)〜(3)の問いに答えよ。
　(1)　次の表は，「炊き込み飯，いわしのかば焼き，ポテトサラダ」の
　　材料と分量(1人分)を示したものである。あとのア〜エの問いに答え
　　よ。

炊き込み飯（1人分：g）		いわしのかば焼き（1人分：g）		ポテトサラダ（1人分：g）	
米	60	いわし	約160（中2尾）	じゃがいも	70（約1/2個）
水	78	かたくり粉	6	┌塩	0.4
しょう油	6	あさつき	5	┤こしょう	少々
酒	6	サラダ油	6	└酢	2.5
油揚げ	2	┌砂糖	9	人参	7
鶏肉（もも）	10	│しょう油	12	きゅうり	15
人参	5	│みりん	9	たまねぎ	10
干ししいたけ	0.5	└酒	6	卵	20
こんにゃく	5			┌塩	0.2
ごぼう	5			┤こしょう	少々
さやいんげん	3			└マヨネーズ	12
				パセリ	0.3
				サラダ菜	7（1枚）

ア　油揚げは，熱湯をかけたり湯通しをして「油抜き」の下ごしらえを行う。「油抜き」をする理由を2つ記せ。

イ　じゃがいもは水からゆでる。その目的を加熱による変化に触れながら簡潔に記せ。

ウ　この分量で5人分の炊き込み飯を作る場合，準備するごぼうの量を算出せよ。ただし，ごぼうの廃棄率は10％とする。また，計算式も記せ。(小数第1位を四捨五入し，求めること)

エ　いわしの手開きについて，A〜Gを適切な順番に並べ，記号で記せ。

A　腹に切り込みを入れる

B　中骨の上に両親指を入れ，指をすべらせて身を開く

C　中骨を尾の際で折り，身を押さえながら，引っ張って取る

D　はらわたの残りや血を流す

E　腹骨をそぎ取る

F　胸びれの下に包丁を入れ，頭を切り落とす

G　包丁の先ではらわたをかき出す

(2) 食品の表示について，次のア～ウの問いに答えよ。

ア 次の文章は，食品表示法(平成27年4月1日施行)の第3条基本理念を一部抜粋したものである。空欄A～Dに入る適切な言葉を記せ。

　　販売の用に供する食品に関する表示の適正を確保するための施策は，消費者基本法(昭和43年法律第78号)第二条第一項に規定する消費者政策の一環として，消費者の(A)及び自主的かつ合理的な(B)の機会が確保され，並びに消費者に対し必要な(C)が提供されることが消費者の権利であることを尊重するとともに，消費者が自らの利益の擁護及び増進のため自主的かつ合理的に行動することができるよう消費者の(D)を支援することを基本として講ぜられなければならない。

イ 次の表示について，下のA，Bの問いに答えよ。

名　　称	ロースハム（スライス）
原材料名	豚ロース肉、水あめ、食塩、①リン酸塩（Ｎａ）、調味料（アミノ酸）酸化防止剤（ビタミンC）、発色剤（亜硝酸Ｎａ）
内容量	○○g
②賞味期限	表面上部に記載
保存方法	10℃以下で保存して下さい
製造者	○○株式会社　○○県○○市○○町○-○

A 下線部①の目的と効果をa～eの中から1つ選び，記号で答えよ。

【目的と効果】

　　a ハムに味をつける

　　b 食品の酸化や劣化を防いで品質を保つ

　　c ハムの色を鮮やかにする

　　d カビや細菌などの発育を抑制する

　　e 肉の保水性を高めて肉片同士がくっつきやすくする

B 下線部②の意味として適切なものをa～dの中から全て選び，記号で答えよ。

　　a 定められた方法により保存した場合において，腐敗，変敗その他の品質(状態)の劣化に伴い安全性を欠くこととなる恐

225

　　　　れがないと認められる期限を示す年月日

　　b　定められた方法により保存した場合において，期待される
　　　全ての品質の保持が十分に可能であると認められる期限を示
　　　す年月日

　　c　この期限を過ぎた食品であっても，必ずしも食べられなく
　　　なるわけではないので，食品が食べられるかどうかについて
　　　は，消費者が個別に判断する必要がある

　　d　この期限を過ぎた食品は食べないようにする

　ウ　食物アレルギー症状を引き起こすことが明らかになった食品の
　　うち，特に発症数，重篤度が高いため，特定原材料として表示を
　　義務付けられている7品目について，卵，乳以外の5つの品目の名
　　称を記せ。

(3)　一部介助を要する高齢者Aさんに対する食事の介助について，下
　のア，イの問いに答えよ。

　【Aさんの状態】

　　・2年前の脳梗塞で右片麻痺の後遺症が残っている。麻痺の状
　　　態は軽度である。

　　・右利きのため，自助具を使用して食事をしている。

　ア　次の①～⑤の食事を介助する。一番初めに勧めるとよいものを
　　1つ選び，番号で答えよ。また，その理由を簡潔に記せ。

　　①　ごはん　　　　　　②　魚のホイル焼き
　　③　かぶと春菊の煮物　④　ほうれん草のごま和え
　　⑤　かきたま汁

　イ　【Aさんの状態】を踏まえ，摂食中に観察すべき点について，次
　　の例の他に簡潔に2つ記せ。

　　(例)　・食欲があるか

　　　　　・咀嚼や嚥下に問題はないか

　　　　　・調理方法が適切でないための食べにくさはないか

（☆☆☆◎◎◎）

226

【2】衣生活について，次の(1)〜(3)の問いに答えよ。

(1) 次の表は，下のA〜Dの繊維の断面及び側面の電子顕微鏡写真である。ア〜エの繊維名をA〜Dから1つずつ選び，記号で答えよ。

繊維名	(ア)	(イ)	(ウ)	(エ)
断面				
側面				

(一般社団法人化学繊維技術改善研究委員会「繊維素材のデータベース」より)

【繊維名】A　綿　　B　麻(亜麻)　　C　毛(羊毛)　　D　絹

(2) 次は，繊維の燃焼性実験を行う際に生徒へ示すプリントの一部である。あとのア，イの問いに答えよ。

[器具]　ピンセット，ガスバーナー，点火具，シャーレ

[準備]　試料とする布を1cm×10cmに切る。

[方法]　・ガスバーナーの炎を細く小さく出し，淡青色に近づける。

　　　　・試料をピンセットでつまみ，静かに炎に近づけていきながら，それぞれの試料について，次の①〜⑤の項目を観察する。

[観察項目]

　　① 炎に近づけて，収縮や溶融などの変化があるか。

　　② 炎の中に入れて燃えるか，燃焼速度，炎の色，煙の状態はどうか。

　　③ （　a　）

　　④ （　b　）

　　　　⑤　（　c　）

ア　空欄a～cに入る適切な観察項目をそれぞれ簡潔に記せ。

イ　安全に実験を行うという観点から試料として合成繊維を用いる場合，特に留意しなければならないことについて合成繊維の燃焼時の特徴に触れながら生徒に指導する。その内容を簡潔に2つ述べよ。

(3)　次は，被服製作実習を行う際に生徒へ示すプリントの一部である。あとのア～ウの問いに答えよ。

　　題材　「ハーフパンツ」

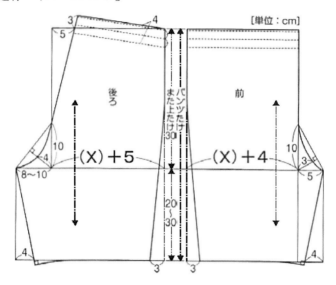

■型紙をつくる

　①　採寸する。

　②　模造紙に上図のように製図する。

　③　模造紙から型紙を切り取る。

■裁断・しるしつけ

　①　着用・洗濯後に変形の可能性がある布を使用する場合は，裁断をする前に(　A　)をする。

② 布を(B)に二つ折りにして，型紙を配置し，まち針をうつ。

大柄な布や方向性のある柄の布の場合は(C)をする。

③ (D)の分量を取り，断ち切り線のしるしをつける。

④ 裁ちばさみを用いて，裁ち切り線どおりに布を裁断する。

⑤ 布の間に布用両面複写紙をはさみ，(E)を用いて出来上がり線のしるしをつける。

ア 図中のXに適する数式を次のa～dから1つ選び，記号で答えよ。

a) 胴囲÷2　　b) 腰囲÷2　　c) 胴囲÷4　　d) 腰囲÷4

イ 空欄A～Eに適する語句を答えよ。

ウ 裁断・しるしつけの④の工程について，断ち切り線どおりに布を裁断するための裁ちばさみの使い方の留意点を簡潔に2つ述べよ。

(☆☆☆◎◎)

【3】次の文章は，高等学校学習指導要領(平成21年3月告示)「第2章　第9節　家庭」に示されている，「第3款　各科目にわたる指導計画の作成と内容の取扱い」の一部である。

下線部が正しければ○，間違っていれば正しい語句を，学習指導要領に示されたとおりに記せ。

1 指導計画の作成に当たっては，次の事項に配慮するものとする。

(1) 「家庭基礎」，「家庭総合」及び「生活デザイン」の各科目に配当する総授業時数のうち，原則として(ア)10分の4以内を実験・実習に配当すること。

(2) 「家庭基礎」は，原則として，(イ)一年次で履修させること。

(3) 「家庭総合」及び「生活デザイン」を複数の年次にわたって分割して履修させる場合には，原則として(ウ)連続する3か年において履修させること。

(4) 中学校技術・家庭科，(エ)公民科，数学科，理科及び保健体育科などとの関連を図るとともに，教科の目標に即した調和のとれ

た指導が行われるよう留意すること。

(☆☆☆○○○○)

【4】次の学習指導案について，あとの(1)，(2)の問いに答えよ。
　■科目名　：家庭総合
　■対象生徒：高等学校　普通科　第1学年　40名
　■授業時間：50分
　■題材名　：「衣生活の文化と知恵」
　■本時の目標
　　　平面構成である和服と立体構成である洋服の特徴を理解し，我が
　　国の衣生活の文化について関心をもつとともに，衣生活の文化とそ
　　の伝承について考えを深める。
　■本時の指導案

時間	学習活動	指導上の留意点	評価規準・方法
5分	・本時の目標を確認する。		
15分	・平面構成である和服と立体構成である洋服の特徴をまとめる。	・平面構成である和服と立体構成である洋服の特徴について、具体的な例を提示して説明し、視覚的に理解できるよう配慮する。	・平面構成である和服と立体構成である洋服の構成上の特徴や被服材料、着装の特徴について理解している。 〈ペーパーテスト〉 (知識・理解)
15分	・我が国の衣生活の文化や布を使った伝統的な暮らしの工夫についてまとめる。	・和服に用いられている伝統の技を提示し、そこからわかる我が国の衣生活の文化や布を使った伝統的な暮らしの工夫について説明する。	・我が国の衣生活の文化と布を使った伝統的な暮らしの工夫について関心をもっている。 〈観察・ワークシート〉 (関心・意欲・態度)
15分	・衣生活の文化について考えをまとめる。	(ア)	(イ)

(1)　下線部について次のA，Bを生徒に理解させたい。具体的な例と説明の内容をそれぞれ簡潔に述べよ。

A　立体構成である洋服の構成上の特徴

B　和服の着装上の利点

(2)　空欄(ア)(イ)を作成し，学習指導案を完成させよ。

(☆☆☆◎◎◎)

解答・解説

【中高共通】

【1】(1)　ア　①…食料　②…光熱・水道　イ　昭和45年に比べ平成23年度は，対サービス支出が大きく増加し，その分対財支出は減少している。項目ごとに見ると，通信の割合が増加しており，情報化が進んでいることがわかる。また，対サービス支出の増加から家計のサービス化が進んでいることがわかる。　(2)　・不用意にアクセスしない　・不用意にクリックしない　・あわてて業者に連絡しない　・未成年者は家族に相談する　・料金の請求を受けても言われるままに支払わない　・すぐに最寄りの消費生活センターに相談する　　等から3つ

(3)　ア…D　　イ…E　　ウ…B

〈解説〉(1)　消費支出の中で最も大きな割合を占めるのは①の食料費であるが，近年は低下の傾向にある。家計の消費支出は，ライフスタイルの多様化，女性の社会進出，情報化の進展，高齢化などを背景に商品購入(対財支出)から対サービス支出へとシフトしている。

(2)　社会経験が少なく，契約などに関する知識が乏しい若者は，悪質商法のターゲットであり，特にインターネットをめぐるトラブルに遭いやすいため，適切に対応できるよう指導しなければならない。

(3)　アは「カーボンフットプリントマーク」，イは「グリーンエネルギーマーク」という。ウのFSCは「Forest　Stewardship　Council」の略である。

【2】(1) ア…児童福祉法　イ…学校教育法　ウ…0　エ…3　オ…8　カ…4　(2) ア…I　イ…B又はC　ウ…C又はB　エ…F　(3) (イ)…D　(オ)…C　(4) ア ①…I　②…D　③…E　④…B　イ　A，D

〈解説〉(2)　認定こども園は，保護者が働いているかいないかにかかわらず利用可能で，子育て相談や，つどいの場の提供など，地域の子育て支援活動もおこなう。　(3)　(ア)は夫婦のみの世帯，(ウ)はひとり親と子どもからなる世帯，(エ)は核家族以外の世帯である。

(4)　イ　BとCは「順調に進捗している」の中に入っている。ちなみに，「男性の育児休業取得率」や「6歳未満の子どもを持つ男性の育児・家事関連時間」などは，「順調ではないものの進捗している」となっている。

【3】(1)　冬は寒く雪が多い地域　・雪が屋根に積もらないように急勾配にしている　・雪に埋もれた時のために，2階に居住部分や出入り口を設けている。・窓を二重にして，冷気が室内に入ることを防いでいる。　等から2つ　　夏は暑く台風が多い地域　・台風の強い風に飛ばされないよう瓦を漆喰で塗り固めている。・敷地の周りに防風林や生け垣をつくり，台風の雨風から住宅を守っている。・強い日差しを遮るために，広い軒下がある。・風通しをよくするために，開口部を大きくする。等から2つ　　(2)　B　(3)　①…出入り口一般　②…引き込み戸　③…両開き窓　(4)　①　A…居住環境水準又は住宅性能水準　②　B…住宅性能水準又は居住環境水準　③　最低居住面積水準…世帯人数に応じて，健康で文化的な住生活の基礎として必要不可欠な住宅の面積に関する水準　④　誘導居住面積水準…世帯人数に応じて，豊かな住生活の実現の前提として，多様なライフスタイルを想定した場合に必要と考えられる住宅の面積に関する水準

〈解説〉(2)　騒音は，精神的に不安定になったり，安眠を妨害するなど，健康に悪影響を及ぼすため，用途地域時間帯別の騒音環境基準が定められている。　(3)　平面図はJISの平面表示記号を用いて，実寸の $\frac{1}{50}$ ，

または$\frac{1}{100}$などの縮尺で描かれており，平面図から部屋の広さや位置関係，部屋の出入り口や窓の位置などが読み取れるので，平面表示記号は描けるようにしておこう。　(4)　住生活基本計画は，「住生活の安定の確保及び向上の促進」に関する施策を進めるために策定された。

【中学校】

【1】(1)　ア　・味をしみこみやすくするため　・油臭さを取り除くため　イ　じゃがいもの表面の煮くずれを防ぐために，じゃがいもを水からゆでることで中心部までゆっくりと火を通し，じゃがいも外部と中心部の温度差を縮めて加熱する。　ウ　A…1群　B…4群　C…3群　D…5群　E…6群　エ　(式)　廃棄率が10％の材料を可食部で25g必要な時，購入量Xgを求める式は次のとおりである。X＝25×100÷(100－10)＝27.7　(答)28グラム　オ　F→A→G→D→B→C→E　(2)　ア　A…安全　B…選択　C…情報　D…自立イ　A…e　B…b, c　ウ　エビ　カニ　小麦　そば落花生

〈解説〉(1)　ウ　6つの食品群での分類は，1群が魚介・肉・卵・豆・豆製品，2群が牛乳・乳製品・小魚・海藻，3群が緑黄色野菜，4群はその他の野菜・くだもの，5群は穀類・いも類・砂糖，6群は油脂である。エ　準備する重量＝可食部の重量×100÷(100－廃棄率)で計算する。(2)　イ　A　リン酸塩は，ハム，ソーセージなどの原料の食肉や，かまぼこ，はんぺんなどの原料の魚肉に微量添加することで粘着性や保水性を高め，食感をよくするが，過剰摂取するとカルシウムの吸収を妨げ，骨粗しょう症の原因になるといわれている。B　aとdは「消費期限」の説明文である。

【2】(1)　ア…C　イ…B　ウ…D　エ…A　(2)　ア　a…炎から離して，燃え続けるか。　b…吹き消した後のにおい。　c…燃えかす，灰などの状態。　イ　・溶融し溶融物が溶け落ちて，火傷の被害を大きくする危険があるので，必ずシャーレに水を入れて受け皿とす

ること。　・有毒なガスが発生しやすいため，においを嗅ぐときは直接鼻を近づけず，手で風を送るなどして確認すること。　(3)　ア　d　イ　A…地直し(地づめ)　B…外表　C…柄合わせ　D…縫い代　E…ルレット(へら)　ウ　・はさみは浮かさず下の刃を台につけて，台の上を滑らせるように切る。　・刃先は，傷みやすいので，刃を大きく開いて，刃先は使わないように切る。　・直線は大きく，曲線は小さくはさみを動かして切る。　・体の正面にはさみがくるように構え，方向を変えるときは，手だけを動かさず体を動かす。　・はさみを布に対して垂直に持って，切る。　等から2つ　エ　十字に交差するようにしるしを付け，角の位置がはっきりわかるようにする。

〈解説〉(1)　綿は断面に中空があり，側面によじれがある。麻も綿と同じような空洞があるが，側面にふしがあるのが特徴である。毛は円形の断面で，側面は鱗状。絹は丸みをおびた三角形の断面で，側面はなめらかである。　(2)　燃焼性実験を行う場合は，火傷，有毒ガスの吸入などの危険がないよう，十分な事前指導が必要である。　(3)　ハーフパンツの製図では，腰囲の寸法が基準となる。また，裁ちばさみの使い方に慣れていないと布を浮かして切ってしまうので，はさみの下刃を机に付けて裁つと布がずれずにきれいに切れることなどを説明する。

【3】(1)　生命の維持　　健康の保持増進　　成長　　人間関係を深める　　食文化を伝える　　(2)　前日の食事内容をワークシートに記入して自分の食生活を振り返り栄養バランスをチェックして課題を見つけ，献立の改善案を立てこれからどのような食生活をすればよいか考える。

〈解説〉(1)　小学校家庭科の「日常の食事と調理の基礎」で学習した，食事の役割を再確認し，日常の食事の大切さを気づかせる指導である。(2)　ここでは，生徒が自分の食習慣を見直すことができるようにすることが大切で，普段の食生活を振り返り，改善したい食習慣やこれからも続けたい食習慣を把握できるようなワークシートを工夫する。視聴覚教材を活用して，健康によい食習慣について話し合ったりするこ

となども考えられる。ただし，食生活調べの学習では，生徒のプライバシーに十分配慮しなければならない。

【4】① 栄養的特質 ② 献立 ③ 品質 ④ 食物繊維
⑤ 加工食品

〈解説〉① 中学校学習指導要領解説技術・家庭編によると，「ここでは，食品の栄養的特質に関心をもち，食品を食品群に分類し，中学生の1日に必要な食品の種類と概量を把握することができるようにする。」とされ，食品群別摂取量の目安で示されている量を，食品の概量でとらえられるように指導する。 ④ 同じく，「また，食物繊維は，消化されないが，腸の調子を整え，健康の保持のために必要であること，水は，五大栄養素には含まれないが，人の体の約60％は水分で構成されており，生命維持のために必要な成分であることにも触れるようにする。」と示されている。

【高等学校】

【1】(1) ア ・味をしみこみやすくするため ・油臭さを取り除くため イ じゃがいもの表面の煮くずれを防ぐために，じゃがいもを水からゆでることで中心部までゆっくりと火を通し，じゃがいも外部と中心部の温度差を縮めて加熱する。 ウ A…1群 B…4群 C…3群 D…5群 E…6群 エ (式) 廃棄率が10％の材料を可食部で25g必要な時，購入量Xgを求める式は次のとおりである。
X＝25×100÷(100－10)＝27.7 (答)28グラム オ F→A→G→D→B→C→E (2) ア A…安全 B…選択 C…情報 D…自立 イ A…e B…b, c ウ エビ カニ 小麦 そば 落花生 (3) ア (記号)…⑤ (理由)…初めに口を湿らせることにより，食べ物が飲み込みやすくなるから イ ・自助具が適切に活用されているか ・自助具に不具合はないか ・麻痺側の口腔内に食べ物がたまっていないか ・利き手が使えないための食べにくさはどうか 等から2つ

〈解説〉(1)　ア　油揚げのほかにも，さつま揚げやがんもどき，厚揚げなども，湯通しすると油臭さがなくなり，味がしみておいしくなる。ウ　準備する重量＝可食部の重量×100÷(100－廃棄率)で計算する。(2)　イ　Ａ　リン酸塩は，ハム，ソーセージなどの原料の食肉や，かまぼこ，はんぺんなどの原料の魚肉に微量添加することで粘着性や保水性を高め，食感をよくするが，過剰摂取するとカルシウムの吸収を妨げ，骨粗しょう症の原因になるといわれている。　Ｂ　aとdは「消費期限」の説明文である。　(3)　ア　食事の介助では，最初に水やお茶，汁物で口の中を湿らせ，食べ物を飲み込みやすくすることが重要である。

【2】(1)　ア…Ｃ　　イ…Ｂ　　ウ…Ｄ　　エ…Ａ　　(2)　ア　a…炎から離して，燃え続けるか。　b…吹き消した後のにおい。　c…燃えかす，灰などの状態。　イ　・溶融し溶融物が溶け落ちて，火傷の被害を大きくする危険があるので，必ずシャーレに水を入れて受け皿とすること。　・有毒なガスが発生しやすいため，においを嗅ぐときは直接鼻を近づけず，手で風を送るなどして確認すること。　(3)　ア　ｄ　イ　Ａ…地直し(地づめ)　Ｂ…外表　Ｃ…柄合わせ　Ｄ…縫い代　Ｅ…ルレット(へら)　ウ　・はさみは浮かさず下の刃を台につけて，台の上を滑らせるように切る。　・刃先は，傷みやすいので，刃を大きく開いて，刃先は使わないように切る。　・直線は大きく，曲線は小さくはさみを動かして切る。　・体の正面にはさみがくるように構え，方向を変えるときは，手だけを動かさず体を動かす。　・はさみを布に対して垂直に持って，切る。　等から2つ

〈解説〉(1)　綿は断面に中空があり，側面によじれがある。麻も綿と同じような空洞があるが，側面にふしがあるのが特徴である。毛は円形の断面で，側面は鱗状。絹は丸みをおびた三角形の断面で，側面がなめらかである。　(2)　燃焼性実験を行う場合は，火傷，有毒ガスの吸入などの危険がないよう，十分な事前指導が必要である。

(3)　ハーフパンツの製図では，腰囲の寸法が基準となる。また，裁ち

ばさみの使い方に慣れていないと，布を浮かして切ってしまうため，はさみの下刃を机に付けて裁つと布がずれずにきれいに切れることなどを説明する。

【3】ア　10分の5以上　　イ　同一年次　　ウ　連続する2か年
エ　○
〈解説〉(1)「総授業時数の10分の5以上を実験・実習に配当すること。」という配慮事項は，共通教科だけでなく，専門教科「家庭」のすべての科目においても同様に指示されている。　(2)「家庭基礎」は標準単位数が2単位なので，分割しないで同一年次で履修させることになっている。履修させる学年についての指示はない。　(3)「家庭総合」と「生活デザイン」は標準単位数が4単位なので，2単位ずつに分割して履修させてもよいことになっているが，その場合，連続する2か年において履修させることとなっている。

【4】(1)　A　ブレザーの大まかな型紙を提示し，袖山部分をはじめ様々な曲線に裁断された布を縫い合わせるとともにウエストのダーツのように布をつまんで縫うなどの技法を用いて，身体の形に合うように立体的に構成されている。　B　浴衣を人体模型に着付けてみせ，帯を使用して着付けることで身体の形に合わせることを示し，着付け方によって様々な体型に対応しやすいため，ながく着用できる。また，袖を示し，ゆとりが多く肌に密着しないため通気性がよい。

(2)　(ア)　布を使った我が国の伝統的な生活の工夫について，その知恵を現代に生かすことを考えられるように配慮する。　(イ)　本時の学習内容を踏まえ，衣生活の文化とその伝承について自分の考えを深め，表現している。　〈ワークシート〉(思考・判断・表現)
〈解説〉(1)　立体構成と平面構成の違いを，視覚的に理解させるようにするには，型紙や洋服・和服の実物を用いたり，ダーツやタック，ギャザーなどの立体化の技法を提示するとよい。また，和服の着装上の利点を理解させるには，制服の上から浴衣を着てみるなどして，ゆと

りを体感させるなどの方法もある。　(2)　和服に施される，染め・織り・刺繍・文様などの伝統工芸の技が，継承されにくい現状を知り，繰り回しの知恵など，資源の有効利用を現代にも生かせるよう，衣生活を見つめ直すように指導する。

2015年度　実施問題

【中高共通】

【1】保育について，次の(1)～(3)の問いに答えよ。

(1)　次の文章は，「保育所指針」(平成20年4月　厚生労働省)をもとに子どもの発達についてまとめたものである。あとの①，②の問いに答えよ。

　　乳幼児期は，心身の発育・発達が著しく，人格の基礎が形成される時期である。個人差が大きいこの時期の子どもたちの一人一人の健やかな育ちを保障するためには，心身共に安定した状態でいることのできる環境と，愛情豊かな大人の関わりが求められる。

　　また，乳幼児期は，同じ年齢や月齢であってもその興味や関心は様々であり，身体の特性や発達の足取りなど，個人差が大変大きい。

　　子どもの発達の特性とその道筋を十分に理解し，一人一人の発達過程に応じて見通しを持って保育を行うことが求められていることをふまえ，子どもの発達についてまとめた。

【言葉の発達】

　　言葉などは次のように発達する。

〈A群〉

　　ア　思考力や認識力も高まり，自然現象や社会現象，文字などへの興味や関心が深まっていく

　　イ　喃語を用いて欲求を表現する

　　ウ　一語文を話す

　　エ　「なぜ」「どうして」といった質問を多くする

　　オ　二語文を話す

【運動機能の発達】

　運動機能は次のように発達する。

〈B群〉

　　カ　歩行が安定し，指先を使いながらつまんだり，絵本をめくる
　　　ことができる

　　キ　座る，立つ，つたい歩きなどの動きができるようになる

　　ク　走ったり，跳んだり，ボールを蹴ったりする

　　ケ　首がすわる

　　コ　全身のバランスをとる能力が発達し，片足跳びをしたりスキ
　　　ップをするなど，体の動きが巧みになってくる

　①　A群ア～オを保育所指針に示されている発達過程順に並べ記号
　で答えよ。

　②　B群カ～コを保育所指針に示されている発達過程順に並べ記号
　で答えよ。

(2)　次の文章は「授乳・離乳の支援ガイド」(平成19年3月　厚生労働
　省)を一部抜粋し，離乳の支援のポイントについてまとめたものであ
　る。あとの①，②の問いに答えよ。

【離乳の支援のポイント】

1　離乳の開始

　・離乳の開始とは，なめらかにすりつぶした状態の食物を初めて
　与えた時をいう。その時期は生後5，6か月頃が適当である。

2　離乳の進行

　・離乳の開始後ほぼ(　ア　)か月間は，離乳食は1日1回与える。
　(　イ　)または育児用ミルクは子どもの欲するままに与える。

　・離乳を開始して(　ア　)か月を過ぎた頃から，離乳食は1日2回
　にしていく。

　・生後9か月頃から，離乳食は1日3回にし，(　ウ　)でつぶせる固
　さのものを与える。

3　離乳の完了

　　離乳の完了とは，形のある食物をかみつぶすことができるよう

になり，エネルギーや栄養素の大部分が（　イ　）または育児用ミルク以外の食物からとれるようになった状態をいう。その時期は生後12か月から（　エ　）か月頃である。なお，そしゃく機能は，奥歯が生えるにともない_A乳歯の生え揃う3歳ごろまでに獲得される。

① 空欄ア～エに入る適切な語句または数字を答えよ。

② 下線部Aの乳歯が生え揃うと何本であるか答えよ。

(3) 次の図は，成長発育を20歳でのレベルを100％として考え，各体の組織の発達・発育していく特徴を4つのパターンに分けてグラフ化したものである。空欄ア～ウに入る適切な記号を選択肢A～Cより選び，記号で答えよ。

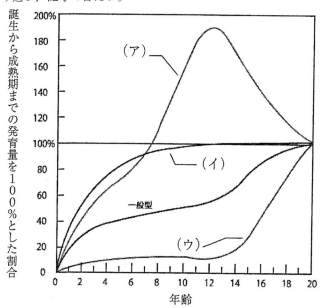

図　スキャモンの発育曲線

〈選択肢〉

　A　神経型　　B　生殖型　　C　リンパ型

(☆☆☆◎◎◎)

【２】住生活について，次の(1)～(5)の問いに答えよ。

(1)　3LDKとはどのような住宅のことか，説明せよ。

(2)　次のA～Eは我が国の住まいの特徴に関する記述である。正しいものをすべて選び，記号で答えよ。

A　住まいの床を低くして床下の通風をよくして大地からの湿気を防ぐ造りになっている。

B　深い軒の出や開口部に庇がつけられており，夏に外壁への日射を防ぎ，また室内へ直射日光が入るのを防いでいる。

C　室内の壁が少なく，外側の開口部が多い開放的な造りであり，通風と換気が十分である。

D　深雪地域では，住居家構だけでなく，敷地の周りに防風林や石垣の工夫，防火壁の工夫がなされている。

E　多雨地域では，二階に居住部分や出入口を設けるように工夫されている。

(3)　自然換気を行う際，新鮮な空気が部屋全体に最も流れやすい窓の配置をA～Cの中から選び記号で答えよ。また，その理由を述べよ。

窓の配置	A	B	C
上から見た様子			
横から見た様子			

(4) 次表の空欄A～Cに入る適切な語句を答えよ。また，空欄ア～ウの照明器具の名称を①～⑧の中から選び，記号で答えよ。

配光	（ A ）照明	半（ A ）照明	（ B ）照明	半（ C ）照明	（ C ）照明
照明器具の例					
名称	（ ア ）	（ イ ）	シャンデリア	フロアスタンド	（ ウ ）

① ペンダントライト　② テーブルスタンド
③ シーリングライト　④ スポットライト
⑤ ブラケット　⑥ ダウンライト
⑦ フロアライト　⑧ パイプスタンド

(5) 照度を表す単位を示せ。また，次のA～Dの生活行為について，必要となる維持照度(JIS照明基準総則　JIS　Z9110－2010)が高いものから，記号で答えよ。
A　子ども部屋での勉強・読書
B　玄関(内側)靴脱ぎ・飾り棚
C　居間での手芸・裁縫
D　食堂・台所での食卓，調理台，流し台

(☆☆☆◎◎◎)

【中学校】

【1】食生活について，次の(1)～(3)の問いに答えよ。
(1) 次の材料・作り方で「カスタードプディング」の調理実習を行う場合について，あとのア～オの問いに答えよ。

材料(4個分)
　バター…少々
　卵…100g
　砂糖…50g

　　　牛乳…200ml

　　　バニラエッセンス…少々

○カラメルソース

　　┌砂糖…50g

　　│水…30ml

　　└熱湯…15ml

作り方

　①　プリン型にバターを塗る。

　②　(a)カラメルソースを作る。

　③　②のカラメルソースを熱いうちに①のプリン型に入れる。

　④　ボールに卵を割りほぐし，砂糖を加える。

　⑤　牛乳を(　　)℃までに温め，④に加える。

　⑥　[　　　]

　⑦　⑥の卵液を③のプリン型に静かに流し入れる。

　⑧　蒸気の上がった蒸し器に⑦のプリン型を入れ，(b)85℃～90℃
　　　で約15分蒸す。

ア　下線部(a)について，「カラメルソース」の作り方を，風味よく
　　ざらつきなく仕上げるための留意点をふまえて，その内容を簡潔
　　に述べよ。
　　　なお，加熱に用いる調理器具は「ガスコンロ」とする。

イ　作り方⑤の(　　)に入る最も適切な数字を次のA～Cから一つ選
　　び，記号で答えよ。
　　　A　25　　B　55　　C　85

ウ　作り方⑥は，カスタードプディングを舌触りよくなめらかに仕
　　上げるための調理作業を行う工程である。[　　]を埋めて，作り
　　方を完成させよ。

エ　下線部(b)について，蒸し器の中を85℃～90℃に保つ蒸し器の使
　　い方について，その内容を簡潔に述べよ。

オ　出来上がったカスタードプディングにスポンジのような穴があ
　　いていた。このような状態を何というか，答えよ。

(2) 「日本人の食事摂取基準(2010年版)」(厚生労働省)について，次の
文章を読み，下のア～ウの問いに答えよ。

食事摂取基準とは，(A)な個人または，集団を対象として，
国民の(A)の維持・増進，(B)の予防を目的とし，エネルギ
ー及び各栄養素の基準を示したものである。なお，食事摂取基準は，
習慣的な摂取量の基準を与えるものであり，「(C)当たり」を単
位として表現されたものである。

エネルギーについては，「推定エネルギー必要量」の1指標が設定
され，年齢階級別，性別，(D)別に策定され，妊婦・授乳婦に
ついては，付加量が示されている。

栄養素については，(A)の維持・増進と欠乏症予防のために
「推定平均必要量」と「推奨量」の2つの値が設定され，この2指標
を設定することができない栄養素については「目安量」が設定され
ている。また，(E)摂取による健康障害を未然に防ぐことを目的
として「耐容上限量」が設定され，さらに，(B)の一次予防を
目的として食事摂取基準を設定する必要のある栄養素については
「目標量」が設定されている。

ア 空欄A～Eに適する語句を答えよ。

イ 「日本人の食事摂取基準(2010年版)」の使用期間は何年間か，答
えよ。

ウ カルシウムに関する次のA，Bの問いに答えよ。

A 12～14歳男子のカルシウム推奨量に最も近い量を次の①～⑤
から一つ選び，記号で答えよ。

① 60mg ② 100mg ③ 1000mg ④ 60g

⑤ 1000g

B カルシウムの体内での働きとして，適切なものを次の①～③
からすべて選び，記号で答えよ。

① エネルギーになる ② 身体の組織を構成する

③ 身体の調子を整える

(3) 次の文章を読み，空欄A～Dに適する語句を答えよ。

フードマイレージとは，イギリスの消費運動家ティム・ラングが提唱した概念である「生産地から食卓までの(A)が短い食料を食べた方が輸送に伴う環境への負荷が(B)であろうという仮説」を前提に考え出されたものである。

輸入食料に係るフードマイレージは，「輸入相手国別の『食料輸入(C)』」に「当該国から我が国までの『輸送(A)』」を乗じて算出され，輸入相手国別に計測し集計したものが全体のフードマイレージとなる。

2001年の人口1人当たりの輸入食料に係るフードマイレージを日本，韓国，アメリカ，イギリスで比較すると(D)が最も大きな値となっている。

(☆☆☆◎◎◎)

【2】衣生活について，次の(1)，(2)の問いに答えよ。

(1) 洗濯について，次の文章を読み，ア～エの問いに答えよ。

洗濯の方法には，水を使う(A)式洗濯と有機溶剤を使う(B)式洗濯の2種類がある。衣服についている，家庭用品質表示法によって定められた(C)表示や(D)表示を確認し，表示にしたがって家庭で洗濯を行うか，商業洗濯を利用する。(A)式洗濯用洗剤の主成分は，水と油を結びつける働きをする①界面活性剤である。洗濯用洗剤には，界面活性剤のほかに，アルカリ剤や②酵素などが含まれているものが多い。

ア 空欄A～Dに入る適切な語句を答えよ。

イ 下線部①が汚れを落とす過程について，次のa～dを適切な順番に並べ，記号で答えよ。

a) 汚れは細かく分かれ，界面活性剤分子に包み込まれ再汚染しない。

b) 界面活性剤分子が汚れと繊維の間に入り込む。

c) 界面活性剤分子の親油基が汚れに向けて集まる。

　　　　d)　汚れの固まりが繊維から引き離される。

ウ　下線部②が配合されている理由を述べよ。

エ　生成り色や淡色の衣服を洗濯する。色相変化が起こりにくいのはA，Bどちらの洗剤か，記号で答えよ。また，その理由を述べよ。

A

品名	洗濯用合成洗剤
液性	弱アルカリ性
成分	界面活性剤，工程剤，アルカリ剤，柔軟剤，再付着防止剤，水軟化剤，酵素

B

品名	洗濯用合成洗剤
液性	弱アルカリ性
成分	界面活性剤，アルカリ剤，水軟化剤，工程剤，分散剤，蛍光増白剤，酵素

(2)　和服について，次のア，イの問いに答えよ。

ア　女性用の浴衣の着方について，次のA～Fを適切な順番に並べ，記号で答えよ。

　　A　上前(左前身ごろ)を重ね，腰ひもをしめる。

　　B　下前(右前身ごろ)のえり先を左腰骨の位置に合わせる。

　　C　そで付け下のあきから手を入れて，おはしょりを整える。

　　D　帯をしめる。

　　E　えりもとを合わせて，胸もとにひもをしめる。

　　F　えり先をそろえ，背中心とすその位置を決める。

イ　女性用の和服にある，袖つけの下に続く身ごろ脇のあいている部分の名称を答えよ。

(☆☆☆◎◎◎)

247

【3】次の文章は，中学校学習指導要領(平成20年3月告示)「第2章　第8節　技術・家庭」の家庭分野の内容に示されている「D　身近な消費生活と環境」と，その内容の取扱いの一部である。空欄①～⑤に入る語句を，学習指導要領に示されたとおりに答えよ。

(1)　家庭生活と消費について，次の事項を指導する。

　　ア　自分や家族の消費生活に関心をもち，消費者の基本的な(　①　)と(　②　)について理解すること。

　　イ　(　③　)の特徴について知り，生活に必要な物資・サービスの適切な選択，購入及び活用ができること。

(2)　家庭生活と環境について，次の事項を指導する。

　　ア　自分や家族の消費生活が環境に与える影響について考え，環境に配慮した消費生活について工夫し，実践できること。

　　[内容の取扱い]

　　ア　内容の「A　家族・家庭と子どもの成長」，「B　食生活と自立」又は「C　衣生活・住生活と自立」の学習との関連を図り，(　④　)に学習できるようにすること。

　　イ　(1)については，中学生の身近な(　⑤　)と関連させて扱うこと。

(☆☆☆◎◎◎◎)

【4】次の指導計画について，あとの問い(1)，(2)に答えよ。

　[小題材名]　「安全で快適な住まい方を工夫しよう」(第3学年)

　[目標]　　　安全に配慮した室内環境の整え方を知るとともに，安全で快適な住まい方を考え，具体的に工夫できるようにする。

　[題材の指導計画]　　　　　　　　　　　　(総授業時数11時間)

　　第1次　住まいのはたらきを考えよう　　　　　　　2時間
　　第2次　安全で快適な住まい方を工夫しよう　　　　4時間
　　第3次　住生活を豊かにするものを製作しよう　　　5時間

[指導と評価の計画]　　(総授業時数　4時間)

時間	ねらい(◎)及び学習活動(・)	学習活動における具体の評価規準	評価方法等
1	[快適な室内環境の整え方と住まい] ◎室内の空気調節や音と生活の関わりの視点から、快適な室内環境の整え方と住まい方に関する具体的な方法を理解する。 ・①CDラジカセを様々な所に置いて教室の中と教室の外の音の大きさを測定し、音と生活との関わりについて考える。	室内の空気調節、音と生活との関わりについて、安全で快適な室内環境の整え方と住まい方に関する具体的な方法を理解している。	学習カード ペーパーテスト
2	・室内の空気調節に関する問題点などを考える。 ・室内環境の整え方に関する具体的な方法を話し合い、発表する。		
3	[安全な室内環境の整え方] ◎家庭内事故の防止や自然災害への備えの視点から、安全な室内環境の整え方と住まい方に関する具体的な方法を理解する。 ・チャイルドビジョンを活用したりシルバー体験をしたりして、室内の危険箇所を調査するとともに、事故が起こる原因と対応策を考え、発表する。	家庭内事故の防止、自然災害への備えについて、安全で快適な室内環境の整え方と住まい方に関する具体的な方法を理解している。	学習カード ペーパーテスト
4	・(　　　　　A　　　　　)		

(1) 次は下線部①の学習活動で使用するワークシートの一部である。生徒が測定結果を比較して，防音の方法に結びつけて考えられるようにする。実習時に試させるCDラジカセの置き方を(ア)～(ウ)に記入し，ワークシートを完成せよ。

快適な室内環境に整えよう！
■ CDラジカセの置き方による音の聞こえ方を調べよう。

	置き方	音の大きさ		聞こえ方	
		教室内	教室外	教室内	教室外
①	(ア)				
②	(イ)				
③	(ウ)				
④	・				
⑤	・				
⑥	・				

　　　※ ④以降の置き方は，各グループで考えて書き入れよう。
■ 置き方の違いによる音の大きさや聞こえ方を比較し，防音の方法で，気付いたことやわかったことをまとめよう。

(2) 「家族の安全を考えた室内環境の整え方」について1時間(50分)で指導する。どのような授業を計画するか，次の[学習のねらい][指導に当たっての配慮事項]をふまえ，(A)で行う学習活動を，具体的に述べよ。

[学習のねらい]

　　○ 自然災害への備えの視点から，安全な室内環境の整え方と住まい方に関する具体的な方法を理解することができる。

[指導に当たっての配慮事項]

　　○ 調査や観察・実験などの学習活動を通して，具体的な工夫ができるようにする。

(☆☆☆◎◎◎)

250

【高等学校】

【 1 】食生活について，次の(1)～(3)の問いに答えよ。

(1)　次の材料・作り方で「カスタードプディング」の調理実習を行う場合について，下のア～オの問いに答えよ。

材料(4個分)

バター…少々

卵…100g

砂糖…50g

牛乳…200ml

バニラエッセンス…少々

○カラメルソース

砂糖…50g
水…30ml
熱湯…15ml

[作り方]

①　プリン型にバターを塗る。

②　(a)カラメルソースを作る。

③　②のカラメルソースを熱いうちに①のプリン型に入れる。

④　ボールに卵を割りほぐし，砂糖を加える。

⑤　牛乳を(　　)℃までに温め，④に加える。

⑥　[　　　]

⑦　⑥の卵液を③のプリン型に静かに流し入れる。

⑧　蒸気の上がった蒸し器に⑦のプリン型を入れ，(b)85℃～90℃で約15分蒸す。

ア　下線部(a)について，「カラメルソース」の作り方を，風味よくざらつきなく仕上げるための留意点をふまえて，その内容を簡潔に述べよ。

　　なお，加熱に用いる調理器具は「ガスコンロ」とする。

イ　作り方⑤の(　　)に入る最も適切な数字を次のA～Cから一つ選び，記号で答えよ。

251

　　　A　25　　B　55　　C　85

　ウ　作り方⑥は，カスタードプディングを舌触りよくなめらかに仕
　　　上げるための調理作業を行う工程である。[　　　]を埋めて，作り
　　　方を完成させよ。

　エ　下線部(b)について，蒸し器の中を85℃～90℃に保つ蒸し器の使
　　　い方について，その内容を簡潔に述べよ。

　オ　出来上がったカスタードプディングにスポンジのような穴があ
　　　いていた。このような状態を何というか，答えよ。

(2)　「日本人の食事摂取基準(2010年版)」(厚生労働省)について，次の
　　文章を読み，下のア～ウの問いに答えよ。

　　食事摂取基準とは，(　A　)な個人または，集団を対象として，
　国民の(　A　)の維持・増進，(　B　)の予防を目的とし，エネルギ
　ー及び各栄養素の基準を示したものである。なお，食事摂取基準は，
　習慣的な摂取量の基準を与えるものであり，「(　C　)当たり」を単
　位として表現されたものである。

　　エネルギーについては，「推定エネルギー必要量」の1指標が設定
　され，年齢階級別，性別，(　D　)別に策定され，妊婦・授乳婦に
　ついては，付加量が示されている。

　　栄養素については，(　A　)の維持・増進と欠乏症予防のために
　「推定平均必要量」と「推奨量」の2つの値が設定され，この2指標
　を設定することができない栄養素については「目安量」が設定され
　ている。また，(　E　)摂取による健康障害を未然に防ぐことを目的
　として「耐容上限量」が設定され，さらに，(　B　)の一次予防を
　目的として食事摂取基準を設定する必要のある栄養素については
　「目標量」が設定されている。

　ア　空欄A～Eに適する語句を答えよ。

　イ　「日本人の食事摂取基準(2010年版)」の使用期間は何年間か，答
　　　えよ。

　ウ　甲さん，乙さんに関して，次の表を参考にあとのA，Bの問い
　　　に答えよ。

表「甲さん，乙さんの年齢・性別・体重」

	年齢	性別	体重
甲さん	17歳	男性	58.4kg
乙さん	71歳	男性	59.7kg

※甲，乙の体重は，その当該の年齢階級の基準体重と同じである。

A　乙さんの基礎代謝量を算出せよ。なお，71歳男性の基礎代謝基準値は，21.5である。(計算式も記し，算出値は1の桁の数字を四捨五入し，適切な単位も記せ。)

B　次の①～③について，甲と乙とを比較し，次の(　　)にあてはまる等号(＝)もしくは，不等号(＞，＜)のうち，適切な記号を一つ記せ。

甲(　　)乙

①　たんぱく質の推奨量　　②　カルシウムの推奨量

③　ナトリウムの目標量

(3)　次の文章を読み，空欄A～Dに適する語句を答えよ。

フードマイレージとは，イギリスの消費運動家ティム・ラングが提唱した概念である「生産地から食卓までの(　A　)が短い食料を食べた方が輸送に伴う環境への負荷が(　B　)であろうという仮説」を前提に考え出されたものである。

輸入食料に係るフードマイレージは，「輸入相手国別の『食料輸入(　C　)』」に「当該国から我が国までの『輸送(　A　)』」を乗じて算出され，輸入相手国別に計測し集計したものが全体のフードマイレージとなる。

2001年の人口1人当たりの輸入食料に係るフードマイレージを日本，韓国，アメリカ，イギリスで比較すると(　D　)が最も大きな値となっている。

(☆☆☆◎◎◎)

【2】衣生活について，次の(1)，(2)の問いに答えよ。

(1)　洗濯について，次の文章を読み，ア～エの問いに答えよ。

　　洗濯の方法には，水を使う（　A　）式洗濯と有機溶剤を使う（　B　）式洗濯の2種類がある。衣服についている，家庭用品品質表示法によって定められた（　C　）表示や（　D　）表示を確認し，表示にしたがって家庭で洗濯を行うか，商業洗濯を利用する。（　A　）式洗濯用洗剤の主成分は，水と油を結びつける働きをする①界面活性剤である。洗濯用洗剤には，界面活性剤のほかに，アルカリ剤や②酵素などが含まれているものが多い。

ア　空欄A～Dに入る適切な語句を答えよ。

イ　下線部①が汚れを落とす過程について，次のa～dを適切な順番に並べ，記号で答えよ。

　a)　汚れは細かく分かれ，界面活性剤分子に包み込まれ再汚染しない。

　b)　界面活性剤分子が汚れと繊維の間に入り込む。

　c)　界面活性剤分子の親油基が汚れに向けて集まる。

　d)　汚れの固まりが繊維から引き離される。

ウ　下線部②が配合されている理由を述べよ。

エ　生成り色や淡色の衣服を洗濯する。色相変化が起こりにくいのはA，Bどちらの洗剤か，記号で答えよ。また，その理由を述べよ。

A

品名	洗濯用合成洗剤
液性	弱アルカリ性
成分	界面活性剤，工程剤，アルカリ剤，柔軟剤，再付着防止剤，水軟化剤，酵素

B

品名	洗濯用合成洗剤
液性	弱アルカリ性
成分	界面活性剤，アルカリ剤，水軟化剤，工程剤，分散剤，蛍光増白剤，酵素

(2) 女性用の浴衣の着方について，次のA～Fを適切な順番に並べ，記号で答えよ。

A 上前(左前身ごろ)を重ね，腰ひもをしめる。

B 下前(右前身ごろ)のえり先を左腰骨の位置に合わせる。

C そで付け下のあきから手を入れて，おはしょりを整える。

D 帯をしめる。

E えりもとを合わせて，胸もとにひもをしめる。

F えり先をそろえ，背中心とすその位置を決める。

(☆☆☆◎◎◎)

【3】次の(1)～(4)は，高等学校学習指導要領(平成21年3月告示)に示された，「第3章 主として専門学科において開設される各教科 第5節 家庭 第2款」に示されている各科目及びその目標である。文中の(A)～(E)に入る適切な語句を，学習指導要領に示されたとおりに答えよ。

(1) 科目 フードデザイン

目標

栄養，食品，献立，調理，(A)などに関する知識と技術を習得させ，食生活を総合的にデザインするとともに(B)の推進に寄与する能力と態度を育てる。

(2) 科目 子どもの発達と保育

目標

子どもの発達の特性や発達過程，保育などに関する知識と技術を習得させ，子どもの発達や(C)に寄与する能力と態度を育てる。

(3)　科目　リビングデザイン

　　目標

　　　住生活と文化，住空間の構成と計画，（　D　）などに関する知識と技術を習得させ，快適な住空間を計画し，デザインする能力と態度を育てる。

(4)　科目　（　E　）

　　目標

　　　高齢者の健康と生活，介護などに関する知識と技術を習得させ，高齢者の生活の質を高めるとともに，自立生活支援と福祉の充実に寄与する能力と態度を育てる。

(☆☆☆◎◎◎)

【4】「家庭総合」(第1学年)において，「高齢者の生活と福祉」に関する授業を実施する。本時に使用するワークシートを作成せよ。なお，本時は1時間(50分)である。

■単元『高齢者の生活と福祉』の指導計画(総授業時数　16時間)

①　高齢者の心身の特徴と生活　　　4時間(本時1時間目)

②　人間の尊厳と介護の実際　　　　4時間

③　高齢者との触れ合い　　　　　　4時間

④　高齢社会の現状と福祉への参加　4時間

■単元の目標

　　高齢者の心身の特徴や高齢社会の現状及び福祉などについて理解させ，高齢者の生活の課題や家族，地域及び社会の果たす役割について認識させるとともに，高齢者の自立生活を支えるための支援の方法や高齢者と関わることの重要性について考えさせる。

■本時の目標

　　高齢者の心身の特徴について理解し，高齢者を肯定的に捉えることができる。

■本時に用いるDVD(視聴覚教材)の主な内容

　　80代，90代で元気にスポーツをする高齢者，介護を必要とする高

齢者など幅広い高齢者像を鮮明に映し出し，それぞれの高齢者の思いや気持ちをインタビュー形式で映している。

■本時の指導案

学習活動	指導上の留意点	評価規準・方法
・本時の目標を確認する。	・加齢に伴う心身の変化を知り、高齢者について理解させる。	
・高齢者の身体的な特徴をまとめる。	・高齢者の特徴について具体的に理解させる。	・加齢にともなう身体的な特徴を示すことができる。 <ワークシート> （知識・理解）
・ＤＶＤを視聴する。 ・老いとは何かを理解し、高齢者について自分の考えをまとめる。	・高齢者の心身の特徴をふまえ、老いを多面的に考えさせる。	・高齢者の心身の特徴に関心をもち、高齢者を肯定的に捉えようとしている。 <ワークシート> （関心・意欲・態度）
・授業を振り返り、まとめる。	・ワークシートに記入させた考えを発表させる。	

(☆☆☆○○○)

解答・解説

【中高共通】

【1】(1) ① イ → ウ → オ → エ → ア ② ケ → キ → カ → ク → コ
(2) ① ア 1 イ 母乳 ウ 歯ぐき(歯茎) エ 18
② 20本 (3) ア C イ A ウ B
〈解説〉(1) 言葉の発達は個人差があるが，喃語が5か月ごろ，1語文が1歳半ごろ，2語文が2歳半ごろ，質問の多用は3歳半ごろといわれている。運動機能の発達は「頭部から尾部(足)へ」「中心から末梢へ」「全体的な動きから細かい運動へ」という方向性がある。 (2) 乳歯は生

後6か月ごろから生え始め，3歳ごろまでに20本が生え揃う。永久歯は6歳ごろから生え始め，全部で32本となる。　(3)　一般型は身長・体重や肝臓，腎臓などの胸腹部臓器の発育を示す。神経型は脳の重量や頭囲で測る。出生直後から急激に発達し，4〜5歳までに成人の80%程度に達する。生殖型は生殖器系の発達で，14歳ごろから急激に発達する。リンパ型は免疫力を向上させ，扁桃，リンパ節などのリンパ組織の発達である。生後から12〜13歳までにかけて急激に成長し，大人のレベルを超えるが，思春期過ぎから大人のレベルに戻る。

【2】(1)　3つの独立した部屋とリビング(居間)，ダイニング(食事室)，キッチン(台所)がある住宅　　(2)　B，C　　(3)　記号…A
理由…風の出入口があり，窓の位置が対角線上にあるので，部屋全体に空気が流れやすいから。　　(4)　A　直接　　B　全般拡散
C　間接　　ア　③　　イ　①　　ウ　⑤　　(5)　単位…ルクス(lx)
維持照度が高い順…C→A→D→B
〈解説〉(1)　現代の住居は，ダイニングキッチン(DK)とリビング(L)をつなげたLDK型が主流となっている。　　(3)　風通しをよくして空気の流れをつくるためには，対角線上に開口部を設けるとよい。　　(4)　間接照明は下向きの光が10%以下，半間接照明(10〜40%)，全般拡散照明(40〜60%)，半直接照明(60〜90%)，直接照明(90%以上)に分類される。
(5)　手芸・裁縫は1000ルクス，勉強・読書は750ルクス，食卓・調理台・流し台は300ルクス，靴脱ぎ・飾り棚は200ルクスの明るさが必要とされている。

【中学校】

【1】(1)　ア　鍋に砂糖と水を入れ，火にかける。箸などで撹拌せずに，鍋をゆすりながら，砂糖を溶かす。褐色に色づいて香ばしい香りがでたら，素早く熱湯を加え，むらなく均一に伸ばす。　　イ　B
ウ　⑤の卵液(に，バニラエッセンスを加えたもの)をこし器(ザル)を用い，こす。　　エ　蒸し器の蓋を少しずらして，蒸し器内の蒸気がこ

もらないようにして，温度が上がりすぎるのを防ぐ。　オ　すがた

つ(すがはいる)　　(2)　ア　Ａ　健康　　Ｂ　生活習慣病　　Ｃ　１日

Ｄ　身体活動レベル　　Ｅ　過剰　　イ　5年　　ウ　Ａ　③

Ｂ　②，③　　(3)　Ａ　距離　　Ｂ　少ない(小さい)　　Ｃ　量

Ｄ　日本

〈解説〉(1)　ア　カラメルソースの作り方は，かきまぜないで加熱する

　　ことと，カラメル色になったら火からおろし熱湯を加え，手早くまぜ

　　ることがポイントである。　ウ　うらごしするとなめらかに仕上がる。

(2)　イ　「日本人の食事摂取基準」は5年ごとに改訂されるため，使用

　　期間は5年となる。　ウ　カルシウムはエネルギー源にならないこと

　　に注意したい。また，カルシウムは筋肉や神経のはたらき等にも関係

　　する。　　(3)　日本は，長距離輸送で大量の食料を輸入しているので，

　　フードマイレージが高い。国民1人当たりのフードマイレージは，イ

　　ギリスの約2倍，アメリカの約7倍となっている(2001年)。フードマイ

　　レージを小さくする方法として，「地産地消」などが考えられる。

【２】(1)　ア　Ａ　湿　　Ｂ　乾　　Ｃ　組成(取扱い絵)　　Ｄ　取扱い絵

(組成)　　イ　c→b→d→a　　ウ　界面活性剤では落ちにくい汚れ

成分(タンパク質成分や黄ばみ)を，分解し除去するため。

エ　記号…Ａ　　理由…蛍光増白剤が入っていないＡの洗剤を用いる

のがよい。蛍光増白剤入りの洗剤で洗うと本来の衣服の色とは変わり，

白っぽくなってしまうため。　　(2)　ア　F→B→A→C→E→D

イ　身八つ口(身八口)

〈解説〉(1)　イ　界面活性剤が汚れを落とす過程は，よく出題される。

　　図示されている場合も多いので，界面活性剤の構造と共に，しっかり

　　覚えておこう。　ウ　酵素は，界面活性剤の作用を助け，洗浄力をさ

　　らに高めるはたらきをするので，多くの洗剤に配合されている。

　　エ　生成りや淡色の衣服は，蛍光増白剤入りの洗剤で洗うと白っぽく

　　なることがあるが，他の色の衣服は白っぽくなることはない。

(2)　近年では和服に関する出題頻度が増してきているので，和服の部

分の名称，縫製の手順，着装についての学習が必要である。できれば，世界の民族衣装の名称や特徴などもあわせておさえておきたい。

【３】①　権利(責任)　　②　責任(権利)　　③　販売方法　　④　実践的　　⑤　消費行動

〈解説〉「Ｄ　身近な消費生活と環境」の内容は，「家庭生活と消費」「家庭生活と環境」で構成されている。学習指導要領に関しては，指導内容と内容の具体的な取扱いをあわせて学習する必要がある。学習指導要領解説などを参照しながら，まとめておこう。また，本問では①②について順不同となっているが，できれば順番も覚えておきたい。

【４】(1)　ア　床に置いた場合　　イ　机に置いた場合　　ウ　マットや布を敷いた上に置いた場合　　(2)　自然災害による事故について，室内の写真や住空間の図などを用い，危険な箇所を点検するとともに，事故が起こる原因と対応策を話し合い，発表する。

〈解説〉(1)　置き方の違いによる音の聞こえ方を調べるには，どんな置き方をしたらよいか，教室内で考えられることを答えればよいだろう。(2)　「自然災害への備えの視点から」と学習のねらいにあるので，地震や台風，大雨などの自然災害を想定し，安全な室内環境の整え方と住まい方について，調査・観察・実験などの学習活動を取り入れる。例えば，事前に各自の家庭での自然災害への備えを調査し，発表させて，改善点を話し合う等が考えられる。

【高等学校】

【１】(1)　ア　鍋に砂糖と水を入れ，火にかける。箸などで撹拌せずに，鍋をゆすりながら，砂糖を溶かす。褐色に色づいて香ばしい香りがでたら，素早く熱湯を加え，むらなく均一に伸ばす。　　イ　Ｂ　ウ　⑤の卵液(に，バニラエッセンスを加えたもの)をこし器(ザル)を用い，こす。　　エ　蒸し器の蓋を少しずらして，蒸し器内の蒸気がこもらないようにして，温度が上がりすぎるのを防ぐ。　　オ　すがた

つ(すがはいる)　　(2)　ア　A　健康　　B　生活習慣病　　C　1日　D　身体活動レベル　　E　過剰　　イ　5年　　ウ　A　式…21.5×59.7　　基礎代謝量…1280kcal/日　　B　①　たんぱく質の推奨量　甲(＝)乙　　②　カルシウムの推奨量　甲(＞)乙　　③　ナトリウムの目標量　甲(＝)乙　　(3)　A　距離　　B　少ない(小さい)　　C　量　D　日本

〈解説〉(1)　ア　カラメルソースの作り方は，かきまぜないで加熱することと，カラメル色になったら火からおろし熱湯を加え，手早くまぜることがポイントである。　ウ　うらごしするとなめらかに仕上がる。(2)　ウ　A　基礎代謝とは，何もしないで安静な状態で必要なエネルギーのことで，生きていくための最小のエネルギー代謝量である。基礎代謝量は，基礎代謝基準値×体重で求めることができる。　B　たんぱく質の推奨量は共に60g，カルシウムの推奨量は17歳男性が800mg，71歳男性が700mg，ナトリウムの目標量は共に9.0g未満である。(3)　日本は，長距離輸送で大量の食料を輸入しているので，フードマイレージが高い。国民1人当たりのフードマイレージは，イギリスの約2倍，アメリカの約7倍となっている(2001年)。フードマイレージを小さくする方法として，「地産地消」などが考えられる。

【2】(1)　ア　A　湿　　B　乾　　C　組成(取扱い絵)　　D　取扱い絵(組成)　　イ　c→b→d→a　　ウ　界面活性剤では落ちにくい汚れ成分(タンパク質成分や黄ばみ)を，分解し除去するため。　　エ　記号…A　　理由…蛍光増白剤が入っていないAの洗剤を用いるのがよい。蛍光増白剤入りの洗剤で洗うと本来の衣服の色とは変わり，白っぽくなってしまうため。　　(2)　F→B→A→C→E→D

〈解説〉(1)　イ　界面活性剤が汚れを落とす過程は，よく出題される。図示されている場合も多いので，界面活性剤の構造と共に，しっかり覚えておこう。　ウ　酵素は，界面活性剤の作用を助け，洗浄力をさらに高めるはたらきをするので，多くの洗剤に配合されている。エ　生成りや淡色の衣服は，蛍光増白剤入りの洗剤で洗うと白っぽく

なることがあるが，他の色の衣服は白っぽくなることはない。

(2)　近年では和服に関する出題頻度が増してきているので，和服の部分の名称，縫製の手順，着装についての学習が必要である。できれば，世界の民族衣装の名称や特徴などもあわせておさえておきたい。

【3】(1)　A　テーブルコーディネート　　B　食育　　(2)　子育て支援
(3)　インテリアデザイン　　(4)　生活と福祉

〈解説〉(1)　「フードデザイン」は，従前の内容に，食育の意義と食育推進活動を加えるなどの内容の改善が図られている。　(2)　「子どもの発達と保育」は，従前の「発達と保育」から名称が改められ，子育て支援の必要性に対応して内容の改善を図ることで，子どもの発達を支える能力と地域の子育て支援にかかわる人材の育成を目指している。(3)　「快適な住空間を計画し，デザインする能力と態度を育てる」とは，インテリアデザインができる能力と実践的な態度を育てることを意味している。　(4)　「生活と福祉」は，従前の「家庭看護・福祉」の内容に，介護予防と自立生活支援に関する内容を充実するなどの改善を図り，名称を改められた。高齢者の生活の質を高め，地域における高齢者の自立生活支援と介護の充実に資する人材の育成を目指している。

【4】

～　高齢者の心身の特徴と生活　～

1．高齢者の身体的な特徴についてまとめましょう。

感覚器：

呼吸器：

内臓：

2．視聴したＤＶＤの内容を下記の表にまとめてみましょう。

	生活の様子	気持ち	
Ａさん			
Ｂさん			

3．老いについて、考えましょう。
　　①　DVD を視聴して、今まであなたがもっていた高齢者のイメージに変化はありましたか。

　　　　加齢に伴う心身の変化には、（　　　　　）がある。

4．将来、自分がなりたい高齢者のイメージを書きましょう。

5．今日の授業を振り返り、高齢者と接するときはどのようなことに気をつければよいでしょう。

〈解説〉ワークシートを作成する場合は，単元の目標と本時の目標をよく
　　読み，指導案の学習活動の流れに沿って作成する。指導上の留意点や

評価規準・方法に，ワークシートで確認する項目のヒントが記入され
ているので，ぜひ参考にしよう。DVDを視聴させる場合，内容に沿っ
たまとめをさせないと，漠然と見ているだけになってしまうので，ワ
ークシートに記入させやすいように工夫する必要がある。

2014年度　実施問題

【中高共通】

【1】次の表は，Aさんの家庭のある1か月の家計収支の内訳を記したものである。下の(1)～(3)の問いに答えよ。

【受取】　　　　　（単位：円）

項目	金額
実収入	467,774
実収入以外の受取	341,794
繰入金	59,423
受取合計	868,991

【支払】　　　　　　　　　　　　　（単位：円）

	項目	金額	
実支出	食料	62,493	360,753
	住居	22,136	
	光熱・水道	19,059	
	家具・家事用品	8,725	
	被服及び履物	11,928	
	保健医療	10,036	
	交通・通信	43,906	
	教育	13,347	
	教養娯楽	28,033	
	その他の消費支出	57,167	
	直接税	35,770	
	社会保険料	48,070	
	その他の非消費支出	83	
実支出以外の支払		452,538	
繰越金		55,700	
支払合計		868,991	

（参考：総務省統計局「平成24年家計調査報告」1世帯当たり1か月間の収入と支出（総世帯のうち勤労者世帯））

(1) 実収入のうち家計の消費行動に大きな影響を与える定期性あるいは再現性のある収入を何というか。答えよ。

(2) 「実収入以外の受取」について，次のア，イの問いに答えよ。

　ア　「実収入以外の受取」の細目には，どのようなものが考えられるか。二つ答えよ。

　イ　「実収入以外の受取」について，どのような性質の収入であるかを生徒に説明する。「資産」「負債」という言葉を用いて，簡潔に述べよ。

(3)　Aさんの家庭のこの月の次のア，イの額を算出せよ。

　　ア　可処分所得

　　イ　黒字

(☆☆☆◎◎◎)

【2】繊維とアイロンの温度について，次の(1)，(2)の問いに答えよ。

　(1)　次の表は，繊維とアイロンの適正温度について，まとめたものである。表中の空欄ア〜オに入る繊維名を，下のA〜Eからそれぞれ一つ選び，記号で答えよ。

取扱い絵表示	温度目盛り	かける温度（℃）	繊維名
低	低	80〜120	ア
中	中	140〜160	イ、ウ、エ
高	高	180〜210	オ、綿

　　A　麻　　B　毛　　C　絹　　D　アクリル　　E　ポリエステル

　(2)　次の表示がついている混紡糸でできたワイシャツにアイロンをかける。適した温度を下のA〜Eから一つ選び，記号で答えよ。また，その温度を選択した理由を簡潔に述べよ。

```
　　綿　７０％
ポリエステル　３０％
　○○繊維（株）
```

　　A　温度目盛り「高」180〜210℃

　　B　温度目盛り「高」と「中」の間 160〜180℃

　　C　温度目盛り「中」140〜160℃

　　D　温度目盛り「中」と「低」の間 120〜140℃

E　温度目盛り「低」80～120℃

（☆☆☆◎◎◎）

【3】被服製作について，次の(1)，(2)の問いに答えよ。

(1)　ハーフパンツに次の図のようなポケットをつける。下のA～Eを製作する順番に並べ，記号で答えよ。

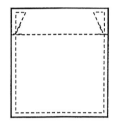

A　ポケット口を残して，周囲をミシンで縫い付ける。

B　ポケット口を三つ折りにして，しつけをかける。

C　周囲をできあがり線で折って，しつけをかける。

D　ポケット口の縫い代に接着芯を貼る。

E　ポケット口にミシンをかける。

(2)　次の図のように，ミシンで角を直角に縫う際のポイントについて，生徒に指導する。

下には，縫い始めと縫い終わりの工程を記している。途中の工程を箇条書きで，記せ。

(縫い始め)

　　・返し縫いをして，縫い始める。

(縫い終わり)

　　・返し縫いをして，縫い終わる。

(☆☆☆◎◎◎)

【4】子どもの発達と保育・福祉について，次の(1)～(3)の問いに答えよ。

(1) 次の文章を読んで，下のア，イの問いに答えよ。

　　幼児期の思考には，(A)と呼ばれる特徴がみられる。ピアジェ(スイスの心理学者)は，幼児が人間とその他の生物，または，生物と無生物の区別ができていないことが，幼児期の(A)の原因であると考えたが，近年の発達心理学ではむしろ，幼児の生物に対する素朴概念の特徴という観点から解釈がなされている。

　　ア　文中の空欄Aに入る適切な語句を記せ。

　　イ　Aについて，幼児の具体的言動を例示しながら生徒に説明する。どのように説明するか。その内容を簡潔に述べよ。

(2) 乳児の胃の特徴と哺乳時の留意事項について，次のア～ウの問いに答えよ。

　　ア　哺乳後，乳児が乳を吐きやすいのはなぜか。胃の形状・機能との関連を簡潔に説明せよ。

　　イ　アで説明した内容を生徒に理解させるため，乳児と成人の胃の形状を違いがわかるように板書する。次の図を黒板と見立てて，簡略に図示せよ。

(乳児)	(成人)

　　ウ　乳を嘔吐して窒息する危険を防ぐために，どのようなことに留意すればよいか。具体的に一つ述べよ。

(3)　次の図は，児童虐待の相談種別対応件数の年次推移を表すグラフである。図のア，イに適するものを下のA～Dからそれぞれ一つ選び，記号で答えよ。

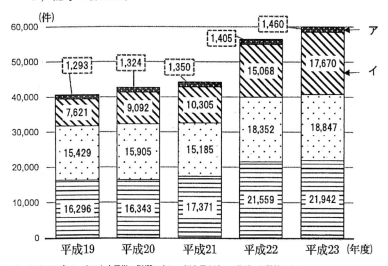

注　平成22年度は、東日本大震災の影響により、福島県を除いて集計した数値である。

平成23年度「福祉行政報告例の概況」より

　　A　身体的虐待　　　B　心理的虐待　　　C　性的虐待
　　D　ネグレクト

(☆☆☆◎◎◎)

【5】住生活について，次の(1)，(2)の問いに答えよ。

(1)　次のA～Cの文章を読み，文中の空欄ア～ケに入る適切な語句，もしくは数字を記せ。

　　A　日照は，私たちが健康な住生活を営むためには，欠かせないものである。太陽光には，室内を暖め乾燥させたり，室内におけるカビやダニの発生を防ぐなどの効果がある。これは，太陽光に含

まれる(ア)線による熱作用や紫外線による(イ)作用など
によるものである。(ウ)は，自然光を屋内に取り入れて明る
くすることをいう。建築基準法によれば，住宅の居室において，
(ウ)のために窓その他の開口部を設け，その面積は床面積に
対して，(エ)以上としなければならないとされている。

B 住空間や工業製品をつくる寸法の基準となる単位，または寸法
の体系を(オ)という。我が国には，(カ)，(キ)という
単位があり，木造在来工法では，現在も部材寸法などで使われて
いる。建築図面などでメートル法に置き換えられる際には，現在，
(カ)は30cm，(キ)はその6倍の180cmが多く使われている。

C 住宅政策の新たな基本法制として，平成18年6月に(ク)法が
公布・施行された。この法律は，公的資金による住宅の新規供給
の支援を通じて住宅の「量」の確保を図るこれまでの政策から，
国民の豊かな住生活実現のための健全な住宅市場の環境整備や居
住環境を含む住宅ストックの「(ケ)」の向上を図る政策へと
本格的な転換を図るものである。

(2) 住宅で結露が発生するのを防ぐために居住者ができる工夫につい
て，理由を示しながら，生徒に説明する。どのように説明するか。
その内容を具体的に一つ簡潔に述べよ。

(☆☆☆◎◎◎)

【中学校】

【1】衣生活と環境について，次の(1)，(2)の問いに答えよ。

(1) 次のA〜Eは，不用衣服の活用事例である。A〜Eの事例を①〜③
の項目に分類せよ。

【事例】

A 中古衣料として開発途上国に輸出する。

B ウエスとして工場等で使用する。

C 反毛にして車の内装材やクッション材にして利用する。

D フリーマーケットに出品する。

E　燃料化する。

【項目】

① 　リユース

② 　マテリアルリサイクル

③ 　サーマルリサイクル

(2) 　次の図は，平成24年版「環境・循環型社会・生物多様性白書」より一部抜粋した「循環型社会の姿」であり，図中の(A)〜(E)には，廃棄物等の処理にあたっての優先順位が記される。(A)〜(E)を優先順位の高い順番に並べ，記号で答えよ。

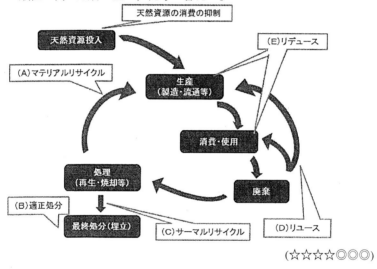

(☆☆☆☆◎◎◎)

【2】食生活について，次の(1)〜(5)の問いに答えよ。

(1) 　次の表は，我が国の国民1人・1日当たりのPFC熱量比率を表したものである。あとのア〜オの問いに答えよ。

(単位：%)

年度	P	F	C
平成22年	13.0	28.3	58.6
（X）年	12.7	22.8	64.5
（Y）年	12.2	16.2	71.6

　　ア　Cであらわされる栄養素の名称を答えよ。

　　イ　Fであらわされる栄養素の1gあたりの熱量を答えよ。

　　ウ　Pは，たんぱく質を表す。たんぱく質は，約20種のアミノ酸から構成される。たんぱく質とアミノ酸について，次の①，②の問いに答えよ。

　　　①　第一制限アミノ酸とは，何か。簡潔に述べよ。

　　　②　たんぱく質の補足効果について，具体的食品を例示して，生徒に説明する。その内容を「第一制限アミノ酸」「アミノ酸価」という言葉を用いて，簡潔に述べよ。

　　エ　表中の空欄(X)，(Y)に該当する年を次の(a)〜(d)から選び，記号で答えよ。

　　　(a)　昭和40　　　(b)　昭和50　　　(c)　昭和60　　　(d)　平成14

　　オ　平成22年のPFC熱量比率について，次の①，②の問いに答えよ。

　　　①　適正比率と比較した際の特徴を簡潔に述べよ。なお，適正比率は食料・農業・農村基本計画における平成22年度の目標値とする。

　　　②　①で答えた特徴から派生する健康上の課題について，具体的に述べよ。

(2)　次は，Aさん(年齢20歳)の身長・体重を記したものである。次のア，イの問いに答えよ。

　　　　　　身長160cm　　　体重60kg

　　ア　Aさんの体格指数(Body Mass Index)を算出せよ。計算式も記せ。(小数第2位を四捨五入し，小数第1位まで求めること。)

　　イ　算出した体格指数をもとに，Aさんの体格を判定する。適切なものを次の(a)〜(c)から選び，記号で答えよ。(日本肥満学会による判定基準に基づいて，判定すること。)

　　　(a)　低体重　　　(b)　普通体重　　　(c)　肥満

(3)　次の表は「日本食品標準成分表2010」から抜粋した成分値である。普通牛乳210gに含まれるたんぱく質量を答えよ。計算式も記せ。(小数第2位を四捨五入し，小数第1位まで求めること。)

食品	エネルギー	たんぱく質	脂質
普通牛乳	67 kcal	3.3 g	3.8 g

(4) かつお節とこんぶの混合煮だし汁の取り方を，要点を示して，生徒に説明する。その内容を簡潔に述べよ。

(5) 和食の基本の盛り付け形式をふまえて，一尾の「焼き魚(あじ)」を，「大根おろし」を付け合わせとして，一つの皿に盛り付ける。生徒が理解しやすいように，次の「皿」の図の中に，盛り付け図を描け。なお，「焼き魚」の図には「腹」と「背」の語句を記せ。

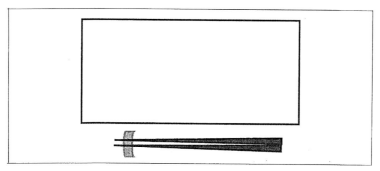

(☆☆☆◎◎◎)

【3】次は，中学校の「身近な消費生活と環境」のうち，「家庭生活と消費」の指導計画である。あとの(1)〜(3)の問いに答えよ。

●学年・生徒　　　2年　30名
●内容・項目　　　身近な消費生活と環境　　家庭生活と消費
●指導時間　　　　全4時間
●学習のねらい　　自分や家族の消費生活に関心をもち、消費者の基本的な権利と責任について理解するとともに、物資・サービスの選択、購入及び活用について必要な情報を収集・整理し、それらを活用して適切な選択、購入及び活用の工夫ができるようにする。

●指導計画

時間	学習活動
1	消費生活に関心をもち、購入の目的にあった販売方法や支払い方法について理解する。
2	消費者の基本的な権利と責任について理解する。
3 (本時)	悪質な訪問販売の事例について、ロールプレイングをおこなうことを通して、消費トラブルの解決方法について理解し、消費者としての自覚を高める。
4	物資・サービスの選択、購入及び活用について必要な情報を収集・整理し、それらを活用して適切な選択、購入及び活用の工夫について考える。

●本時の学習指導案

過程 時間	学習活動	指導上の留意点	評価規準 〔評価の観点〕
導入 5分	○本時のねらいを知る。	○本時の学習活動の流れを確認する。	
展開 35分	○悪質な訪問販売の事例について、ロールプレイングをおこなう。 ・2人一組のグループになり、消費者役と販売者役を決め、ロールプレイングをおこなう。 ・役を交代する。 （ア）	○ロールプレイングのシナリオを提示する。 ○ロールプレイングが円滑に進んでいないグループに助言する。 （イ）	○消費生活に関心をもって、ロールプレイングに意欲的に取り組んでいる。〔生活や技術への関心・意欲・態度〕 ○消費トラブルの具体的な解決方法を理解している。〔生活や技術についての知識・理解〕
まとめ 10分	○本時を振り返り、学んだことをワークシートに記入する。	（ウ）	○消費者としての自覚を高めるとともに自分や家族の消費生活に対する態度を改善しようとしている。〔生活や技術への関心・意欲・態度〕

(1)　本時(第3時)の学習指導案の展開部分の(ア), (イ)を作成せよ。

(2)　本時(第3時)の学習指導案のまとめ部分の(ウ)を作成せよ。

(3)　次は, 中学校学習指導要領(平成20年3月告示)「第2章　第8節　技術・家庭」の家庭分野に示された内容のうち「身近な消費生活と環境」以外の項目である。第4時では, このいずれかの内容と関連を図り, 授業をおこなう。どのような授業を計画するか。関連を図る内容を一つ選び, 学習活動を具体的に述べよ。なお, 下に指導にあたっての配慮事項を示すので参考にすること。

〔内容〕

・「家族・家庭と子どもの成長」

・「食生活と自立」

・「衣生活・住生活と自立」

〔指導にあたっての配慮事項〕

○　生徒のプライバシーに配慮すること。

○　生徒の主体的な消費行動につながるよう配慮すること。

○　実践的な学習となるよう配慮すること。

(☆☆☆◎◎◎)

【4】次は, 中学校学習指導要領(平成20年3月告示)「第2章　第8節　技術・家庭」の家庭分野の内容に示されている「C　衣生活・住生活と自立」とその内容の取扱いの一部である。文中の空欄A〜Eに入る適切な語句を記せ。

(1)　衣服の選択と手入れについて, 次の事項を指導する。

　ア　衣服と社会生活とのかかわりを理解し, 目的に応じた着用や(A)を生かす着用を工夫できること。

　イ　衣服の計画的な活用の必要性を理解し, 適切な選択ができること。

　ウ　衣服の(B)や状態に応じた日常着の手入れができること。

〔内容の取扱い〕

　ア　(1)のアについては, (C)の基本的な着装を扱うこともでき

ること。

(1)のイについては，既製服の（　D　）と選択に当たっての留意事
項を扱うこと。

(1)のウについては，日常着の手入れは主として（　E　）と補修を
扱うこと。

(☆☆☆◎◎◎)

【高等学校】

【1】次のA～Eは，不用衣服の活用事例である。A～Eの事例を①～③の
項目に分類せよ。

【事例】

A　中古衣料として開発途上国に輸出する。

B　ウエスとして工場等で使用する。

C　反毛にして車の内装材やクッション材にして利用する。

D　フリーマーケットに出品する。

E　燃料化する。

【項目】

①　リユース

②　マテリアルリサイクル

③　サーマルリサイクル

(☆☆☆◎◎◎)

【2】人の一生や家族に関わる法律について，次の(1)，(2)の問いに答え
よ。

(1)　出生や死亡の届出について定めている法律名を記せ。

(2)　次は，民法(明治29年4月27日法律第89号，平成23年改正)の抜粋で
ある。空欄A～Dに入る適切な数字を記せ。

○第731条　男は，（　A　）歳に，女は，（　B　）歳にならなければ，
婚姻をすることができない。

○第733条　女は，前婚の解消又は取消しの日から（　C　）箇月を経

　　　過した後でなければ，再婚をすることができない。

　○第734条　直系血族又は(　D　)親等内の傍系血族の間では，婚姻
　　　　　　をすることができない。ただし，養子と養方の傍系血
　　　　　　族との間では，この限りではない。

（☆☆☆◎◎◎）

【3】次は，高等学校学習指導要領(平成21年3月告示)「第2章　第9節
　家庭」科目「家庭総合　2　内容」に示されている項目である。下の
　(1)，(2)の問いに答えよ。

　　(1)　人の一生と家族・家庭
　　(2)　子どもや高齢者とのかかわりと福祉
　　(3)　生活における経済の計画と消費
　　(4)　生活の科学と環境
　　(5)　(　　　　A　　　　)
　　(6)　(　　　　B　　　　)

　(1)　(　A　)，(　B　)を答えよ。

　(2)　次は，「3　内容の取扱い」の一部抜粋である。文中の空欄C～E
　　　に入る適切な語句を記せ。なお，文中アは「子どもの発達と保育・
　　　福祉」，イは「高齢者の生活と福祉」を示す。

　　　　内容の(2)のアについては，小学校の低学年までの子どもを中心に
　　　扱い，子どもの発達を支える(　C　)や子育てを支援する環境に重
　　　点を置くこと。また，子どもの福祉については，児童福祉の基本的
　　　な理念や地域及び社会の果たす役割に重点を置くこと。イについて
　　　は，日常生活の介助の基礎として，食事，(　D　)，移動などにつ
　　　いて(　E　)的に学習させること。また，高齢者の福祉については，
　　　高齢者福祉の基本的な理念や地域及び社会の果たす役割に重点を置
　　　くこと。

（☆☆☆◎◎◎）

【4】食生活について，次の(1)～(4)の問いに答えよ。

(1)　次の表は，我が国の国民1人・1日当たりのPFC熱量比率を表したものである。下のア～オの問いに答えよ。

（単位：%）

年度	P	F	C
平成22年	13.0	28.3	58.6
（X）年	12.7	22.8	64.5
（Y）年	12.2	16.2	71.6

（平成23年度 農林水産省「食料需給表」より）

ア　Cであらわされる栄養素の名称を答えよ。

イ　Fであらわされる栄養素の1gあたりの熱量を答えよ。

ウ　Pは，たんぱく質を表す。たんぱく質は，約20種のアミノ酸から構成される。たんぱく質とアミノ酸について，次の①，②の問いに答えよ。

①　第一制限アミノ酸とは，何か。簡潔に述べよ。

②　たんぱく質の補足効果について，具体的食品を例示して，生徒に説明する。その内容を「第一制限アミノ酸」「アミノ酸価」という言葉を用いて，簡潔に述べよ。

エ　表中の空欄(X)，(Y)に該当する年を次の(a)～(d)から選び，記号で答えよ。

(a)　昭和40　　(b)　昭和50　　(c)　昭和60　　(d)　平成14

オ　平成22年のPFC熱量比率について，次の①，②の問いに答えよ。

①　適正比率と比較した際の特徴を簡潔に述べよ。なお，適正比率は食料・農業・農村基本計画における平成22年度の目標値とする。

②　①で答えた特徴から派生する健康上の課題について，具体的に述べよ。

(2)　次は，Aさん(年齢20歳)の身長・体重を記したものである。下のア，イの問いに答えよ。

身長160cm　　体重60kg

ア　Aさんの体格指数(Body Mass Index)を算出せよ。計算式も記せ。

(小数第2位を四捨五入し，小数第1位まで求めること。)

イ　算出した体格指数をもとに，Aさんの体格を判定する。適切なものを次の(a)〜(c)から選び，記号で答えよ。(日本肥満学会による判定基準に基づいて，判定すること。)

(a)　低体重　　(b)　普通体重　　(c)　肥満

(3)　次の表は「日本食品標準成分表2010」から抜粋した成分値である。普通牛乳210gに含まれるたんぱく質量を答えよ。計算式も記せ。(小数第2位を四捨五入し，小数第1位まで求めること。)

食品	エネルギー	たんぱく質	脂質
普通牛乳	67 kcal	3.3 g	3.8 g

(4)　かつお節とこんぶの混合煮だし汁の取り方を，要点を示して，生徒に説明する。その内容を簡潔に述べよ。

(☆☆☆◎◎◎)

【5】科目「家庭総合」の「食生活と科学」の内容において，高齢者の1日の献立を作成する授業を実施する。本時の指導案について，あとの(1)〜(3)の問いに答えよ。

●科　目　名：家庭総合
●対象生徒：高等学校　普通科　第1学年　40名
●題　材　名：高齢者の1日の献立作成
●授業時間：50分×2　100分
●本時の目標

　高齢者の1日の献立を作成することを通して，食品群別摂取量の目安を活用した1日の献立の作成手順を理解するとともに，作成した献立の課題を見いだし，その解決をめざして思考を深め，適切に判断し，表現できるようにする。また，毎日の食事を管理運営することの重要性についても考える。

●本時の指導案

過程 時間	学習活動	指導上の留意点	評価規準 〔評価の観点〕
導入 10分	○本時の目標を知る。	○本時の学習内容を確認する。	
展開 前半 40分	**（ア）**	**（イ）**	○食品群別摂取量のめやすを活用した１日の献立を作成する手順を理解する。 〔知識・理解〕
展開 後半 35分	○各自が作成した献立をグループ内で発表し、改善点等を話し合い、献立作成の際に留意するべき事項をまとめる。 ○各グループがまとめた献立作成の際の留意事項を発表する。	○各自が作成した献立の課題と改善点についてグループ内で話し合うよう指示する。 ○話し合った内容から、献立を作成する際の留意事項をまとめるよう指示する。	○作成した献立についての課題を見いだし、その解決をめざして思考を深め、適切に判断し、表現できる。 〔思考・判断・表現〕
まとめ 15分	○本時のまとめをワークシートに記入する。 ・献立作成の際の留意事項についてまとめる。**（ウ）** ・毎日の食事を管理運営することの重要性を考える。	**（エ）**	○毎日の食事を管理運営することの重要性について思考を深めている。 〔思考・判断・表現〕

(1)　展開部分の前半40分では，生徒に食品群別摂取量のめやすを活用し，対象となる高齢者(1人)の1日の献立を作成させる。(ア)，(イ)を作成せよ。なお，作成に当たっては，生徒がそれぞれ個人で行う学習活動とし，具体的に記すこと。

(2) 次の表は，下線(ウ)で，生徒に記入させるワークシートの一部である。献立作成の際の留意事項について，生徒に観点別に整理させたい。(　A　)に設定する適切な観点を三つ示せ。

【献立作成の際の留意事項】

観点	留意事項
栄養バランス	
食品の種類と量	
（　A　）	

(3) 指導案(エ)のまとめの際の指導上の留意点を述べよ。

(☆☆☆◎◎◎)

解答・解説

【中高共通】

【1】(1) 経常収入　(2) ア　預貯金引出，保険金，保険の解約，企業・個人年金，有価証券売却，財産売却，土地家屋借入金，借入金，分割払購入借入金，一括払購入借入金　から2つ　イ　いわば「見せかけの収入」であり，現金が手元に入るが，一方で資産の減少，負債の増加を伴うものである。　(3) ア　383,851円　イ　107,021円
〈解説〉(1)(2)　家計の収入には，実収入(勤め先収入・事業・内職収入等の経常収入，受贈金・賞与等の特別収入)と実収入以外の収入(預貯金の引出)がある。一般に資産とは経済主体(ここでは家計)に帰属する金銭，土地，家屋，証券等の経済的価値の総称で，負債とは他人から借りたお金や物資のことである。　(3)　可処分所得とは，実収入から，国や自治体に支払う税金や社会保険料等の非消費支出を引いた金額

281

で，家庭で自由に使えるお金をいう。ここでは，実収入467,774円－(直接税35,770円＋社会保険料48,070円＋その他の非消費支出83円)で383,851円となる。黒字とは実収入467,774円から実支出360,753円を引いた107,021円となる。

【２】(1)　ア　D　　イ　B　　ウ　C　　エ　E　　オ　A

(2)　適した温度…C　　理由…混紡糸でできた衣服にアイロンをかける際には，熱に弱いほうの繊維に適した温度でアイロンをかけなければ，繊維が傷んでしまうから。

〈解説〉(1)　アイロンの温度は，高温は天然繊維(植物系)，中温は天然繊維(動物系)・再生繊維・半合成繊維・合成繊維のポリエステル，低温は合成繊維のナイロン・ポリウレタン・アクリルに分けることができる。　(2)　混紡や交織の場合は，2種以上の繊維を使っているので低い温度のほうにするよう注意する。また，アイロンかけについては，あて布の使用(絹製品など)，霧吹き(木綿，ウール等)，裏からかける(表地がアイロンにより光ってしまう場合等)などについても理解しておく。

【３】(1)　D→B→E→C→A　　(2)　・角まできたら針を刺したままミシンを止める。　・針を刺したまま押さえ(金)を上げ，布を90度回す。　・押さえ(金)を下して，再び縫い始める。

〈解説〉(1)　接着芯は，布にハリを持たせるために使用する。ここでは，ポケット使用時の出し入れのために，ポケット口に強度を持たせる目的で使用している。接着芯は，衿，袖のカフス，前立て，スーツの前身ごろ等に用いるが，色々な厚みの物があるので，適当な種類を選択して使用するとよい。　(2)　縫い始めと縫い終わりに返し縫い(一度縫ったところを，1cmぐらい重ねて縫う)をするのは，縫い始め・終わりは，どうしてもほつれやすいためである。場合によっては，糸はしをしっかり結ぶ。針を刺したまま操作するのは，固定する意味をもつ。印の位置がずれたりするのを防ぐのである。縫い始める時は，押さえ

金を下すことを忘れないようにすることも大切である。

【4】(1) ア　アニミズム　　イ　しおれて枯れかけた花を見た幼児が，「お花さん，元気ないな，おなかが痛かったのかな。」と表現するように，人間以外の動植物，自然現象に人間と同じような心の存在を認めること。　(2) ア　乳児の胃の形状は，縦長で，胃の入り口である噴門括約筋が未発達のため，一旦胃に入った乳が，食道で逆流してしまいやすい。

イ

(乳児)　　　　　　　　　　(成人)

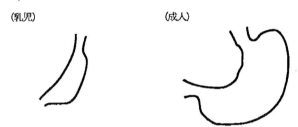

ウ　哺乳後，上体を立てた状態で，げっぷをさせ，胃の中のガスを抜いて，乳が逆流するのを防ぎ，嘔吐を起こりにくくする。

(3) ア　C　イ　B

〈解説〉(1)　ピアジェは，子どもと臨床的に関わり，子どもの思考(認知機能)の発達理論を提唱し，子どもの思考過程の発達段階を感覚−運動期，前操作期，具体的操作期，形成的操作期の4段階に分けた。また，ピアジェは「自己中心性」における子ども特有の自己中心的思考の形態として，アニミズム，人工論，実在論の3つとしている。　(2)　子どもの胃の大きさは新生児で約95mL，1歳で約250mLであり，成人は約2Lくらいである。　(3)　児童虐待の内容として，多いものから身体的虐待，ネグレクト(保護の怠慢)，心理的虐待，性的虐待となる。性的虐待は少ないながらも増加傾向を見せている。

【5】(1)　A　ア　赤外　　イ　殺菌　　ウ　採光　　エ　7分の1
　B　オ　モジュール　　カ　尺　　キ　間　　C　ク　住生活基本
　ケ　質　　(2)　室内外の温度差を少なくし，湿気が室内にこもること
を防ぐため，適宜換気をおこなう。

〈解説〉(1)　A　日照に関するキーワードとして，設問のほかに照明(人
工光を利用)，照度(ある面にどれくらい光があたっているか)，輝度(見
ている方向へどれぐらい光があたっているか)，天窓(トップライト)，
グレア等がある。　　B　なお，畳1枚は通常3尺(90cm)×6尺(180cm)で1
畳といい，2畳を1坪という。畳には京間や中京間，江戸間，団地間な
どがあるので，注意すること。　　C　現在，住宅政策は「住生活基本
法」を根拠法として，「住生活基本計画」に基づいて進められている。
第二次世界大戦後，日本は深刻な住宅不足に陥り，公団住宅，公営住
宅，住宅金融公庫の設置などを行ってきた。　　(2)　結露とは，ある空
気がその露点温度より低い温度のものに接すると空気中の水分の一部
が凝固して水滴となることをいう。住宅の気密性が高くなり，室内で
発生した水蒸気がこもることも原因の1つとなっている。住宅等の場
合，カビの被害が出るので，押し入れにすのこを敷く等の工夫をする
とよい。また二重窓等を設置するのも1つの対策法としてあげられる。

【中学校】

【1】(1)　①　A，D　　②　B，C　　③　E　　(2)　(E) → (D) → (A)
→ (C) → (B)

〈解説〉(1)　①　リユースとは，再利用のことである。　　②　マテリア
ルリサイクルとは，製品を原料として再生利用(リサイクル)すること
である。同じマテリアルリサイクルでも，紙から紙へのように同じも
のにする水平リサイクルと，レベルを上げたものにしていく(ペットボ
トルから繊維へ)アップサイクルがある。　　③　サーマルリサイクルと
は，ごみの焼却処理において，焼却炉から発生する熱エネルギーを発
電等の用途に利用することである。　　(2)　設問の図は，循環型社会形
成推進基本法(循環型社会基本法)の目的(第1条)に関するものである。

廃棄物等処理の優先順位は第7条で示されているので，参照すること。

【2】(1) ア　炭水化物　　イ　約9kcal　　ウ　① 食品たんぱく質の
アミノ酸組成を分析し，その量をアミノ酸評点パターン(理想的な必須
アミノ酸の必要量)と比較して，最も不足している割合の高い必須アミ
ノ酸をその食品の第一制限アミノ酸という。　　② 例えば，精白米の
第一制限アミノ酸はリジンだが，リジンの多い卵(肉や魚などの動物性
たんぱく質)といっしょに食べると，不足しているリジンを補い，体内
での利用効果が高まる。このように，食品を組み合わせて食べること
で，必須アミノ酸の不足分をそれぞれ補い，食事全体としてのアミノ
酸価があがることをたんぱく質の補足効果という。　エ　(X)　(b)
(Y)　(a)　　オ　① 炭水化物からのエネルギー摂取が少なく，脂質
からの摂取が多い。適正比率はたんぱく質が約13％，脂質が約27％，
炭水化物約60％であり，平成22年度のPFC比率と比べると，脂質が過
剰になっていることがわかる。その分，炭水化物の比率が少なくなっ
ている。　　② 脂質の多量摂取は，肥満や生活習慣病を誘発する傾向
にある。　(2) ア　計算式…60÷(1.6)²≒23.43　　体格指数…23.4
イ　(b)　(3) 計算式…$\frac{3.3 \times 210}{100}$ ≒ 6.93　　たんぱく質量…6.9 g
(4) ① 水からこんぶを入れ，火にかける。　② 沸騰直前にこんぶ
を取り出す。　③ 沸騰したら(沸騰直前に)，かつお節を入れ，再沸
騰したら火を止める。　④ 上澄みをこしとる。(ざるでこす，沈んだ
らこす，キッチンペーパーをひきこす，こして取り出す)
(5)

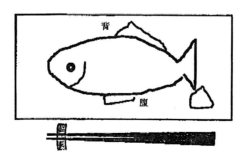

〈解説〉(1)　ア，イ　PFCの各名称，および1gあたりの熱量は，P(たんぱく質，4kcal)，F(脂質，9kcal)，C(炭水化物，4kcal)である。表において炭水化物が減少し，脂質の量が増えた原因の1つとして，食事の西洋化，特に肉類の消費が増えたことがあげられる。中でも，霜降りなどは脂肪分を含んでいるので留意する。　ウ　たんぱく質は，体内で最終的にアミノ酸という最小単位にまで分解され，吸収された後，体内で再びアミノ酸に合成される。アミノ酸のうち，体内で合成されないアミノ酸を必須アミノ酸という。アミノ酸の栄養的価値を表す方法として，アミノ酸価がある。人間にとって理想的なアミノ酸の割合をアミノ酸評点パターンとよぶ。　(2)　体格指数(BMI)は，体重(kg)÷身長(m)²で表し，22が標準，18.5未満はやせ，25以上を肥満と判定する。(4)　だしにはかつお節，こんぶだし，煮干し，しいたけ等があるので，抽出方法やうま味成分，うま味の相乗効果を理解しておこう。

(5)　大根のような「前盛り」は季節感を出し，味を引き立て，あと口をさっぱりさせ，盛り付けに美しさを添えるはたらきがある。なお，魚の盛り付けは頭が左にくるのが一般的だが，頭が右にくるものもある。

【3】(1)　(ア)　学習活動…○ロールプレイングをして，感じたことをワークシートにまとめる。　○解決方法を理解する。・明確な意思表示の重要性について理解する。・クーリングオフ制度について理解する。・消費生活センターなどの相談機関の役割について理解する。
(イ)　指導上の留意点…・販売者の話しを聞くうちに消費者役は，どのような気持ちの変化があったかをワークシートに記入するよう助言する。　・クーリングオフ制度の適用範囲を示す。　・クーリングオフ制度の利用方法(内容証明郵便など)を示す。　・地域の消費生活センターを知らせる。　(2)　本時で学んだことを消費者の権利と責任と関連させ，自分や家族の消費生活の態度について振り返り，ワークシートに記入するように助言する。　(3)　項目…衣生活・住生活と自立　学習活動…衣服を購入するという前提で，購入目的・用途，各自が既

に持っている衣服とのコーディネートなど具体的に考えさせ，購入にあたって必要な情報(取扱い絵表示・繊維，価格など)は何かを考えさせる。また，複数の購入方法をあげ，それぞれの利点や問題点を比較させる。

〈解説〉(1)(2)　指導計画の学習内容から，本時では「ロールプレイング」「消費トラブルの解決方法」がキーワードであり，ロールプレイングは，ほぼ示されているので，解答では解決方法を中心に構成すればよいことがわかる。訪問販売はクーリングオフ制度の対象であり，申込書面などを受け取ってから8日以内であれば，グーリングオフが可能である。　(3)　近年ではインターネット等の発達により，情報収集や購入方法が多様化していることから，ネットショッピングや通信販売なども購入方法としてあげられる。その際のメリット・デメリットについても考えさせることも必要だろう。

【4】A　個性　　B　材料　　C　和服　　D　表示　　E　洗濯

〈解説〉和服を授業で取りあげる際の例として，学習指導要領解説では「和服と洋服の構成や着方の違いに気付かせたり，衣文化に関心をもたせたりすることなど，和服の基本的な着装を扱うこと」をあげている。またDに関して，衣類の取扱い絵表示はJISとISOがある。それぞれの相違点などを学習しておこう。

【高等学校】

【1】①　A，D　　②　B，C　　③　E

〈解説〉リユースとは再利用，マテリアルリサイクルとは，製品を原料として再生利用(リサイクル)することである。同じマテリアルリサイクルでも，紙から紙へのように同じものにする水平リサイクルと，レベルを上げたものにしていく(ペットボトルから繊維へ)アップサイクルがある。サーマルリサイクルとは，ごみの焼却処理において，焼却炉から発生する熱エネルギーを発電等の用途に利用することである。再生利用に関する用語として他にリデュース，リフューズ，リペア，レ

ンタル，リフォーム等があげられる。

【2】(1)　戸籍法　　(2)　A　18　　B　16　　C　6　　D　3
〈解説〉(2)　民法第725条の親族の範囲，第731～747条のうち婚姻適齢，
　再婚禁止期間，近親婚の制限，未成年者の婚姻，婚姻の届出など，共
　通教科「家庭」の科目で扱う程度の法令は確認しておこう。民法は時
　代の趨勢や社会情勢により，改正が何度も検討されている。そういっ
　た動向も把握しておくとよい。

【3】(1)　A　生涯の生活設計　　B　ホームプロジェクトと学校家庭ク
　ラブ活動　　(2)　C　親の役割　　D　着脱衣　　E　体験
〈解説〉(1)　特に，Bのホームプロジェクトと学校家庭クラブ活動は頻出
　なので，相違点などをまとめておくこと。共通教科「家庭科」には，
　「家庭総合」「家庭基礎」「生活デザイン」があるが，相違点について
　は各項目を一覧表などにすると理解しやすい。

【4】(1)　ア　炭水化物　　イ　約9kcal　　ウ　①　食品たんぱく質の
　アミノ酸組成を分析し，その量をアミノ酸評点パターン(理想的な必須
　アミノ酸の必要量)と比較して，最も不足している割合の高い必須アミ
　ノ酸をその食品の第一制限アミノ酸という。　②　例えば，精白米の
　第一制限アミノ酸はリジンだが，リジンの多い卵(肉や魚などの動物性
　たんぱく質)といっしょに食べると，不足しているリジンを補い，体内
　での利用効果が高まる。このように，食品を組み合わせて食べること
　で，必須アミノ酸の不足分をそれぞれ補い，食事全体としてのアミノ
　酸価があがることをたんぱく質の補足効果という。　エ　(X)　(b)
　(Y)　(a)　　オ　①　炭水化物からのエネルギー摂取が少なく，脂質
　からの摂取が多い。適正比率はたんぱく質が約13％，脂質が約27％，
　炭水化物約60％であり，平成22年度のPFC比率と比べると，脂質が過
　剰になっていることがわかる。その分，炭水化物の比率が少なくなっ
　ている。　②　脂質の多量摂取は，肥満や生活習慣病を誘発する傾向

にある。　(2)　ア　計算式…60÷(1.6)²≒23.43　　体格指数…23.4

イ　(b)　(3)　計算式…$\frac{3.3 \times 210}{100}$≒6.93　たんぱく質量…6.9g

(4)　①　水からこんぶを入れ，火にかける。　②　沸騰直前にこんぶを取り出す。　③　沸騰したら(沸騰直前に)，かつお節を入れ，再沸騰したら火を止める。　④　上澄みをこしとる。(ざるでこす，沈んだらこす，キッチンペーパーをひきこす，こして取り出す)

〈解説〉(1)　ア，イ　PFCの各名称，および1gあたりの熱量は，P(たんぱく質，4kcal)，F(脂質，9kcal)，C(炭水化物，4kcal)である。表において炭水化物が減少し，脂質の量が増えた原因の1つとして，食事の西洋化，特に肉類の消費が増えたことがあげられる。中でも，霜降りなどは脂肪分を含んでいるので留意する。　ウ　たんぱく質は，体内で最終的にアミノ酸という最小単位にまで分解され，吸収された後，体内で再びアミノ酸に合成される。アミノ酸のうち，体内で合成されないアミノ酸を必須アミノ酸という。アミノ酸の栄養的価値を表す方法として，アミノ酸価がある。人間にとって理想的なアミノ酸の割合をアミノ酸評点パターンとよぶ。　(2)　体格指数(BMI)は，体重(kg)÷身長(m)²で表し，22が標準，18.5未満はやせ，25以上を肥満と判定する。(4)　だしにはかつお節，こんぶだし，煮干し，しいたけ等があるので，抽出方法やうま味成分，うま味の相乗効果を理解しておこう。

【5】(1)　(ア)　○該当の高齢者の食品群別摂取量のめやすを調べ，ワークシートに記入する。　○考えた献立の料理名をワークシートに記入する。　○それぞれの料理の材料と分量をワークシートに記入する。○材料を食品群に分け，それぞれ該当する欄に分量を記入し，各食品群の合計値を求める。　○食品群別摂取量のめやすと比較し，過不足を求める。　(イ)　○対象となる高齢者の年齢・性別・身体活動レベルを提示する。　○朝・昼・夕食・間食のバランスを考え，献立を作成するようアドバイスする。　○各食事は，主食・主菜・副菜を基本に考えるようアドバイスする。　(2)　能率，経済，季節，嗜好，環境などから3つ　(3)　・献立を作成する際には，ライフステージごと

に留意する点が異なることを確認し，本日の献立作成が，家族の献立
を作成する際に応用できることを助言する。　・献立をたて計画的に
食事管理することが，家族の栄養バランスを整えるだけでなく，食品
の無駄を省き，家計管理や環境への配慮にもつながることを知らせる。
〈解説〉(1)　本時の目標に「高齢者の1日の献立を作成することを通して
…」とあるので，展開前半は高齢者の1日の献立を作成する活動が該
当することが考えられる。その際，食品群別摂取量は年齢・性別・身
体活動レベルによって異なるので，条件を提示することを忘れないよ
うにしたい。生徒の立てた献立を食品群に分け，過不足を計算するこ
とで，献立の課題が浮き彫りになる。　(2)　季節，経済に関しては，
食物の旬を考慮に入れるとよい。旬を知ることで栄養価が高く，かつ，
おいしく安価な食物を入手できる。

2013年度　実施問題

【中高共通】

【1】消費生活と環境について，次の(1)～(4)の問いに答えよ。

(1) 「リボルビング払い」について，説明せよ。

(2) 消費者保護に関する法律について，次のア，イの問いに答えよ。

ア 平成16年に，消費者は保護されるだけでなく自立した主体であるとして，消費者保護基本法(昭和43年制定)が大幅に改正され名称も変更された。この時成立した法律の名称を答えよ。

イ アの法律に，新たに規定された消費者政策推進の基本理念を簡潔に二つ記せ。

(3) 国際消費者機構が提唱した消費者の5つの責任のうち一つを挙げ，具体例を述べよ。

(4) 「容器包装に係る分別収集及び再商品化の促進等に関する法律」(平成23年8月30日改正)が制定された目的を簡潔に述べよ。

(☆☆☆◎◎◎◎)

【2】衣生活について，次の(1)～(6)の問いに答えよ。

(1) 被服の働きについて，次のア，イの問いに答えよ。

ア 快適と感じる被服内空気層の条件として，適するものを次のA～Fから一つ選び記号で答えよ。ただし，気流は25cm/秒程度の不感気流とする。

記号	温度	湿度
A	27 ± 1℃	50 ± 10%
B	27 ± 1℃	65 ± 10%
C	32 ± 1℃	50 ± 10%
D	32 ± 1℃	65 ± 10%
E	37 ± 1℃	50 ± 10%
F	37 ± 1℃	65 ± 10%

　　　イ　肌着の役割について，簡潔に三つ記せ。

(2)　表面フラッシュ現象について，次のア，イの問いに答えよ。

　　　ア　どのような現象か，簡潔に説明せよ。

　　　イ　次のA～Dのうち，表面フラッシュ現象が最も起こりやすい製品を一つ選び記号で答えよ。

　　　　A　ネル(綿100％)のパジャマ

　　　　B　ウール100％のセーター

　　　　C　防炎製品ラベルのついたエプロン

　　　　D　デシン(ポリエステル100％)のシャツブラウス

(3)　ドライクリーニングについて，次のア，イの問いに答えよ。

　　　ア　ドライクリーニングの長所と短所について，それぞれ二つずつ記せ。

　　　イ　次の記号は，ドライクリーニングができるという絵表示である。この絵表示を定めている機構名を答えよ。

(4)　次の図は，ショートパンツ製作のために裁断した布(綿ブロード)である。下のア，イの問いに答えよ。

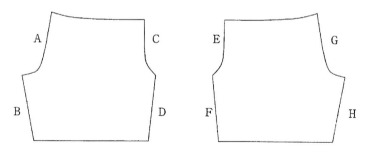

　　　ア　ミシンで縫い合わせる箇所の組み合わせについて，A～Hの記号で答えよ。

　　　　(例：AとB)

イ　また上をミシンで縫い合わせる際の留意点を一つ挙げよ。また，その理由を述べよ。なお，ミシン糸は，カタン糸60番を使用するものとする。

(5)　和服について，次のア～ウの問いに答えよ。

ア　図のような「はっぴ」を製作する。一人分の布の必要最少量を見積もりせよ。ただし，柄合わせは，考慮しない。肩山，袖山は"わ"とする。布幅は90cmとする。

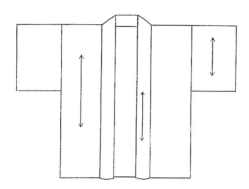

※　矢印は布目線である。

名称	寸法(cm)
着丈	78
後ろ幅	34
肩幅	34
衿幅	5
衿肩あき	9
袖丈	32
袖幅	24
袖口縫い代	3
裾縫い代	4
その他縫い代	1.5

　イ　「はっぴ」にはないが,「浴衣」にはある深い前あわせの部分を何というか,記せ。

　ウ　「浴衣」の衿あわせについて,正しいものを一つ選び記号で答えよ。なお,右前とは,自分の右衿を先に合わせて左衿を重ねること,左前とは,自分の左衿を先に合わせて右衿を重ねることである。

　　A　男性も女性も右前である。

　　B　男性も女性も左前である。

　　C　男性は左前,女性は右前である。

　　D　男性は右前,女性は左前である。

(6)　手縫い糸(絹)とミシン糸の構造上の相違点について簡潔に説明せよ。

(☆☆☆◎◎◎)

【3】住生活について,次の(1)～(5)の問いに答えよ。

(1)　次の図は,住まいの機能についてまとめた板書である。(　①　)～(　③　)に入る適切な語句を下のa～cから一つ選び記号で答えよ。また,(　A　)～(　C　)には,それぞれの機能の具体例を記せ。

```
┌────────────────────────────────────────────────┐
│ 住まいの機能                                    │
│　○第一次的機能…(　　①　　)の場                │
│　　[具体例](　　　　　　　A　　　　　　　　)  │
│                                                │
│　○第二次的機能…(　　②　　)の場                │
│　　[具体例](　　　　　　　B　　　　　　　　)  │
│                                                │
│　○第三次的機能…(　　③　　)の場                │
│　　[具体例](　　　　　　　C　　　　　　　　)  │
└────────────────────────────────────────────────┘
```

　a　個人発達　　b　家族生活　　c　避難・保護

(2)　次のア～ウは台所の作業台の配列を示している。家事作業の効率の観点をふまえて,ア～ウの配列の特徴を述べよ。

ア　一列型

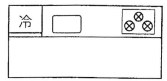

イ　U字型

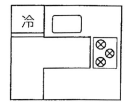

ウ　アイランド型

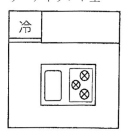

(3)　図1，図2の平面図を比較し，住空間(部屋)の使い方の相違点について，次の語句を用いて説明せよ。

食寝分離　，　就寝分離　，　床座　，　いす座

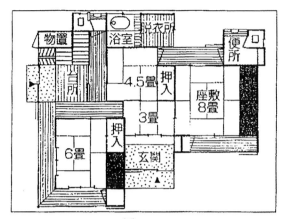

図1

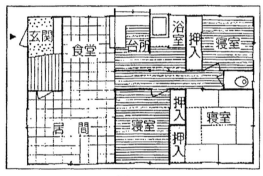

図2

(4)　マンションなどの集合住宅には共用部分があり，居住者間の同意
　　と協力のもとで取扱いを考えなければならない。「建物の区分所有
　　等に関する法律」(平成23年6月24日改正)で定める集合住宅の共用部
　　分の具体例を一つ挙げよ。

(5)　コレクティブ住宅(コレクティブハウス)の特徴を述べよ。

(☆☆☆◎◎◎)

【4】次の(1)，(2)の問いに答えよ。

(1)　次のア～エの文章は，子どもや家族を支える施設や機関について説明したものである。それぞれの名称を，下のa～fから一つ選び記号で答えよ。

ア　「就学前の子どもに関する教育，保育等の総合的な提供の推進に関する法律」(平成18年10月1日施行)に基づき，就学前の子どもに幼児教育・保育を提供する機能と地域における子育て支援を行う機能を持つ。

イ　保護者のいない児童，虐待されている児童その他環境上養護を要する児童を入所させて養護し，また，退所した者に対しては相談，その他，自立のための援助を行う。

ウ　「地域保健法」(平成23年8月30日改正)に基づいて都道府県，政令指定都市，中核市，その他指定された市又は特別区が設置し，母性及び乳幼児並びに老人の保健に関する事項や地域住民の健康の保持及び増進に関する事項についての企画，調整，指導及びこれらに必要な事業を行う。

エ　児童福祉法(平成23年12月14日改正)第40条に基づき，健康を増進したり，情操を豊かにしたりするために，児童に健全な遊びを提供する。

a　保育所　　　b　幼稚園　　　　c　認定こども園

d　児童館　　　e　児童養護施設　　f　保健所

(2)　「育児休業，介護休業等育児又は家族介護を行う労働者の福祉に関する法律」(平成23年6月24日改正)で定める子育てを支援する制度について，次のア～ウの問いに答えよ。

ア　制度の対象となる労働者が取得できる育児休業期間はいつまでか。次のa～cから一つ選び記号で答えよ。ただし，特例は除くものとする。

a　子が1歳に達するまでの1年間

b　子が2歳に達するまでの2年間

c　子が3歳に達するまでの3年間

イ　制度の対象となる労働者が3歳未満の子どもを育てている場合，申請によりどのような制度を利用できるか。二つ答えよ。

ウ　制度の対象となる労働者が小学校就学前の子どもを二人育てている場合，年間，何日まで子どもの看護休暇の取得が可能か。次のa～dから一つ選び記号で答えよ。

a　5日　　b　7日　　c　10日　　d　20日

(☆☆☆◎◎◎)

【5】次の表の材料を用いて，「米飯，ハンバーグステーキ，青菜のごまあえ，かきたま汁，オレンジヨーグルトゼリー」の調理実習を行う。下の(1)～(5)の問いに答えよ。

材料（1人分）

＜米飯＞		＜青菜のごまあえ＞	
精白米	70g	ほうれんそう	75g
水	（　　）ml	いりごま	5g
		砂糖	4.5g
＜ハンバーグステーキ＞		しょうゆ	5ml
あいびき肉（ぶた肉、牛肉）	60g		
たまねぎ	30g	＜かきたま汁＞	
サラダ油	2g	だし	150ml
パン粉	5g	水（蒸発分を含む）	170ml
牛乳	10g	かつおぶし	3g
卵	12g	塩	0.5g
こしょう	少々	しょうゆ	3ml
塩	0.5g	かたくり粉	1.5g
サラダ油	3g	水	3ml
ソース		卵	20g
┌トマトケチャップ	8g	みつば	5g
└ウスターソース	8g		
つけ合わせ		＜オレンジヨーグルトゼリー＞	
┌ブロッコリー	15g	オレンジジュース	50ml
│じゃがいも	75g	ヨーグルト	40g
└塩	少々	グラニュー糖	14.5g
		ゼラチン	2g

(1)　「米飯」について，次のア～ウの問いに答えよ。

ア　表中の精白米の分量を基に5人分を調理するとき，最も適切な水の量をA～Cから一つ選び記号で答えよ。

  A 420ml B 525ml C 630mI

 イ 炊飯による米の変化について,「でんぷん」「糊化」の言葉を用いて説明せよ。

 ウ 浸漬時間が不十分なまま炊飯を行うと,米飯がおいしくできあがらない。その理由を簡潔に記せ。

(2) 「ハンバーグステーキ」について,次のア〜ウの材料のはたらきを簡潔に記せ。

 ア 塩 イ パン粉 ウ 卵

(3) 「青菜のごまあえ」について,次のア,イの問いに答えよ。

 ア ほうれんそうなどの緑黄色野菜に多く含まれている色素の名称を記せ。

 イ ほうれんそうを鮮緑色にゆでるポイントを五つ記せ。

(4) 「かきたま汁」について,次のア,イの問いに答えよ。

 ア かつおぶしのうまみ成分を記せ。

 イ 卵が汁中に浮かんだような形に仕上げることに留意して,かきたま汁の調理手順を,「・煮だし汁を煮立てる。」に続く形で簡潔に記せ。

(5) 「オレンジヨーグルトゼリー」は,オレンジゼリーが上層,ヨーグルトゼリーが下層となる。ゼラチンの調理性をふまえ,きれいに二層に仕上げる調理のポイントを簡潔に記せ。

                (☆☆☆◎◎◎)

【6】次の表は，平成23年度の食中毒の月別発生状況(事件数・患者数)である。下の(1)～(3)の問いに答えよ。

表1

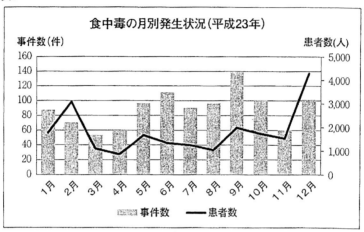

(厚生労働省 食中毒統計調査より作成)

(1) 表1から読み取れる食中毒発生状況の特徴をふまえて，食中毒予防の基本的な考え方を簡潔に記せ。

(2) 平成15年以降，日本で最も発生件数の多い細菌性食中毒の特徴を次に示す。この食中毒の原因菌の名称を記せ。

(特徴)

● 鶏や牛などの腸管に存在している

● 菌に汚染された肉やレバーの生食等により発症

● 主な症状は，下痢，腹痛，発熱

● 感染から発症までの期間は，2日～5日と長い

(3) 親子丼とサラダの調理実習の実施に向けて，食中毒の二次汚染の予防に配慮した「まな板の清潔な扱い方」について，生徒に例示する。具体例を二つ簡潔に記せ。

(☆☆☆◎◎◎)

【中学校】

【1】 次の文章は，中学校学習指導要領(平成20年3月告示)第2章　第8節 技術・家庭の家庭分野の内容に示されている「B　食生活と自立」と その内容の取扱いの一部である。文中の(A)～(G)に入る適切 な語句を記せ。

(3)　日常食の調理と地域の食文化について，次の事項を指導する。

　　ア　基礎的な日常食の調理ができること。また，安全と衛生に留意 し，食品や調理用具等の適切な管理ができること。

　　イ　地域の食材を生かすなどの調理を通して，地域の食文化につい て理解すること。

　　ウ　食生活に関心をもち，(A)をもって日常食又は地域の食材 を生かした調理などの活動について工夫し，計画を立てて(B)で きること。

〔内容の取扱い〕

　　ウ　(3)のアについては，(C)，(D)，(E)を中心として扱 い，基礎的な題材を取り上げること。(3)のイについては，調理実 習を中心とし，主として地域又は季節の食材を利用することの意 義について扱うこと。また，地域の伝統的な(F)や(G)を 扱うこともできること。

(☆☆◎◎◎)

【2】 中学校の「衣生活と自立」の内容において，衣服の選択，着用，手 入れの学習を終え，次のa～dをふまえて，生活に役立つ物の製作を指 導する。本時(第1時間目)は，生徒が物の製作について興味や関心を持 ち，完成作品を実生活で活用することにより，自分や家族の生活を豊 かにするための工夫ができるよう指導したい。　　　　の部分を作成 し，本時の指導案を完成せよ。

a	学年・生徒数	２年　30名	
b	指導時間	全８時間	
c	学習のねらい	手縫いやミシン縫いなどの基礎的・基本的な知識と技術を活用し、布を用いた物の製作を通して、自分や家族の生活を豊かにするための工夫ができるようにする。	
d	題材名	布を用いて生活を豊かにするものを作ろう	
		製作題材：ポケットとマチのあるエコバッグの製作	
e	指導計画		

時間	学習活動	評価規準
1 （本時） 2	エコバッグの製作において、自分や家族の生活を振り返り、工夫する点を考える。 製作するバッグの形や大きさ、作業の手順を考え、製作計画を立てる。	●エコバッグの製作に関心を持ち、自分や家族の生活を豊かにしようとしている。 ●デザインや活用のしかたを考え、生活を豊かにするための工夫をしている。
3 〜 7	目的に応じた縫い方を活用して、エコバッグを製作する。	●目的に応じた縫い方や製作の手順を理解している。 ●目的に応じた縫い方と用具の安全な取扱いができる。
8	製作を振り返って、気付いたことや習得したことを確認し、作品の出来上がりを自己評価して、感想をワークシートにまとめる。	●製作を通して、課題を見つけ、生活をよりよくするための実践に取り組もうとしている。

■本時の指導案

時間	学習活動	指導上の留意点	評価方法
導入 ５分	●エコバッグの製作のねらいを知る。		
展開			
まとめ ５分	●本時の学習のまとめと次時の学習内容の確認をする。		

（☆☆☆◎◎◎）

【高等学校】

【1】 高齢者の生活と福祉について，次の(1)，(2)の問いに答えよ。

(1) 次のグラフと表は，加齢に伴う二つの知能の変化を表したものとその説明である。下のア，イの問いに答えよ。

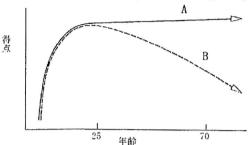

結晶性/流動性知能の加齢パターン(モデル)(Baltes, 1980)

井上勝也・木村周『新版 老年心理学』より

知能の種類	内容
結晶性知能	経験と結びついた判断力、理解力などの能力
流動性知能	新しいことを学習したり、新しい環境に適応したりする能力

ア 「結晶性知能」を示しているのは，グラフのA，Bのどちらか，記号で答えよ。

イ 生徒にグラフと表を提示し，加齢にともなう知能の変化について指導する際，どのように説明するか。その内容を簡潔に述べよ。

(2) 介護実習の実施に当たり，高齢者福祉の理念をふまえて，具体的な場面を例示しながら高齢者と接する際の留意点について生徒を指導する。その指導の具体例を簡潔に一つ述べよ。

(☆☆☆◎◎◎)

【2】 高等学校学習指導要領(平成21年3月告示)「第2章 第9節 家庭」に示されている共通教科「家庭」に属する科目について，次の(1)，(2)の問いに答えよ。

(1)　「家庭基礎」「家庭総合」「生活デザイン」のそれぞれの標準単位数を答えよ。

(2)　各科目に共通する「内容　ホームプロジェクトと学校家庭クラブ活動」について，ア，イの問いに答えよ。

　ア　次の文中の空欄(A)～(D)に入る語句を記せ。

　　　本問題については，問題の一部に誤りがあったため割愛しました。

　イ　ホームプロジェクトの計画実施後の指導上の留意点を述べよ。

(☆☆☆◎◎◎)

【3】高等学校普通科第1学年(40名)の家庭総合において，「市販食品を考えよう」と題して授業を行う。次の(1)，(2)の問いに答えよ。

(1)　空欄(　A　)～(　C　)を埋め，次の題材の指導計画を完成せよ。

● 題材名：「市販食品を考えよう」
● 題材の目標：
　調理実習で調理した食品（手づくりの食品）と同じ種類の市販食品を比較し，目的にあった食品の選択について考える。
● 題材の指導計画

比較する食品	（　A　）	
次	時間	学習活動・内容
1次	2	（　B　）
2次	2	（　C　）
3次	2	手づくりの食品と市販食品について、様々な観点から2つを比較・検討・整理し、目的に合った食品の選び方について考える。

● 留意点
　・生徒が主体的に学ぶ学習活動になるよう工夫する。
　・授業時間は、週に2日、2時間連続授業で実施。1時間は50分である。
　・題材の指導計画の総時間は、6時間とする。

(2)　次の図は，第3次の手づくりの食品と市販食品を比較検討する際に用いるワークシートの一部である。あとのア，イの問いに答えよ。

1．「手づくりの食品と市販食品を比べてみよう」

比較の観点	手づくりの食品	市販食品
味		
舌触り、食感		
香り		
（A）		

ア　ワークシートの(A)に設定する，適切な比較の観点を三つ記せ。

イ　第3次の授業の最後の20分で，題材の目標をふまえたまとめを行う。(1)で考えた指導計画に即して，あなたが行うまとめの部分の学習活動を，具体的に記せ。

(☆☆☆◎◎◎)

解答・解説

【中高共通】

【1】(1)　あらかじめ，利用限度額と月々の支払額を決めておき，利用限度額の範囲内であれば，利用額にかかわらず毎月一定額を支払う返済方法。　(2)　ア　消費者基本法　　イ　・消費者の権利の尊重　・消費者の自立の支援　　(3)　[責任]　自らの消費行動が環境に与える影響への自覚の責任，商品について批判的な意識を持つ責任，公正な取引を得られるように行動する責任，消費者として団結し連帯する責任，自らの消費行動が社会に配慮する責任(のうち1つ)　　[具体例]・商品やサービスを購入，使用，廃棄するとき，どのくらい環境に負荷を与えているかを考え，環境に配慮した商品を購入する。　・物やサービスを購入する際には，事業者から与えられた情報をそのまま受

け入れるのではなく,「なぜ？」という視点で検討し,複数の情報源から情報の真偽を見極める。　・購入した商品に不具合があったので,事業者に改善するよう求めたり,地域の消費生活センターに相談する。・事業者との間でトラブルが起きたときに,消費者が個人で立ち向かうのではなく,社会全体で協力して問題を解決しようとする。・商品やサービスを購入するとき,生産している人たちの暮らしや社会のあり方について考え,行動する(フェアトレード商品を購入する)。(など)　　(4)　廃棄物の適正な処理及び資源の有効な利用の確保を図り,もって生活環境の保全及び国民経済の健全な発展に寄与する。(「ごみの適正処理と資源の有効活用を進め,環境を保全する」などでもよい。)

〈解説〉　(1)　「リボルビング払い」は,「リボ払い」ともよばれる。利用残高に一定割合を乗じて返済額を決定する「定率リボルビング払い」や毎月の支払額をあらかじめ決めて支払う「定額リボルビング払い」などがあり,クレジットカードの場合,ほとんどが後者の方法を採用している。毎月の支出が一定なので家計管理がしやすいなどのメリットがある一方,支払い終了月や返済総額がわかりにくく,無計画に購入してしまうなどのデメリットがある。　　(2)　消費者基本法は,日本の消費者政策の基本となる法律である。その基本理念は同法第2条で規定されており,「消費者の権利の尊重」と「消費者の自立の支援」が柱となる。2004年,消費者保護基本法から消費者基本法へ名称が変更され,改正された。　　(3)　「国際消費者機構(CI： Consumers International」は消費者運動の国際機関である。「消費者の5つの責任」のほか,「消費者の8つの権利」を提唱している。「消費者の8つの権利」のうち4つは,アメリカのケネディ大統領が1962年に「消費者の権利保障に関する大統領特別教書」の中で掲げたもの(安全である権利,知らされる権利,選ぶ権利,意見が反映される権利)である。これに,1975年,フォード大統領による「消費者教育を受ける権利」が追加され,1982年にCIが「生活の基本的ニーズが保障される権利」「補償を受ける権利」「健全な環境の中で働き,生活する権利」を加え,「消費者の

8つの権利」とした。　(4)　設問の法律名は，略して「容器包装リサイクル法」ともよばれる。家庭から出るごみの6割を占める容器包装廃棄物の減量化と再資源化を目的として法整備が進められた。リサイクル義務が生じる廃棄物は「ガラス製容器」「ペットボトル」「紙製容器包装」「プラスチック製容器包装」である。同法に続いて，循環型社会形成推進基本法，家電リサイクル法，食品リサイクル法，建設リサイクル法，自動車リサイクル法も制定された。これらが循環型社会を実現させるための法体系となっている。

【2】(1)　ア　C　　イ　・筋肉の適度な緊張感付加による身体機能の補助。　・汗や皮脂，あかなどの汚れを吸着して皮膚を清潔に保つ。・被服気候を調節する。　・上着と肌とが直接接触して摩擦することから起こる接触性皮膚炎を防ぐ。　・上着を好ましいラインやシルエットで着装するためにプロポーションやボディーラインを整え，補正する。(以上から3つ)　　(2)　ア　火が着衣に着火することによって，繊維表面の毛羽に火が着き，被服表面に瞬時に火が走る現象イ　A　　(3)　ア　[長所]・油性汚れの除去に優れている。　・衣類の収縮，伸張，型崩れを起こしにくい。　・被洗物の風合いや光沢の変化が少ない。　・湿式洗濯に弱い染色物の色落ちが少ない。・乾燥が速く，仕上げが容易である。(などから2つ)　　[短所]・水溶性汚れが除去しにくい。　・再付着が起こりやすい。　・溶剤によって損傷を受けやすい衣類には適用できない。　・洗濯後に溶剤が残留すると皮膚を刺激することがある。　・溶剤によっては人体に対する毒性，引火・爆発の危険性があり，環境汚染の原因になる。(などから2つ)　イ　ISO(国際標準化機構)　　(4)　ア　・AとG　　・CとE・BとD　　・FとH　　イ　[留意点]・また下と交差した部分は，出来上がり線の上を二度縫いする。　・布をまっすぐに伸ばし，引っ張りぎみに縫う。　[理由]・また上は運動量が多く，活動による寸法の変化も大きい。布はバイアス方向なので伸びて，活動に対応できるが，糸は伸びないので，糸が引きつって切れる※ことを想定して，補強の

ために二度縫いする。　・＿＿※ことを防ぐためにあらかじめ布を伸ばしぎみに縫う。　(5)　ア　231[cm]　(着丈78cm＋裾縫い代4cm)×2＋(袖丈32cm＋その他縫い代1.5cm)×2＝231[cm]　イ　おくみ　ウ　A　(6)　絹手縫い糸はS撚り，ミシン糸はZ撚りと糸の撚りの方向が異なる。

〈解説〉(1)　ア　被服内空気層の条件を「被服(衣服)気候」という。被服気候は，衣服素材の性質，衣服が体を覆う面積，衣服の開口部の形状などによって変わる。　イ　温度調節，身体の保護，活動の補助など，衣服の保健衛生的機能を踏まえて解答する。　(2)　「表面フラッシュ現象」は，綿，レーヨン等及びその混紡の起毛品(毛羽の長いもの)，綿，麻等の編み物(表面に毛羽立ちの認められるもの)に起こりやすく，合成繊維100％，毛羽の短いピーチスキン調のもの，起毛加工していない毛，絹織物では起こりにくい。　(3)　ア　「ドライクリーニング」とは水を使わず，有機溶剤を使って汚れを落とす洗濯方法である。イ　ISOとは，International Organization for Standardization(国際標準化機構)の略で，国際的に通用させる規格や標準類を制定するための国際機関である。なお，「取扱い絵表示」は，日本では日本工業規格(JIS)のものが使われている。今後ISO規格に統一される方向ではあるが，現時点では両方の意味を確認しておくとよい。　(4)解答は，「留意点」をあげた「理由」が整合しているかどうかが正答の条件となる。論理的に解答する必要がある。　(5)　和服については頻出である。和服の各部名称，つくり方・たたみ方の手順などを学習しておこう。

【3】(1)　①　c　②　b　③　a　A　(例)自然災害からの防御，社会的ストレスからの解放　B　(例)育児・子育て，調理・食事　C　(例)休養・くつろぎ・睡眠，仕事・学習　(2)　ア　作業台が一列に配置されているため作業を円滑に行うことができるが，作業の内容によっては動線が長くなり，効率的でない場合もある。　イ　あまり動かなくても3方向に手が届き，家事者1人で作業を効率的に行うことができるが，2か所のコーナー部分がデッドスペース(無駄)になりや

すい。また，複数で家事にあたりにくい。　ウ　作業台が分かれているため，作業を複数で分担して行う場合に適しているが，家事者が1人の場合は動線が長くなり，効率的ではない。　(3)　図1は和室ばかりで部屋を仕切る壁が少なく，1つの部屋をいろいろな用途や目的で使える「床座」の生活を主とする。図2の住居では，壁を設けて各住空間を独立させた「いす座」の生活であり，食べる部屋と寝る部屋を分けて「食寝分離」し，また，親と子・性別で寝る部屋を分けて「就寝分離」している。　(4)　・階段　　・廊下　　・エレベーター　・駐車場　　・バルコニー　　・建物の外壁や構造体(などから1つ)

(5)　コレクティブ住宅は，独立した住居部分と食事や団らんのできる協働の空間を併用した住宅で，コミュニティーとプライバシーの確保を兼ね備えている。

〈解説〉 (2) 「動線」とは，人が動き回る方向や頻度などを表した線のことである。「家事作業の効率の観点」とあるので，この動線のことを中心に述べるとよい。なお，キッチンの主な型として，二列型，L型がある。また，リビングやダイニングとの位置関係から，オープン型，クローズド型，セミオープン型(対面式)に分けられる。　(3)　床上に直接座ったり横になったりする生活様式のことを「床座」，いすやテーブルを置き，いすを使う生活様式のことを「いす座」という。

(4)　マンションなどの共用部分は，「法定共用部分」と「規約共用部分」とに分けられる。法定共用部分には，廊下・階段・外壁・建物躯体等がある。規約共用部分は，管理人室や集会室など，本来は専有部分となる建物の部分や，駐輪場や物置等，住民全体で共用するために管理規約により定めたものをいう。　(5) 「コレクティブ住宅」は，共働き世帯や高齢単身者などの増加を背景として誕生した，保育や食事などを共用空間で行うことを可能とした住まいである。デンマークや米国などでは，同様な住まいを「コウハウジング(cohousing)」とよぶ。

【4】(1)　ア　c　　イ　e　　ウ　f　　エ　d　　(2)　ア　a
イ　・短時間勤務制度　　・所定外労働の制限　　ウ　c

〈解説〉(2)　ア　この法律は，略して育児・介護休業法ともよばれる。育児休業期間は，保育所に入所できないなどの理由がある場合は，子が1歳6か月まで延長できる。なお，2011年の同法の改正で，両親ともに育児休業をする場合の特例(パパ・ママ育休プラス)が新設され，父母ともに育児休業する場合のみ，対象となる子の年齢が原則1歳2か月まで延長されることとなった。　イ　「時短勤務」「所定外労働の制限」は，女性の育児休業取得率が約9割に達する一方，約7割が第1子出産を機に離職するという現状を踏まえ，育児期の女性労働者のニーズとして盛り込まれた。　ウ　「看護休暇」は，改正前は，養育する小学校就学までの子の人数にかかわらず年5日だったが，改正により，小学校就学前までの子が1人なら年に5日まで，2人以上の場合は年に10日までとなった。また，病気やけがをした子の看護を行うためだけでなく，子に予防接種または健康診断を受けさせるために利用することができるようになった。

【5】(1)　ア　B　　イ　米に含まれている「でんぷん」を水のある状態で加熱することにより「糊化」させ，味も消化もよくする。ウ　浸漬時間が不十分なまま炊飯を行うと，米粒の中心まで水がしみ込んでいないため，表面は煮えても米粒の中のほうは芯があるごはんになるから。　(2)　ア　肉のたんぱく質の一部をとかし，粘りを出す。イ　・焼いたときの肉汁を吸って，ハンバーグをジューシーに保ち，肉が縮むのを防ぐ。　・うま味を保つはたらきをする。(などから1つ)ウ　材料のすきまに入り込み，加熱により固まって，つなぎの役割をする。　(3)　ア　(例)　クロロフィル(葉緑素)　イ　・たっぷりの湯を使う。　・高温で短時間処理を行う。　・食塩を加える。　・蓋をしない。　・ゆで終わったら冷水にさらす。　(4)　ア　イノシン酸イ　[調理手順]　・調味料を入れる。　・水溶きかたくり粉を入れる。・溶き卵を糸状に流し入れる。　・3cmに切ったみつばを入れて火を

止める。　(5)　ゼラチンは粘着力が強く，融解温度は，20〜28℃と非常に溶けやすい。(夏場は室温ですぐ溶け始める。)そこで，下層のゼリーを流し込んだら，いったん冷蔵庫で十分に冷やし固め，その後に粗熱をとった上層のゼリーを流し込み，再度冷蔵庫で冷やし固める。

〈解説〉(1)　ア　炊飯に必要な水の量は，米の重量の1.5倍である。5人分であることから70×5×1.5より求める。　イ　生米中のでんぷんは結晶性でんぷんで，「βでんぷん」とよばれる。このβでんぷんは，水と熱により「糊化(α化)」し，飯の状態ではαでんぷん(糊化でんぷん)になる。　(3)　ア　クロロフィルは，植物などの葉っぱの，緑に関係する色素である。　(4)　ア　かつおだし，昆布だしのとり方についても説明できるようにしておきたい。　イ　汁に水溶きかたくり粉を入れることで，後から入れる卵をきれいに浮かせることができる。

(5)　ゼラチンの調理性として，融解温度が低い点があるので，これを踏まえて解答する。ゼラチンと寒天の違いについても理解しておこう。

【6】(1)　食中毒発生事件数は夏場(6〜9月)が多いが，患者数は冬場(12〜2月)が多く，年間を通して食中毒への注意が必要である。

(2)　カンピロバクター　(3)　・野菜用と肉・魚用のまな板を分けて用いる。　・生の肉，魚，卵を扱った後は，石鹸で手を洗ってからまな板を用いる。　・肉を切った包丁やまな板は洗剤を使って(熱湯消毒も可)しっかり洗ってから次の材料(野菜)を切る。(などから2つ)

〈解説〉(1)　細菌性食中毒は夏場に多発するが，ノロウイルスによる食中毒は冬場に多く発生する。　(2)　近年は，サルモネラ菌や腸炎ビブリオを抜き，カンピロバクターの発生件数が多い。カンピロバクター食中毒の多くは，食鳥肉などの食肉によるものである。　(3)　食中毒細菌などは，水洗いでは完全に除去できない。食中毒予防の3原則「(菌を)つけない」「(菌を)ふやさない」「殺菌する」を踏まえ，特に二次汚染予防の観点から「(教室，器具，食器，自分の体の)清潔を保持する」「調理は迅速に行い，早く食べる」「適切に冷却または加熱する」などについて述べるとよい。

【中学校】

【１】A　課題　　B　実践　　C　魚　　D　肉　　E　野菜　　F　行事食
　G　郷土料理

〈解説〉学習指導要領解説をもとに，「家族・家庭と子どもの成長」「食生
　活と自立」「衣生活・住生活と自立」「身近な消費生活と環境」の指導
　事項や内容の取扱い，「指導計画の作成と内容の取扱い」の中の配慮
　事項を整理しておこう。なお，今回の学習指導要領の改訂では，「調
　理や食文化などに関する学習活動を一層充実する」ことが盛り込まれ
　た。これにともない，地域の特徴的な伝統食や風習などに関する出題
　が増えている。日本全国の伝統食や行事，風習については一通りの学
　習を積んでおきたい。

【２】

時間	学習活動	指導上の留意点	評価方法
導入 5分	● エコバッグの製作のねらいを知る。	● 実物や写真などを用いて，エコバッグの見本や活用事例を示し，製作への興味を引き出し，生活を豊かにするための工夫をしやすくなるよう，助言する。	行動観察、発言
展開 12分	● エコバッグに適する布の材質について考える。	● これまでに学習した布の性質を復習し，実物に用いられている布の材質の厚さや強度を触って確認できるようにする。	
18分	● 製作の方法や内容を理解し，製作後に，どのように活用するかを考え，エコバッグのデザインをワークシートに記入する。	● ポケットやマチの役割と作り方，持ち手に適する布と縫う時のポイントを説明し，ポケットの形や大きさ，バッグのデザインを考える手がかりを示す。	ワークシートの記述内容

10分	● 考えたデザインや活用方法をグループ内で交流する。	● 異なる考えや工夫を聞いて，自分の内容を見直したり，互いに助言し合ったりして，よりよい製作ができるようにする。	行動観察，発言ワークシートの記述内容
まとめ 5分	● 本時の学習のまとめと次時の学習内容の確認をする。		

〈解説〉第1時間目の指導案であるので，学習活動の「エコバッグの製作において，自分や家族の生活を振り返り，工夫する点を考える。」ことが中心となる。実際の製作計画は第2時間目に行うこととなるので，エコバッグについての基礎知識，イメージづくりやデザイン案づくりを指導の柱としたい。また，短時間でも，自分の意見を文章で表現したり，他の人の意見を聞くなど，表現の時間も組み込むとよいだろう。なお，国立教育政策研究所の「評価規準の作成，評価方法等の工夫改善のための参考資料」をもとに，評価規準について出題されることも多い。インターネットで入手できるので，確認しておくとよいだろう。

【高等学校】

【1】(1) ア　A　　イ　(例)　流動性知能は低下するが，結晶性知能は衰えないことがわかっており，高齢期になっても知的な能力が大きく落ちることはない。　(2)　(例)　衣服の着脱介助などの際，高齢者の障がいの程度についてよく見極め，高齢者本人が自分でできることは見守り，できないことを支援するといった残存能力を生かし，自立を助けるように配慮する。また，衣類の好みや着脱のタイミングなど本人の意思を確認し，尊重すること。さらに，声かけでは「○○ちゃん」などとは言わず，「○○さん」と高齢者に対して尊敬の念を持って接すること。

〈解説〉(1)　設問の表に示された2つの知能は，心理学者キャッテルが提唱した知能を構成する2大基本因子である。「流動性知能(Fluid intelligence)」は，大脳の生理学的成熟に伴い20歳代頃にピークに達し，それ以降加齢により衰退していくと考えられている。「結晶性知能(Crystallized intelligence)」は，流動性知能を基盤として，これまでの生活経験や学習の結果獲得した知識や技能を高度に応用して示される判断力や問題解決能力をいう。30歳代から40歳代がピークであるが，脳に適切な刺激を与えていればその後衰退することはないと考えられている。　(2)　デンマークで生まれた「高齢者ケアの3原則」に「人生継続性の尊重」「残存能力の維持・活用」「自己決定の尊重」がある。このような事項を踏まえて，「これまでのライフスタイルをできるだけ変えずに普段どおりの暮らしが続けられるようサポートする」「いきすぎた世話を避け，残存能力をできるだけ引き出すようなかかわり方をする」「個人として尊敬し，尊重する接し方をする」といったことについて具体例をあげながら説明できるとよいだろう。

【２】(1)　・家庭基礎…2単位　　・家庭総合…4単位　　・生活デザイン…4単位　　(2)　ア　(アは，問題の一部に誤りがあり，割愛された)　イ　反省・評価を行い，次の課題につなげるとともに成果の発表会を行うように留意する。

〈解説〉(1)　高等学校では，すべての生徒は，「家庭基礎」「家庭総合」「生活デザイン」から1科目を選択履修することとなっている。

(2)　イ　ホームプロジェクトは共通科目「家庭」の各内容の学習を進める中で，各自の生活の中から課題を見いだし，課題解決を目指して主体的に計画を立てて実践する問題解決的な学習活動である。学習活動は，「計画 → 実行 → 反省・評価」の流れに基づいて行い，実施過程を記録させることとなっている。高等学校学習指導要領解説には，「実施後は，反省・評価をして次の課題へとつなげるとともに，成果の発表会を行うこと。」と明記されている。

【3】(1) A (例) ・焼売 (・ぎょうざ ・プリン ・ジャムなど) B (例) 中華料理の調理実習に向けて，献立「炒麺，焼売，杏仁豆腐」の材料やその取り扱い方，調理のポイント(「炒め物」や「蒸し物」のつくり方，寒天の扱い方等)について学ぶ。 C (例)前時のポイントを踏まえ，調理実習に取り組む。2次では，焼売は手づくりのものと市販の焼売の食べ比べのみを行う。 (2) ア [比較の観点] ・かかった時間(所要時間) ・出来上がり重量(1人分) ・価格(100gあたり) ・原材料 ・栄養価(エネルギー，たんぱく質，脂質，食塩など) ・食品添加物(保存性等) ・ごみの種類・量(などから3つ) イ (例)「手づくり食品と市販食品のメリットとデメリット」について取り上げ整理したうえで，「あなたはどんなときに手づくりし，どんなときに買いますか？」という問いかけを行い，毎日の食事の中で，何をどのように選ぶのか，作るのかについて，生徒1人1人の日常に照らし合わせて考えさせてまとめとする。

〈解説〉(1) A 身近な市販食品のうち，調理実習の題材に適しているものをあげればよい。 B・C 調理実習と連動させて学ばせることから，調理実習に関連させた学習内容→調理実習という流れが無難であろう。 (2) ア・イ 「比較の観点」は，まとめ方を意識して3つ取り上げる。家庭総合が目標としているのは，「生活の充実向上を図る能力」と「実践的な態度」を育てることである。実習や比較という体験のみでなく，学習で得た知識を実生活に生かそうとする態度につながるようなまとめにするとよい。

2012年度　実施問題

【中高共通】

【１】住生活について，次の(1)～(4)の問いに答えよ。

(1) 次のア，イの居住形態について，名称を記せ。

　　ア　平成17年6月改正の介護保険法に規定された，要介護者であって認知症であるものが，ケアスタッフによる入浴，排せつ，食事などの介護その他の日常生活上の世話や機能訓練を受けながら，家庭的な雰囲気の中で共同生活を営んでいる住宅のこと。

　　イ　自ら居住するための住宅を建築しようとする者が，組合を結成し，共同して事業計画を定め，土地の取得，建物の設計，工事の発注，その他の業務を行って取得した住宅のこと。

(2) 次のア～ウの住まいの間取りに使用される平面表示記号は何を示しているか。それぞれ名称を記せ。

　　ア

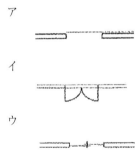

　　イ

　　ウ

(3) 「シックハウス症候群」について，次のア，イの問いに答えよ。

　　ア　平成15年7月改正の建築基準法の規定に基づき，シックハウス対策として規制の対象となった化学物質の名称を二つ記せ。

　　イ　住まい方の工夫により室内環境を整え，「シックハウス症候群」を予防したい。現代の住宅様式の特徴を一つあげ，予防策を簡潔に述べよ。

(4)　「環境共生住宅」について，生徒にわかりやすく説明したい。解答欄を黒板に見立てて，図も用いて具体例を一つ示せ。

(☆☆☆◎◎◎)

【2】環境に配慮した暮しについて，次の(1)，(2)の問いに答えよ。

(1)　環境問題と資源問題を同時に克服し，今後も持続的な経済発展を続けていくためには，「3R(スリー・アール)」を推進し，循環型社会を構築していくことが重要である。3Rとは何か。略さず，英語で記せ。また，それぞれについて，身近にできる実践例を簡潔に述べよ。

(2)　物品の購入・消費などの各段階において，環境に配慮した意思決定を行う，「環境にやさしいライフスタイルを実践する消費者」を何というか記せ。

(☆☆☆◎◎◎)

【3】消費生活について，次の(1)～(5)の問いに答えよ。

(1)　消費者の権利について，次のア，イの問いに答えよ。

ア　1962(昭和37)年にアメリカで「4つの消費者の権利」を提唱した大統領の名前を記せ。

イ　1975(昭和50)年にフォード大統領が5つ目の消費者の権利として追加した権利を記せ。

(2)　欠陥商品の事故により消費者が受けた被害をすみやかに救済するため，1995(平成7)年に施行された法律名を記せ。

(3)　契約について述べた次の(ア)～(エ)のうち，正しいものをすべて選び，記号で答えよ。

(ア)　スーパーで野菜を買うことは契約である。

(イ)　契約とは，法的な権利・義務関係を伴う約束のことである。

(ウ)　契約書がないと契約は成立しない。

(エ)　電話で米を注文したが，まだ商品は配達されず，代金も支払っていない段階では契約は成立していない。

(4)　消費者が営業所以外の場所で契約する場合，強引な勧誘などにより，自らの意思がはっきりしないままに契約を申込み・締結してしまうことがあるため，消費者が再考する機会を与えるために導入された制度の名称を記せ。

(5)　「フェアトレード」運動とはどのような活動か，次の三つの語句をすべて用いて説明せよ。

発展途上国・継続的・価格

(☆☆☆◎◎◎)

【4】食生活について，次の文章を読み，下の(1)～(8)の問いに答えよ。

　1960年代の高度経済成長以降，生活様式の欧米化とともに，食生活においても，加工食品，調理済み食品や外食産業の利用が増えた。食事内容では，主食である米の摂取が減少し，畜産物や(ア)の摂取が増大して，年々，糖尿病，高脂血症などの(イ)にかかる割合が高くなっている。

　また，食生活のあり方は食料自給率にも大きな影響を与え，食べ残しや食品の廃棄は，地球的規模での資源の有効活用や環境問題に関係するとして，こうした問題を改善し，国民の健康の増進，生活の質の向上及び食料の安定供給の確保を図るために，2000(平成12)年，当時の文部省，厚生省，農林水産省によって「食生活指針」が策定された。

　さらに，子どもたちが豊かな人間性をはぐくみ，生きる力を身に付けていくためには，何よりも「食」が重要であるとし，様々な経験を通じて「食」に関する知識と「食」を選択する力を習得し，健全な食生活を実践することができる人間を育てることをめざして，2005(平成17)年に(ウ)が制定された。

(1)　空欄(ア)に入る適切な語句を次の①～④から一つ選び，記号を記せ。

①　豆類　　②　魚介類　　③　油脂類　　④　いも類

(2)　空欄(イ)，(ウ)に入る適切な語句を記せ。

(3)　農林水産省の調査によると，昭和40年度の食料自給率(カロリー

318

ベース)は約73%であった。平成21年度の食料自給率(カロリーベース)はおよそどのくらいか。次の①～③から一つ選び，記号を記せ。

① 60%　　② 40%　　③ 20%

(4)　前の文章から食生活上の問題点を二つ指摘し，健全な食生活を実践できるよう生徒に指導する場合，どのような指導を行うか，内容を記せ。

(5)　加工食品の品質に関し，食品の容器又は包装に表示すべき六つの事項のうち，四つ答えよ。

(6)　次のマークはからだの生理的機能などに影響を与え，特定の保健の目的が期待できる食品に表示されている。気体できる保健効果の具体例を二つ，簡潔に述べよ。

(7)　食品の期限表示を示した次の表を見て，下のア，イの問いに答えよ。

期限表示	（　A　）	（　B　）
定義	定められた方法により保存した場合において，期待されるすべての品質の保持が十分に可能であると認められる期限を示す年月日をいう。ただし，当該期限を超えた場合であっても，これらの品質が保持されていることがあるものとする。	定められた方法により保存した場において，腐敗，変敗その他の品質の劣化に伴い安全性を欠くこととなるおそれがないと認められる期限を示す年月日をいう。
表示方法	（　C　）を超えるものは年月で表示し，（　C　）以内のものは年月日で表示	年月日で表示

ア　空欄（　A　）～（　C　）に入る適切な語句を記せ。

イ　次の①～⑤の食品の中から，（　A　）で表示されるものを全て選び，記号で記せ。

　①　缶詰　　②　惣菜　　③　調理パン　　④　牛乳

　⑤　食肉

(8)　野菜の切り方や下処理について，次のア，イの問いに答えよ。

　ア　きゅうりの板ずりの効果を簡潔に述べよ。

　イ　授業で，図のようなだいこんについて，いちょう切りの効率的で安全な切り方を指導する。生徒が理解しやすいよう，イラストと説明文を用いて切り方の手順を記せ。

図　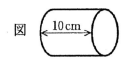

(☆☆☆◎◎◎)

【5】子どもの成長発達について，次の(1)〜(5)の問いに答えよ。

(1)　新生児の身長，体重，胸囲及び頭囲の平均値はどのくらいか。次のア〜エから正しい組合せを一つ選び，記号で答えよ。

　ア　身長　50cm　　体重　5kg　　　胸囲　32cm　　頭囲　43cm

　イ　身長　40cm　　体重　3kg　　　胸囲　42cm　　頭囲　33cm

　ウ　身長　40cm　　体重　5kg　　　胸囲　42cm　　頭囲　43cm

　エ　身長　50cm　　体重　3kg　　　胸囲　32cm　　頭囲　33cm

(2)　新生児は出生直後，体重が5〜10％程度減少する。この現象を何というか。また，体重が減少する理由を述べよ。

(3)　乳幼児は成人と比べてどのような生理的機能の特徴があるか。次の語句を全て用いて簡潔に説明せよ。

　体温・心拍数・呼吸数・睡眠

(4)　乳幼児期から習得し始める基本的生活習慣を三つ記せ。

(5)　幼児の体型の特徴を二つあげ，その特徴に即した衣服を選ぶポイントをそれぞれ述べよ。

(☆☆☆◎◎◎)

【中学校】

【1】中学校学習指導要領(平成20年3月告示)技術・家庭科の家庭分野では、「2　内容」の「A　家族・家庭と子どもの成長(3)」の中で、幼児の生活と家族について、次の事項を指導するように示されている。これを読み、下の①～④の問いに答えよ。

　　ア　幼児の発達と生活の特徴を知り、子どもが育つ環境としての家族の役割について理解すること。

　　イ　幼児の観察や遊び道具の製作などの活動を通して、幼児の遊びの意義について理解すること。

　　ウ　幼児と触れ合うなどの活動を通して、幼児への関心を深め、かかわり方を工夫できること。

　　エ　家族又は幼児の生活に関心を持ち、課題をもって家族関係又は幼児の生活について工夫し、計画を立てて実践できること。

　①　アについて、子どもが育つ環境としての家族の役割を、生徒に具体的に考えさせたい。指導の具体例を簡潔に述べよ。

　②　イについて、幼児の遊びにはどのような意義があるか、二つ記せ。

　③　幼児についての理解を深めることをねらいに、生徒に遊び道具を製作させる。指導に当たっての留意点を二つ記せ。

　④　ウの触れ合い活動として、保育所や幼稚園を訪問する以外の方法について、具体例をあげよ。

(☆☆☆◎◎◎)

【2】衣生活について、次の(1)～(7)の問いに答えよ。

　(1)　衣服の製作に当たり、メジャーを用いて図に示された部位の採寸を行った。次のア～ウについて答えよ。

　　ア　次図の①の部位の名称を記せ。

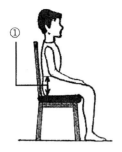

イ　次に示した図の中に，起点と終点がわかるように補助線を入れ，
背丈を矢印で示せ。

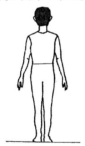

ウ　成人女子と成人男子では，胸囲の計測方法が異なる。それぞれ
の寸法を正確に測定するポイントについて，生徒が理解しやすい
ように簡潔に述べよ。

(2)　サイズ表示を見て，下のア，イの問いに答えよ。

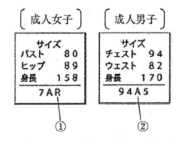

ア　成人女子サイズ表示の①の「R」は何を示しているか，簡潔に
述べよ。

イ　成人男子サイズ表示の②の「A」は何を示しているか，簡潔に述べよ。

(3)　冬に衣服を活用して，寒さを防ぎ快適な体温を維持したい。暖かく着こなすポイントを二つ，簡潔に述べよ。

(4)　授業で，界面活性剤の働きを確かめるために，以下の実験を行う。下のア，イの問いに答えよ。

　　　[用具]…ビーカー(3個)，ガラス棒，水，市販の液体洗剤，すす，白布(綿)2枚

　　　[実験の流れ]

　　　　1　市販の液体洗剤を用いて，洗剤の標準使用量の目安の洗液(洗剤の水溶液)をビーカーAに作る。

　　　　2　ビーカーBには水100mlを入れ，ビーカーCには洗液100mlを入れる。

　　　　3　ビーカーB，Cの液面にすすを茶さじ1/2杯入れ，ガラス棒でよく撹拌する。

　　　　4　ビーカーB，Cに白布を入れ，すぐに引き上げる。

　　ア　3のビーカーB，Cのすすはそれぞれどのような状態になるか，簡潔に述べよ。

　　イ　4のビーカB，Cの白布はそれぞれどのような状態になるか，簡潔に述べよ。

(5)　綿のブロードの布地でT型シャツを製作する。次のア，イの問いに答えよ。

　　ア　図1のAのように，えりぐりをきれいに丈夫に仕上げるためにつける別布を何というか記せ。

　　イ　図2の型紙を補正して，袖幅を変えずに身ごろの横幅だけ2cm増やしたい。次の①，②の問いに答えよ。

　　　①　型紙をどのように補正すればよいか，図示せよ。その際，補正箇所を斜線で示せ。

　　　②　身ごろの型紙の横幅を何cm増やしたか，補正寸法を記せ。

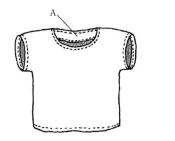
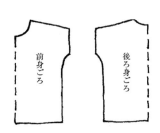

図1　T型シャツの完成図　　　図2　T型シャツの身ごろの型紙

(6)　ミシンがア，イのように不調になった。その主な原因について，二つずつ記せ。

ア　電源は入っているのに布地が進まない

イ　上糸が切れる

(7)　ミシン縫い及び基礎縫いについて，下のア，イの問いに答えよ。

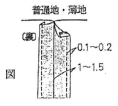

ア　図のように縫いしろのしまつを行った。名称を記せ。

イ　スナップボタンのつけ方について，次の文章を読み，空欄（　①　）（　②　）に入る適切な語句を記せ。

シャツブラウスにスナップボタンをつける。

スナップは凸凹で1セットである。先に（　①　）スナップを上前につけ，（　②　）スナップは下前の受ける位置を確認してからつける。

(☆☆☆◎◎◎)

【3】次の文章は，中学校学習指導要領(平成20年3月告示)に示された技術・家庭の家庭分野「1　目標」である。空欄（　①　）〜（　⑤　）に入る適切な語句を記せ。

（　①　）などに関する実践的・体験的な学習活動を通して，（　②　）
に必要な基礎的・基本的な知識及び技術を習得するとともに，（　③　）
について理解を深め，これからの生活を（　④　）して，（　⑤　）をもっ
て生活をよりよくしようとする能力と態度を育てる。

(☆☆☆◎◎◎)

【高等学校】

【1】衣生活について，次の(1)〜(8)の問いに答えよ。

(1)　衣服の製作に当たり，メジャーを用いて図に示された部位の採寸
　　を行った。次のア〜ウについて答えよ。

　　ア　次図の①の部位の名称を記せ。

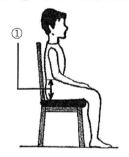

　　イ　次に示した図の中に，起点と終点がわかるように補助線を入れ，
　　　背丈を矢印で示せ。

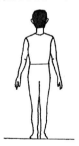

　　ウ　成人女子と成人男子では，胸囲の計測方法が異なる。それぞれ
　　　の寸法を正確に測定するポイントについて，生徒が理解しやすい

ように簡潔に述べよ。

(2) サイズ表示を見て，下のア，イの問いに答えよ。

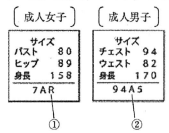

ア　成人女子サイズ表示の①の「R」は何を示しているか，簡潔に
　述べよ。

イ　成人男子サイズ表示の②の「A」は何を示しているか，簡潔に
　述べよ。

(3) 冬に衣服を活用して，寒さを防ぎ快適な体温を維持したい。暖か
　く着こなすポイントを二つ，簡潔に述べよ。

(4) 授業で，界面活性剤の働きを確かめるために，以下の実験を行う。
　次のア，イの問いに答えよ。

　　[用具]…ビーカー(3個)，ガラス棒，水，市販の液体洗剤，すす，
　　白布(綿)2枚

　　[実験の流れ]

　　1　市販の液体洗剤を用いて，洗剤の標準使用量の目安の洗液
　　　(洗剤の水溶液)をビーカーAに作る。

　　2　ビーカーBには水100mlを入れ，ビーカーCには洗液100mlを
　　　入れる。

　　3　ビーカーB，Cの液面にすすを茶さじ1/2杯入れ，ガラス棒で
　　　よく撹拌する。

　　4　ビーカーB，Cに白布を入れ，すぐに引き上げる。

　ア　3のビーカーB，Cのすすはそれぞれどのような状態になるか，
　簡潔に述べよ。

　イ　4のビーカーB，Cの白布はそれぞれどのような状態になるか，

簡潔に述べよ。

(5) 綿のブロードの布地でT型シャツを製作する。下のア，イの問い
に答えよ。

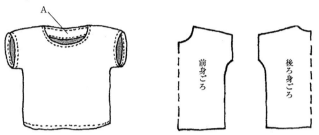

図1　T型シャツの完成図　　　図2　T型シャツの身ごろの型紙

ア　図1のAのように，えりぐりをきれいに丈夫に仕上げるためにつ
ける別布を何というか記せ。

イ　図2の型紙を補正して，袖幅を変えずに身ごろの横幅だけ2cm増
やしたい。次の①，②の問いに答えよ。

①　型紙をどのように補正すればよいか，図2に図示せよ。その
際，補正箇所を斜線で示せ。

②　身ごろの型紙の横幅を何cm増やしたか，補正寸法を記せ。

(6) ミシンがア，イのように不調になった。その主な原因について，
二つずつ記せ。

ア　電源は入っているのに布地が進まない

イ　上糸が切れる

(7) ミシン縫い及び基礎縫いについて，下のア，イの問いに答えよ。

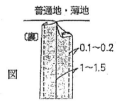

ア　図のように縫いしろのしまつを行った。名称を記せ。

イ　スナップボタンのつけ方について，次の文章を読み，空欄

（　①　）（　②　）に入る適切な語句を記せ。

シャツブラウスにスナップボタンをつける。

スナップは凸凹で1セットである。先に（　①　）スナップを上前につけ，（　②　）スナップは下前の受ける位置を確認してからつける。

(8)　衣服の選択と購入についての授業を実施する。授業の展開(40分)部分における(ア)生徒の学習活動の内容，(イ)教師の指導上の留意点を，時系列で記せ。

■科目名：家庭総合

■対象生徒：高等学校　普通科　第1学年　40名

■題材名：「衣服の選択と購入」

■本時のねらい：

・　衣服購入の際のチェックポイントについて理解させる。

・　衣服の計画的な選択と購入について考えさせる。

■指導観：

「衣服の選択と購入」について，実践的・体験的な学習を通して具体的に考えさせ，消費者として既製服を入手するために必要な情報を収集し，適切な意思決定に基づいた購入ができるようにしたい。

■本時の展開過程：

過程	生徒の学習活動	教師の指導上の留意点
導入(5分)	○「衣服の購入に際し，失敗した経験はないか」思い起こす。 ○本時の課題について，確認する。	○これまでの衣服の購入経験から，失敗例を話合わせることで，本時の課題への意識を高める。
展開(40分)	（　ア　）	（　イ　）
	○本時を振り返って，衣服購入の際のチェックポイント及び衣服の計画的な選択と購入について，考え	○まずは，衣服の購入に際しては，さまざまな方法で情報収集し，適切に選択・購入できるように

まとめ（5分）	たこと・わかったことを整理し，記述する。 ○自分の衣服の購入と選択について，気づいたことをまとめる。	なることが大切であることを確認する。 ○現在自分が保有している衣服との組合せや似たアイテムを保有していないかなど，衣服の購入の必要性をよく考え，意思決定することの大切さにも触れ，循環型の被服計画の必要性にも気づかせる。

(☆☆☆◎◎◎)

【2】次の図1～図3のグラフは現在の日本の高齢者介護の特徴を表したものである。それぞれのグラフから読み取れる介護の現状と課題について，簡潔に述べよ。

図1 主な介護者の介護を要する者との続柄

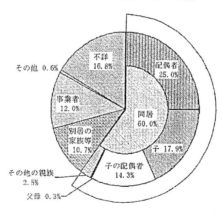

図2 同居している主な介護者の性

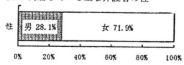

図3 同居している主な介護者の年齢階級

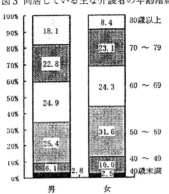

(図1～図3　厚生労働省2007(平成19)年度国民生活基礎調査より作成)

(☆☆☆○○○)

【3】高等学校学習指導要領(平成21年3月告示)「第2章　第9節　家庭」
に示されている共通教科「家庭」に属する科目について，下の(1)，(2)
の問いに答えよ。

科目	家庭総合	（　A　）	家庭基礎
内容	(1)　人の一生と家族・家庭 (2)　子どもや高齢者とのかかわりと福祉 (3)　生活における経済の計画と消費 (4)　生活の科学と環境 (5)　生涯の生活設計 (6)　ホームプロジェクトと学校家庭クラブ活動	(1)　人の一生と家族・家庭及び福祉 (2)　消費や環境に配慮したライフスタイルの確立 (3)　食生活の設計と創造 (4)　衣生活の設計と創造 (5)　住生活の設計と創造 (6)　ホームプロジェクトと学校家庭クラブ活動	(1)　人の一生と家族・家庭及び福祉 (2)　生活の自立及び消費と環境 (3)　ホームプロジェクトと学校家庭クラブ活動

(1)　科目(　A　)の名称を記せ。

(2)　各科目にわたる指導計画の作成と内容の取扱いについて，次のア
　　～ウの問いに答えよ。

　　ア　各科目において，実験・実習に配当する授業時数を記せ。

　　イ　家庭総合及び科目(　A　)を複数の年次にわたって分割して履

修させる場合に，配慮すべき点を簡潔に述べよ。

ウ　家庭基礎を履修させる場合に，配慮すべき点を簡潔に述べよ。

(☆☆☆◎◎◎)

解答・解説

【中高共通】

【1】(1)　ア　グループホーム　　イ　コーポラティブハウス

(2)　ア　片引き戸　　イ　両開き窓　　ウ　引違い戸

(3)　ア　ホルムアルデヒド，クロルピリホス　　イ　現代の住宅様式の特徴：・現代の住宅は，様々な建材や建築方法が開発されたため，「高断熱」「高気密」になっており，室内で汚染物質(化学物質，一酸化炭素，二酸化炭素，窒素酸化物，煙草の煙等)が発生すると，換気量の不足により，高濃度になりやすく，細菌，カビ，ダニが繁殖しやすい環境にある。　・家を建てる建材だけではなく，いす，テーブル，壁紙，カーテンといった家具や内装品にも化学物質がたくさん使用されている。　予防策：〇室内の換気に気をつける。　・換気システムを常に運転させる。　・新築やリフォーム当初は，室内の化学物質の発散が多いので，しばらくの間，換気や通風を十分に行う。　・窓を開けて換気を行う場合には，複数の窓を開けて，汚染空気を排出するとともに，新鮮な空気を室内に導入する。　〇化学物質の発生源に気をつける　・新しい家具や内装品を購入する際には，化学物質の有無，素材や加工方法を確認して選択する。　・家具や床に塗るワックス類には，化学物質を発散するものがあるので注意する。　(4)　環境共生住宅とは，地球環境保全の観点から工夫された住宅のこと　　例：床暖房などに太陽熱を利用する。

その他の解答として，・屋上を緑化して住棟の断熱性を高める。
・雨水貯留槽を設置し，雑用水に利用する。　・風力で発電する。
・生ごみをコンポストでたい肥化する。など

〈解説〉(1)　ア　認知症のためのグループホームの試みは，1980年代に
スウェーデンで始まり，北欧諸国を中心に普及してきた。我が国でも
90年代前半，北欧でのこの考え方が紹介され，これを輸入する形で期
待が高まった。なお，我が国でも同様の「宅老所」という日本原種の
グループホームが自然発生している。　イ　コーポラティブハウスと
は，同一敷地内に住むことを希望する人たちが共同で土地を購入し，
各々の希望を取り入れて設計・建設する集合住宅のこと。個々の居住
部分の間取りや，インテリアは各自の自由にまかされている。共同の
住まいづくりに積極的に関わるので，住人の人間関係が深まる特徴が
ある。

【２】(名称：実践例の順)　(1)　・Reduce：マイバッグを持参するなどし
て，廃棄物の発生を抑制する。　・Reuse：リターナブル容器を選ぶ
ようにするなどして，再使用する。　・Recycle：分別回収に協力する
などして，再資源化する。　(2)　グリーン・コンシューマー(グリー
ンコンシューマー)

〈解説〉グリーンコンシューマーの10原則(グリーンコンシューマー全国
ネットワーク)は，次のことを掲げている。他の自治体では出題実績も

あるため，確認しておこう。①必要なものを必要な量だけ買う。
②使い捨て商品ではなく，長く使えるものを選ぶ。　③包装は無いも
のを最優先し，次に最小限のもの。容器は再使用できるものを選ぶ。
④作る時，使うとき，捨てる時，資源とエネルギー消費の少ないもの
を選ぶ。　⑤化学物質による環境汚染と健康への影響の少ないものを
選ぶ。　⑥自然と生物多様性を損なわないものを選ぶ。　⑦近くで生
産・製造されたものを選ぶ。　⑧作る人に公正な分配が保証されたも
のを選ぶ。　⑨リサイクルされたもの，リサイクルシステムのあるも
のを選ぶ。　⑩環境問題に熱心に取り組み，環境情報を公開している
メーカーや店を選ぶ。

【3】(1)　ア　John F.Kennedy 大統領(ケネディ大統領)　　イ　消費者教
育を受ける権利(the right to consumer education)　　(2)　製造物責任法
(PL法)　　(3)　(ア)，(イ)　　(4)　クーリング・オフ制度(クーリング
オフ制度)　　(5)　アジアやアフリカ，中南米の発展途上国といわれ
る国や地域の人たちが作ったものを，継続的に適正な価格で買い，彼
らの生活と生産が持続可能になる，そのような貿易，ビジネスモデル，
消費者運動，国際協力等の活動のこと。
〈解説〉(1)　1983年に国際消費者機構が「8つの権利と5つの責任」とし
てまとめた。8つの権利とは「安全を求める権利」「知らされる権利」
「選ぶ権利」「意見を聞いてもらう権利」「生存するために必要な基本
的な商品を得る権利」「損害に対する補償または救済措置を享受する
権利」「消費者教育を受ける権利」「健全な環境を享受する権利」であ
る。5つの責任とは「商品について問題意識をもつ消費者になるとい
う責任」「自ら主張し，公正な取引を得られるように行動する責任」
「自らの消費行動が社会に与える影響を自覚する責任」「自らの消費行
動が環境に及ぼす影響を理解する責任」「消費者として団結し，連帯
する責任」である。8つの権利，5つの責任は，他の自治体で出題実績
が多数あることから，十分に学習しておいたほうがよいだろう。
(3)　法律上では店舗における購入も契約とみなされ，契約は当事者の

合意で成立する。本問の場合，レジで契約が成立し，スーパーには消費者から代金を受け取る権利と消費者に野菜を渡す義務が，消費者にはスーパーに代金を支払う義務とスーパーから野菜を受け取る権利が発生すると考えればよい。したがって(エ)は，電話での注文時に契約は成立しているが，お互いが権利・義務を行っていない状況であるといえる。

【４】(1)　③　　(2)　イ　生活習慣病　　ウ　食育基本法　　(3)　②
(4)　(問題点：指導内容の順)　・主食である米の摂取が減少し，畜産物や油脂類の摂取が増大して，年々，糖尿病，高脂血症などの生活習慣病にかかる割合が高くなっている。：欧米型食生活が広がったことにより，生活習慣病が増加していることを理解させ，一汁三菜の栄養面での効果を紹介して，調理実習を行う。　・食生活のあり方により，食料自給率が低下している。：食料自給率の低下をデータで示し，地産地消の長所を理解して，地域の食材を活用した調理実習を行う。・食べ残しや廃棄される食品の増加が地球的規模での資源の有効活用や深刻な環境問題を引き起こしている。：食品がどの程度廃棄されているのか，家での調理や食事で出るごみの量を調べ，食品の廃棄がどのような問題を引き起こしているかを理解させ，ごみの減量や資源の有効な活用の方法を考え，発表させる。(以上から2つ)　　(5)　名称，内容量，原材料名，賞味期限，保存方法，製造業者等の氏名又は名称及び住所(以上から4つ)　　(6)　・おなかの調子を整える食品　　・血圧，血中のコレステロールなどを正常に保つことを助ける食品，など
(7)　ア　Ａ　賞味期限　　Ｂ　消費期限　　Ｃ　3か月　　イ　①，④
(8)　ア　色を鮮やかにする(発色をよくする)。表面をなめらかにする。青臭みをとる。アクを抜く。

イ

① たて二つに
切る

② さらに，たて
二つに切る

③ 端から均等な
厚さに切る。

〈解説〉(1)　設問中の食生活指針は，具体的には以下の内容である。「食事を楽しみましょう」「1日の食事のリズムから，健やかな生活リズムを」「主食・主菜・副菜を基本に，食事のバランスを」「ごはんなどの穀類をしっかりと」「野菜・果物・牛乳・乳製品・豆類，魚なども組みわせて」「食塩や脂肪は控えめに」「適正体重を知り，日々の活動に見合った食事量を」「食文化や地域の産物を活かし，時には新しい料理も」「料理や保存を上手にして無駄や廃棄を少なく」「自分の食生活を見直してみましょう」。それぞれの項目にはさらに，具体的な事項が述べられているので確認しておこう。　(8)　イ　結果的にいちょうの形になっているだけではなく，「効率的で安全な」「生徒が理解しやすい」を意識しながら，解答を作成すること。

【5】(1)　エ　　(2)　現象：生理的体重減少　　理由：哺乳量に比べて，排尿や発汗による水分の減少量が多くなるため。　　(3)　乳幼児は成人と比べて，心拍数，呼吸数が多い。体温が高く，汗をかきやすいので，水分をまめに摂る必要がある。また，睡眠時間も長い。　　(4)　「食事」「排泄」「着替え」「睡眠」「清潔」(以上から三つ)

(5)　(特徴：ポイントの順)　・首が短い：襟の高さが低く，首周りにゆとりのあるもの。　　・肩幅に比べて頭が大きい：脱ぎ着しやすい前あきのもの。　　・胴にくびれがない：胴周りがゴム入りのズボンやスカート又はつり下げ式のもの。(以上から二つ)

〈解説〉(1)　新生児については，特に体重に注意すること。出生児の体重が2500g未満の場合は低出生体重児，1500g未満は極低出生体重児，

1000g未満は超低出生体重児と呼ばれる。　(2)　生理的体重減少後は体重が増加し，約1週間で元に戻る。また，生理的黄疸も頻出問題なので参考書等で学習しておこう。　(4)　基本的生活習慣の定義については高等学校学習指導要領解説 家庭編の第2部，第2章の第5節(3)のイに示されている。この5つの基本的生活習慣に，あいさつや片付けを独自に入れて定義している自治体もある。　(5)　体の各部位は均等に発達するのではなく，各部位が連携しながら独自の発達をする。幼児体型では解答の他，腹が前に突き出ている，胴に比べて手足が細く短いといった特徴がある。子どもは幼児体型から学童体型へと，成長と共に均整のとれた体型に変化する。

【中学校】

【1】①　自分の幼児期のふり返りや聞き取り，幼児と周囲の人々とのかかわりの様子の観察，視聴覚教材の活用，ロールプレイングによる疑似体験等を通して家族の役割を具体的に考え，家族や家庭が幼児の成長に大きなはたらきがあることを理解させる。　②　・身体の発達や運動機能の発達を促す。　・言語，情緒，社会性等の発達を促す。③　・幼児の心身の発達を踏まえ，幼児が興味を持って楽しく遊べるものとなるものを製作する。　・幼児の活動に配慮して，安全な遊び道具を制作する。　④　子育て支援センターや育児サークルの親子との触れ合いや教室に幼児を招いて触れ合いを行う。

〈解説〉③　幼児の遊び道具については，子どもの成長やコミュニケーションを促すうえで大切であることに気付くようにする。また，遊び道具には様々なものがあり，例えば，市販の玩具・遊具，絵本などのほか，自然の素材や身の回りのものも遊び道具になること，言葉や身体を用いた遊びもあること，伝承遊びなどのよさなどにも気付くようにする。その際，安全な遊び道具と遊び環境についても考えることができるようにする。遊び道具の製作は，幼児についての理解を深めることが最終的なねらいでもあり，幼児の心身の発達を踏まえ，幼児が興味を持って楽しく遊べるものとなるように考えさせる。なお，幼児を

実際に観察することが難しい場合には，視聴覚教材を活用したり，生徒の幼児期の遊び体験を取りあげたりするなどの工夫が考えられる。

【2】(1)　ア　股上
イ

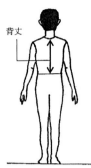

背丈

ウ　成人女子胸囲：胸の最も高いところを水平に測る。　成人男子胸囲：腕の付け根付近の上半身の最も太いところを水平に測る。
(2)　ア　身長を示す表示(身長が158センチ前後の体型であることを表す)　イ　体型を表す表示(チェストとウェストの寸法差が12cmの人の体型を表す)　(3)　・空気をよく含む保温性の高い繊維を衣服素材にしている衣服を選ぶ。　・厚い衣服を単数で着るよりも，重ね着をして衣服の各層の間隙量を3〜5mm程度つくる。　・衣服内の静止空気層を保持するために，最外層衣服には通気性の低い衣服を用いる。　・首周りや裾などの上下にある開口部を閉じて，保温性を確保する。
(4)　ア　B…すすが水面に浮く。　C…すすが細かく分散する。
イ　B…白布にすすが付着する　C…すすがほとんど付かず，白布は水に濡れるだけである。　(5)　ア　見返し

イ　①　型紙の補正

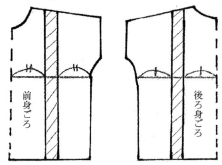

②　補正寸法…前身ごろ，後ろ身ごろとも0.5cm　　　(6)　ア　・送り調節ダイアルの目盛りが0になっている。　・送り歯の高さが低すぎる。　・送り歯にほこりや糸がつまっている。　イ　・上糸のかけ方が正しくない。　・針の付け方が正しくない。　・上糸調節装置のダイアルを締めすぎている。　　(7)　ア　はしミシン　イ　①　凸(凸型)　②　凹(凹型)

〈解説〉(5)　型紙は半身を表していることに着目する。よって，増やしたい寸法を前後で4分の1ずつ出す。減らしたい場合も同様に考える。

(6)　ミシンの故障には設問の他にも，針が折れる(原因は，針どめとめねじがゆるんでいる，針が曲がっている，針の付け方が浅い)，針棒が動かない(原因は，かまの中にほこりや糸が詰まっている，ストップモーション大ねじがゆるんでいる)，縫い目がとぶ(原因は，針の付け方が正しくない，針が曲がっている，布に対して針と糸の太さが適当でない)などのトラブルがある。また，安全に使うためには，縫うとき以外は足をコントローラーやふみ板からはずす，身体が針棒の正面にくるように座る，縫っているときは針先から目を離さない，針の下に手を入れない等に留意する。

【3】①　衣食住　　②　生活の自立　　③　家庭の機能　　④　展望　⑤　課題

〈解説〉設問の目標を達成するため，家庭分野の内容は小学校家庭科の内

容との体系化を図り，中学生としての自己の生活の自立を図る視点から，すべての生徒に履修させる内容として「A 家族・家庭と子どもの成長」「B 食生活と自立」「C 衣生活・住生活と自立」「D 身近な消費生活と環境」の4つの内容で構成されている。また，学習した知識と技術等を活用し，これからの生活を展望する能力と実践的な態度をはぐくむことの必要性から「生活の課題と実践」に関する指導事項を設定している。

【高等学校】

【1】(1)　ア　股上
イ

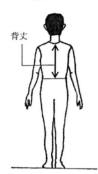

背丈

ウ　成人女子胸囲：胸の最も高いところを水平に測る。　成人男子胸囲：腕の付け根近くの上半身の最も太いところを水平に測る。

(2)　ア　身長を示す表示(身長が158センチ前後の体型であることを表す)　イ　体型を表す表示(チェストとウェストの寸法差が12cmの人の体型を表す)　(3)　・空気をよく含む保温性の高い繊維を衣服素材にしている衣服を選ぶ。　・厚い衣服を単数で着るよりも，重ね着をして衣服の各層の間隙量を3～5mm程度つくる。　・衣服内の静止空気層を保持するために，最外層衣服には通気性の低い衣服を用いる。・首周りや裾などの上下にある開口部を閉じて，保温性を確保する。

(4)　ア　B…すすが水面に浮く。　C…すすが細かく分散する。
イ　B…白布にすすが付着する　C…すすがほとんど付かず，白布は水に濡れるだけである。　(5)　ア　見返し

イ　①　型紙の補正

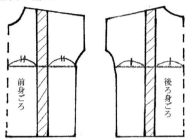

②　補正寸法…前身ごろ，後ろ身ごろとも0.5cm　　(6)　ア　・送り調節ダイアルの目盛りが0になっている。　・送り歯の高さが低すぎる。　・送り歯にほこりや糸がつまっている。　イ　・上糸のかけ方が正しくない。　・針の付け方が正しくない。　・上糸調節装置のダイアルを締めすぎている。　　(7)　ア　はしミシン　イ①　凸(凸型)②　凹(凹型)

(8)

	（ア）　展開における生徒の学習活動	（イ）　教師の指導上の留意点
1	「Tシャツを購入する」際に何をポイントに選択するか，個々人で考える。	○色・デザイン、価格、品質、素材、ブランド目的、サイズ、取扱いやすさ等が違う、複数のTシャツを用意して提示し、品質表示に着目させ実際に比較させるなどして、臨場感・実感をもたせる。
2	購入のポイントについて、グループ内でそれぞれの考えを発表し合う。	○話し合い活動が不活発なグループには、ヒントを与えるなどして、適宜支援を行う。
3	でてきたポイントについて、判断するときの優先順位をランキング法により決め、その理由を考え、グループ内の考えをまとめる。	○グループワークのルールを確認し、判断した理由を必ず明確にするように指示する。
4	グループのランキングの結果と理由等について発表する。	○各グループの発表の内容（結果と理由等）を黒板に整理しながら板書を行い、クラス全体で共有できるようにする。

〈解説〉(5)　型紙は半身を表していることに着目する。よって，増やしたい寸法を前後で4分の1ずつ出す。減らしたい場合も同様に考える。

(6)　ミシンの故障には設問の他にも，針が折れる(原因は，針どめと

めねじがゆるんでいる，針が曲がっている，針の付け方が浅い)，針棒が動かない(原因は，かまの中にほこりや糸が詰まっている，ストップモーション大ねじがゆるんでいる)，縫い目がとぶ(原因は，針の付け方が正しくない，針が曲がっている，布に対して針と糸の太さが適当でない)などのトラブルがある。また，安全に使うためには，縫うとき以外は足をコントローラーやふみ板からはずす，身体が針棒の正面にくるように座る，縫っているときは針先から目を離さない，針の下に手を入れない等に留意する。 (8) 近年，授業計画書作成といった出題が増加傾向にある。したがって，学習する際は授業計画を意識しながら行うとよい。また，授業計画の作成は慣れが必要な部分もあることから，過去問や模試等で実際に作成し，第三者に評価してもらうことも必要であろう。本問について，学習指導要領解説「家庭総合」のイ 衣生活の科学と文化 (イ)衣生活の自立と管理では「被服の入手では，購入を中心として被服材料，被服の構成，サイズの適切な選択ができるようにするとともに，保有する衣服の有効な活用や計画的な入手ができるようにする。また，天然繊維や化学繊維の特徴を理解させるとともに，被服材料の性能改善と着心地との関係について考えさせる」とある。

【2】現状：同居で自宅介護をしている割合が60％と高い。主な介護者は，同居している家族であり，その中でも女性の割合が高い。特に60歳未満の介護者の男女比をみると，女性の割合が多い事が目立つ。また，介護者の半数は60歳以上で，40歳未満の介護者の割合が低い。80歳以上の年齢階級をみると，男性の割合が高い。 課題：依然として介護の負担は家族，その中でも女性に偏っており，「介護の社会化」等を通して，改善することが課題である。また介護者の半数は60歳以上であり，介護する側がいつ介護される側になるかわからない不安を抱えている「老老介護」の課題がある。

〈解説〉資料統計の分析に関する問題は，他の自治体でも増加傾向にある。解答を見ると，難易度はそれほど高くはないが，限られた時間内で分

析しなければならないため，やはり学習量が大きく影響する。同調査によれば，家族の介護・看護のために離職や転職する人が増加している。家族の介護や看護を理由とした離職・転職者数は2006年10月～2007年9月の1年で144,800人，とりわけ女性の離職・転職数は119,200人で，全体の82.3％を占めている。また，男女・年齢別にみると，男性は50代及び60代，女性は40代及び50代の離職・転職がそれぞれ6割を占めている。

【3】(1)　生活デザイン　　(2)　ア　総授業時数のうち，原則として10分の5以上。　イ　複数の年次にわたって分割して履修させる場合には，原則として連続する2か年において履修させること。　　ウ　原則として，同一学年で履修させること。

〈解説〉(1)　「生活デザイン」について，学習指導要領解説では次のように記載されている。「実験・実習等の体験学習を重視し，衣食住の生活文化に関心を持たせるとともに，生涯を通して健康や環境に配慮した生活を主体的に営むことができるように内容を構成した。この科目は「生活技術」を改編したものであるが，生活を改善し，豊かな生活を設計するという意味でデザインという言葉を使用している。デザインとは，設計する，企画する，目標を持つ，志すという意味があり，人がよりよい価値に向かって行動するために計画し考えるという積極的な意味を含んでいる。すなわち「生活デザイン」においては，生活の価値や質を高め，豊かな生活を楽しみ味わいつくる上で必要な実践力を育成することを重視している。」

●書籍内容の訂正等について

　弊社では教員採用試験対策シリーズ（参考書，過去問，全国まるごと過去問題集），公務員試験対策シリーズ，公立幼稚園・保育士試験対策シリーズ，会社別就職試験対策シリーズについて，正誤表をホームページ（https://www.kyodo-s.jp）に掲載いたします。内容に訂正等，疑問点がございましたら，まずホームページをご確認ください。もし，正誤表に掲載されていない訂正等，疑問点がございましたら，下記項目をご記入の上，以下の送付先までお送りいただくようお願いいたします。

---

① **書籍名，都道府県（学校）名，年度**
　（例：教員採用試験過去問シリーズ　小学校教諭 過去問　2025年度版）
② **ページ数**（書籍に記載されているページ数をご記入ください。）
③ **訂正等，疑問点**（内容は具体的にご記入ください。）
　（例：問題文では"ア〜オの中から選べ"とあるが，選択肢はエまでしかない）

〔ご注意〕

○ 電話での質問や相談等につきましては，受付けておりません。ご注意ください。

○ 正誤表の更新は適宜行います。

○ いただいた疑問点につきましては，当社編集制作部で検討の上，正誤表への反映を決定させていただきます（個別回答は，原則行いませんのであしからずご了承ください）。

●情報提供のお願い

　協同教育研究会では，これから教員採用試験を受験される方々に，より正確な問題を，より多くご提供できるよう情報の収集を行っております。つきましては，教員採用試験に関する次の項目の情報を，以下の送付先までお送りいただけますと幸いでございます。お送りいただきました方には謝礼を差し上げます。

（情報量があまりに少ない場合は，謝礼をご用意できかねる場合があります）。

◆あなたの受験された面接試験，論作文試験の実施方法や質問内容

◆教員採用試験の受験体験記

- -

送付先

○電子メール：edit@kyodo-s.jp

○FAX：03-3233-1233（協同出版株式会社　編集制作部 行）

○郵送：〒101-0054　東京都千代田区神田錦町2-5
　　　　協同出版株式会社　編集制作部 行

○HP：https://kyodo-s.jp/provision（右記のQRコードからもアクセスできます）

　※謝礼をお送りする関係から，いずれの方法でお送りいただく際にも，「お名前」「ご住所」は，必ず明記いただきますよう，よろしくお願い申し上げます。

教員採用試験「過去問」シリーズ

大阪府・大阪市・
堺市・豊能地区の
家庭科 過去問

編　集	Ⓒ 協同教育研究会
発　行	令和6年2月10日
発行者	小貫　輝雄
発行所	協同出版株式会社
	〒101-0054　東京都千代田区神田錦町2‑5
	電話　03－3295－1341
	振替　東京00190－4－94061
印刷所	協同出版・POD工場

落丁・乱丁はお取り替えいたします。
